Kurt Knaak

Ein Jahr im Forst

In diesem schönen Buch erleben wir die Wunder der Natur in ihrer ganzen Vielfalt.
Frühling, Sommer, Herbst und Winter — es sind die Jahreszeiten, die das Erleben in Wald und Flur in unseren Breiten besonders abwechslungsreich gestalten.
Wir wandern mit Förster Steiner und seinen drei Kindern durch Heide und Bergwald, und was sie dort alles erleben, das ist nicht weniger spannend und aufregend als das Geschehen in Afrikas Steppe oder im südamerikanischen Dschungel. Man muß nur Augen haben, zu sehen, und Ohren, zu hören, wie . . . der immer muntere Dackel des Försters!

Für Jungen und Mädchen ab 8 Jahren

Bestell-Nr. 1099

KURT KNAAK

Ein Jahr im Forst

Was Försterkinder erleben

Mit 12 Farbtafeln und vielen
Federzeichnungen von
A. M. KOLNBERGER

NEUER JUGENDSCHRIFTEN-VERLAG HANNOVER

ISBN 3-483-01099-8

Einbandbild: A. M. Kolnberger

Satz: Frankensche Druckerei, Berlin
Druck: Richard Dohse und Sohn, Bielefeld

Inhaltsverzeichnis

Im Frühling

Wenn alle Brünnlein fließen

Heiner hatte ausgeschlafen. Gähnend streckte er sich in seinem Bett. Die Uhr schlug acht. Er lauschte, ob er im Nachbarzimmer etwas hören konnte, aber es blieb still.

Wie konnte es auch anders sein! Der Vater war längst im Walde, um den Holzhauern für ihre Arbeit Anweisungen zu geben. Die Geschwister Uwe und Ulla waren bereits in der Schule, und die Mutter beeilte sich, ihre Einkäufe zu besorgen.

In die Kissen zurückgelegt, genoß Heiner die Stille und ließ die Augen umherschweifen. Schließlich blieben sie an den Fenstern haften, durch die gedämpft das Tageslicht hereinschien.

Heiner erinnerte sich, daß es gestern um diese Zeit viel heller gewesen war. Er kroch aus dem Bett und ging zum Fenster. Es war zugefroren! Eine Fülle von Eisblumen war auf dem Glas ausgebreitet, Palmen und Farne und fliederblättrige Ranken. Mit jedem Sonnenstrahl begannen sie zu gleißen und zu blitzen und feurig zu blühen. Aber sie fühlten sich allesamt kalt an und zerrannen unter dem Atemhauch zu Wasser. Als Heiner die Hand auf die Scheibe legte, schmolzen die feinen Eiskristalle, und alle Pracht war dahin.

Da ging die Tür auf, und die Mutter trat ein.

„Es sind die billigsten Blumen, die es gibt", sagte sie lächelnd und führte Heiner ins Bett zurück, damit er sich nicht erkälte. „Es sind auch die vergänglichsten!" fügte sie hinzu. „Im Wohnzimmer sind sie längst von der Wärme des Ofens zerronnen."

„Wo sind sie aber geblieben?" wollte Heiner wissen.

„Als allerfeinste Wassertröpfchen sind sie wie unzählige Luftballons aufgestiegen und schweben nun in der Wohnung", sagte die Mutter. „Man sieht sie nicht, so klein sind sie, aber sobald sie an einen kalten Gegenstand geraten, setzen sie sich daran als Tropfen fest." Die Mutter machte eine Fensterklappe auf, und siehe da, es dauerte gar nicht lange, da perlte das Wasser am Glase nieder.

„Fliegen die Tröpfchen auch aus dem Zimmer ins Freie?"

„Natürlich", antwortete Frau Steiner.

„Und was wird dort mit ihnen?"

„Das hängt davon ab, ob es warm oder kalt ist", entgegnete die Mutter. „Heute zum Beispiel erstarren die Tröpfchen zu Eis. Im Herbst oder im April setzen sie sich als Reif auf Stein und Kraut fest, oder sie schweben als Nebelschleier über die kühlen Bodenstellen. Wenn es aber sehr warm ist, dann steigen die Wasserkügelchen hoch in die Luft, bis sie in kühle Winde geraten und sich unter ihrem Einfluß zu Wolken verdichten. Stumm segeln sie dahin und lassen sich wie Schiffe auf dem Meer treiben."

Heiner hatte aufmerksam zugehört. Dann zog er sich an und folgte der Mutter zum Frühstückstisch.

Über Spiel und Mahlzeit vergaß er Wetter und Wasser in

ihren verschiedenen Formen, bis ihn am Abend die Müdigkeit überkam. Am nächsten Morgen, kaum erwacht, lauschte er dem Tropfen, das von Dächern und Zweigen kam. Er verfolgte mit den Blicken die sich bildenden Wasserperlen an der Dachrinne, die immer größer wurden, ein wenig zitterten, wenn sie der Wind anhauchte, blinkten und blitzten und dann ihren Halt verloren. „Plipp-plapp-plupp-plupp" schlugen sie auf den Boden vor dem Forsthaus.

Je länger Heiner das Spiel verfolgte, desto schwerer wurden seine Lider. Schließlich schlief er in den hellen Tag hinein, der ein überraschendes Tauwetter brachte.

Die Tropfen pladderten vom Dach, schmolzen überall Eis und Schnee. Große Pfützen blinkten auf dem Hof der Försterei, als Heiner aufgestanden war und anschließend frühstückte.

„Trari-trara, der Frühling ist nun da!" jubelten Uwe und Ulla, als sie aus der Schule kamen, und noch am Mittagstisch freuten sie sich über das Ende des Winters. Dann griffen sie ordentlich zu, um sich für die kommenden schönen Tage zu stärken, und auch Heiner ließ sich nicht unnötig bitten.

*

Kalt wehte der Ostwind um das alte Forsthaus, als Herr Steiner mit seinen Kindern am Sonntagmorgen in den Wald ging. Sie wollten den Frühling sehen!

„Ja, das wollen wir!" sagte Ulla, als ihr die Mutter auf der Haustreppe den Mantel reichte, Uwe den Schal umlegte und Heiner die zottige Pelzmütze auf den Kopf setzte.

Nur Heidjer, der Dackel, blieb, wie er geschaffen war. Unbehindert konnte er sich nach Herzenslust tummeln. Seiner Nase entging so leicht keine verdächtige Spur. Fleißig suchte er voraus, nach rechts und nach links und schaute an allen Wegbiegungen zurück, um sich seiner Begleiter zu vergewissern. Aus seinen Augen blitzte rechte Lebensfreude.

Am Waldrand angekommen, wartete der Dackel und luchste die Böschung hinab. Sein ganzer Körper bebte. Am liebsten **hätte er die drei** Rehe davongejagt, die sich das erste Grün am Hang suchten, traute sich aber nicht, weil Herrchen das nicht liebte. So gehorchte er einem Wink des Försters, während die Rehe davonsprangen.

Schließlich gelangten die vier an einen mächtigen Baumstubben. Er lud zum Niedersitzen ein. Der Vater nutzte die Gelegenheit, seine Kinder auf die unzähligen Primeln aufmerksam zu machen.

Hummeln brummelten von Blüte zu Blüte.

„Gestern waren sie noch nicht hier", sagte Herr Steiner.

„Warum kommen sie dann heute?" fragte Ulla.

„Ganz einfach", meinte der Vater, „die Sonne ist dafür verantwortlich. Heute erst entströmt den Blütentrichtern Pollenstaub und süßer Nektarsaft. Der Duft lockt die hungrigen Insekten."

Tatsächlich flogen die Hummeln nur völlig aufgeblühte Kelche an, steckten ihre Rüssel hinein und sogen daraus. Dabei ließ es sich nicht vermeiden, daß sie sich über und über mit dem klebrigen Blütenstaub bedeckten und diesen auf den Stempel des nächsten Trichters übertrugen.

„Auf diese Weise entstehen später die Samen in dem Fruchtknoten der Blüte", erklärte der Vater. „Deshalb ist der Hang auch so reichlich mit Primeln bedeckt."

„Oh, ein Schneeglöckchen!" freute sich Uwe. „Darf ich es ausgraben und in unseren Garten pflanzen?"

Der Vater hatte nichts dagegen und half ihm dabei, es aus dem Erdreich zu lösen.

„Guck, eine Zwiebel!" rief Ulla.

„Darin schläft das Blumenkind den langen Winter über!" sagte der Vater. „Die Primeln speichern dagegen ihre Kräfte in einem verzweigten Wurzelstock. Auch die zarten Anemonen tun das."

Die Kinder freuten sich noch einige Zeit der Blumenpracht. Dann schlenderten sie mit dem Vater weiter durch den Wald. Das Fallaub raschelte unter ihren Füßen. Herr Steiner fegte das trockene Laub an einer Stelle fort und rief seine Kinder. Was gab es da nicht alles auf dem schokoladebraunen Grund zu entdecken! Spinnen und Laufkäfer krabbelten herum. Alle waren noch ein wenig müde, aber die Sonne hatte sie bereits geweckt.

Frühlingsanfang! Er beendete den langen Schlaf. Regenwürmer und Rollkrebschen wollten sich vor dem Zugriff verstecken. Schnirkelschnecken verkrochen sich in ihr Gehäuse. Heiner hatte seinen Spaß daran, einige über die Hand gleiten zu lassen. Er war verblüfft, als sie darauf silbrig glänzende Schleimbänder zurückließen.

Dann entdeckte er keimende Kastanien und Eicheln im weichen Erdmull. Deutlich waren die Wurzeln und ersten Blätter daran zu erkennen. Er wollte sie gern mitnehmen. Aber der Vater winkte ab. „Dem Walde sind sie nützlicher als uns daheim!"

Eichhörnchen schnalzten in einem Baum. Dann begannen sie sich zu haschen und zu balgen und verschwanden zu guter Letzt in einem hohlen Baumstamm.

Irgendwo ruckste ein Ringeltauber. „Gru-gru-gru-gru!" rief er. Er suchte Gesellschaft.

„Was ich gefunden habe!" rief Ulla und betrachtete staunend den Wurzelspalt einer alten Eiche. Sofort stürmten Heiner und Uwe zu ihr hin, während der Förster langsam folgte.

„Ein Zitronenfalter!" meinte er auf den ersten Blick.

„Er ist leider tot!" bedauerte Heiner.

„Nein, er lebt!"

Tatsächlich begann das Tier auf der flachen Hand des Vaters die Beine an den schlanken Leib zu ziehen. Ein Zittern ging durch seine gelben Schwingen. Die Fühler bebten, als ein Sonnenstrahl den Körper des Falters traf. Noch vor wenigen Augenblicken steif und starr, bewegte er auf einmal seine Füßchen. Schließlich richtete er sich auf, und ehe eine Viertelstunde verstrichen war, schwebte er davon.

„Was wird mit ihm geschehen, wenn es in der Nacht wieder friert?" wollte Uwe wissen.

„Er wird mit dem Untergang der Sonne klamm werden und sich irgendwo niedersetzen. So kann er die Kälte der Nacht und des frühen Morgens überdauern, um am nächsten

Sonnentag wieder zu erwachen, bis er ein Weibchen findet und sich mit ihm paart. Dann ist sein kleines Leben beendet", antwortete der Vater. Er hatte nun das Fernglas vor den Augen, um einen Rehbock zu betrachten, der durch sein kräftiges Gehörn auffiel. Noch war es von weicher, silbriger Haut, dem Bast, überwachsen, aber bald würde es der schmucke Geselle an Sträuchern und Büschen sauber „gefegt" haben.

Müde von dem reichen Erleben gingen Vater und Kinder heim. Sie hatten der Mutter viel zu erzählen.

*

Mit jedem Tag ging die Sonne nun früher auf und später unter. Sie schickte ihre Strahlen in die entlegensten Verstecke und durchwärmte sie, wenn auch der kalte Märzwind es verhindern wollte. Schmetterlinge und Motten begannen zu flattern. Käfer wagten sich aus ihren Schlupfwinkeln und suchten Nahrung.

Davon merkten die Menschen kaum etwas, und auch die Steiner-Kinder nicht, die ihre Augen sonst überall hatten. Dackel Heidjer wußte darüber schon eher Bescheid. Aber Käfer waren nicht sein Fall. Ihn interessierte mehr das Wild, das der Förster schoß, und auch den Mäusen und Katzen stellte er leidenschaftlich nach.

Überhaupt war er ein aufmerksamer Hausgenosse. Er meldete jeden Besucher, und wehe, wer sich ihm widersetzen wollte! Heidjers Gebiß war wie das eines Wolfes. Und Lärm konnte der Dackel schlagen, daß es nur so schallte.

An einem sonnigen Morgen setzten sich Steiners an den Frühstückstisch. Auch Heiner ließ es sich gerade schmecken, als Heidjers Gebell im Hausflur ertönte. Ganz giftig hörte sich das Kläffen an, so schlimm, daß Herr Steiner aufsprang und zur Tür eilte.

Aber noch flinker waren Uwe und Ulla. Wie groß war ihr Erstaunen, als sie auf Erdkröten stießen, die aus dem Keller ans Licht drängten und sich weder um Hund noch Menschen kümmerten.

„Pfui!" jagte Ulla den Dackel fort. „Hole einen Knüppel; wir schlagen die ekligen Geschöpfe tot!" rief sie ihrem Bruder Uwe zu.

„Du bist wohl nicht gescheit!" herrschte der Vater den Jungen an. „Wie kann man solch nützlichen Tieren nach dem Leben trachten! Die Erdkröten vertilgen im Keller eine Unmenge Schnecken, Asseln und Spinnen, und dasselbe tun sie draußen in Wald, Garten und Feld. Ohne sie wären unsere Ernten an Kartoffeln und Gemüse bedeutend geringer."

Er hob die Kröten vorsichtig auf einen Spaten und trug sie behutsam in den Garten. „Sie ziehen jetzt zur Hochzeit in den nächsten Wassergraben", erklärte der Vater, und so war es auch. Scharenweise strebten die Tiere aus dem Garten zur nahen Wasserstelle.

Der Förster griff aus der Menge der Lurche eine grünliche Kröte heraus. „Wie gefällt sie dir?" fragte er Uwe.

„Schön ist sie gerade nicht. Aber ihre Augen sind wunderhübsch!"

„Sie ist vielleicht eine verzauberte Prinzessin", meinte Ulla.

Der Vater lächelte: „Im Märchen ‚Der Froschkönig' ist es ja so!" Uwe hatte einen Zweig ergriffen und fuhr der Kröte damit vorsichtig über den Rücken. Sie begann den Kopf voller Wohlbehagen zu drehen und zu wenden. Dann griff sie nach dem Zweig und wollte ihn festhalten.

Ein Weilchen hatten die Kinder ihren Spaß mit dem Tier, das auf dem Erdboden saß. Dann holte der Vater Regenwürmer und balancierte sie vor dem Lurch auf einem Stückchen Holz. Der ließ sich nicht lange bitten und langte mit seiner vorschnellenden Zunge rasch zu, um die Beute mit breitem Maul zu verschlingen. Dann mochte er nicht mehr und besann sich auf seinen Weg zum Wasser.

Die Kinder folgten ihm ein Stück dorthin. Aber schließlich war ihnen das Tempo zu langsam, und sie kehrten ins Haus zurück.

*

„Komm, wir schlendern ein bißchen umher und machen eine Entdeckungstour!" schlug Uwe dem Bruder vor, und Heiner war sofort bereit, mitzugehen.

Das Fernglas wurde geholt, dann stromerten die beiden am Grundstück entlang, streiften durch Birkengehölz und lichten Kiefernwald, bis sie an seinem Rande einen weiten Ausblick auf den Sumpf hatten.

Zart lugten überall die grünen Grasspitzen aus dem blauen Wasserspiegel hervor. Weiden und Birken umsäumten den Rand des Ufers, und ab und zu erhob sich ein Vogel, so groß wie eine Krähe, und ließ sein jauchzendes „Kiewitt!" erschallen. Ein Kiebitz.

Uwe gefiel der Anblick. Aber Heiner meinte: „Ich kann nicht viel sehen. Wir müssen näher an die Vögel heran! Vielleicht finden wir ein Nest."

Daran hatte Uwe auch schon gedacht. Und weil ihm der Vorschlag wie gerufen kam, machten sich beide auf, eine günstige

Stelle im Gelände zu suchen. Das war nicht so einfach. Sobald sie sich zu unvorsichtig vorwagten, gerieten sie nämlich in den Sumpf.

So pirschten sie auf Zehenspitzen bald nach links, bald nach rechts, und gelangten schließlich an einen Ort, von dem aus sie mit dem Glas die Kiebitze beobachten konnten.

Mit der langen Federhaube, mit schwarzer Brust und weißer Weste, stolzierten die Vögel wie Kellner daher. Ihr Rückengefieder schillerte im Sonnenlicht bald rötlich, bald grünlich bis in den schwarzen Schwanz hinein.

Ließen sich die Krähen über dem Luch sehen, dann erhoben sich sogleich mehrere Vögel aus dem Wiesengrund und vertrieben die schwarzen Eierliebhaber mit scharfen Rufen und harten Flügelschlägen. Waren die Diebe verschwunden, ließen sie sich wieder nieder, putzten ihr Federkleid und suchten Würmer und Schnecken, um sich zu stärken.

Über eine Stunde hockten die Brüder schon auf ihrem Platz und freuten sich, daß sie bisher unbemerkt geblieben waren. Aber schließlich machte ihnen das müßige Herumsitzen keinen Spaß mehr. Sie hatten nämlich ausgekundschaftet, daß ein Kiebitzweibchen bereits zu brüten begann, während das Männchen in nächster Nähe der Erdmulde wachte. Es reizte sie, sich Kiebitzeier zu holen.

Auf grünlichem Schalengrund tragen sie schwarze und olivgrüne, bräunliche Flecken. Fuchs und Dachs stellen ihnen nach, und in den Feinkostgeschäften der Städte sind sie nur zu hohem Preise käuflich.

Uwe wußte das. Deshalb krempelte er sich und seinem Bruder die Hosen hoch, und dann stapften beide los.

Kaum hatten sie sich ins Freie gewagt, da erhob sich bald hier, bald dort ein Vogel und näherte sich ihnen im Sturzflug und unter heftigem Schreien. Ehe sich Heiner versah, hatte ihn einer der Flieger mit seinen Schwingen gestreift. Das ganze Luch schien in Aufruhr. Erregte Vogelleiber zielten auf die beiden Störenfriede, die es sich so leicht vorgestellt hatten, Eier zu sammeln, und nun einsehen mußten, daß sie gar nicht mehr wußten, wohin sie gehen sollten.

Heiners Mut war gesunken. Er sah seinen großen Bruder wortlos an. „Du hast uns aber ganz schön 'reingelegt!" meinte er schließlich, drehte sich kurzerhand um und rannte aufs Trockene. Uwe folgte ihm in einigem Abstand.

„Kiewitt!" riefen die Kiebitze über dem Luch. Die Kinder betrachteten sie nur noch mit Hochachtung und aus der Ferne.

*

Im Garten der Försterei stand ein Birnbaum. Herr Steiner hatte ihn nicht gepflanzt, und auch sein Vorgänger, der vierzig Jahre hier waltete, hatte an dieser Stelle kein Samenkorn in die Erde getan. „Wie mag er an seinen Platz gekommen sein?" fragte Onkel Hermann Herrn Steiner, als beide nach dem Mittagessen einen Spaziergang um das Gehöft unternahmen.

„Ich kann es dir nicht sagen", antwortete der Forstmann.

„Dann wird ihn der liebe Gott selber gepflanzt haben!" meinte der hinzutretende Heiner.

Onkel Hermann bewunderte die Krone des Baumes. Aber je länger er sie anschaute, desto deutlicher wurden ihm die Mängel des Astwerks, das stellenweise schon völlig trocken war. Auch klafften Risse im Stamm, und einige Astlöcher waren schon von weitem erkennbar. Aus einer solchen Öffnung hingen Strohhalme heraus, ein Zeichen, daß Haussperlinge hier ihre Wohnung aufgeschlagen hatten.

„Ich würde den Baum entfernen und etwas anderes an seine Stelle setzen!" meinte der Onkel.

„Mit dem Roden des Birnbaums wollen wir ruhig noch ein bißchen warten, lieber Hermann!" erwiderte der Vater. „So gering schätze ich den Stamm gar nicht ein. Er ist für alle Lebewesen in unserer Nachbarschaft von großer Bedeutung."

„Da bin ich aber neugierig", erwiderte der Onkel.

Der Förster ging durch eine kleine Pforte voraus, und während man einen weiten Kreis durch Unterholz und Mischwald beschrieb, wies er auf die vielen Birnbaumstämmchen und

-stämme hin. Manche waren noch nicht einmal so stark wie ein Spazierstock, andere mannshoch, einige überragten bereits Kiefern und Fichten und hatten sich inmitten der fremden Arten Platz geschaffen.

„Sie sind alle die Nachkommen unseres Baumes im Garten", sagte Herr Steiner. „So hat er sich vermehrt! Rehe und Wildschweine haben sich von seinen Früchten ernährt, Häher und Raben haben die Samenkerne davongetragen."

„Dann hat der Baum dem Wild wirklich Nutzen gebracht!" erkannte Onkel Hermann an.

„Aber damit nicht genug", fuhr Herr Steiner fort, „der alte Stamm hat auch viele Wohnungen. Sperlinge und Stare, Eichhörnchen und Meisen, sogar Siebenschläfer und Mandelkrähen haben darin Unterschlupf gefunden und ihre Jungen aufgezogen. Raupen und anderes Ungeziefer wurde durch sie in Schach gehalten. Wir haben manchen Groschen für die Bekämpfung der Schädlinge durch sie gespart. Deshalb soll der alte Baum bleiben, bis ihn der Sturm oder der Blitz zu Boden wirft."

In der Heide

Ostern kam heran. Strahlend stieg die Sonne, golden ergoß sich ihr Licht über die Giebel des alten Forsthauses, zitterte über das verwitterte Storchendach und kletterte immer tiefer an den Wänden hinab, bis sie ins Schlafzimmer der Kinder blitzte.

Uwe erwachte. Er betrachtete die goldenen Kringel, die vom Waschbecken an die Decke gespiegelt wurden. Dann rekelte er sich, räusperte sich ein wenig und war in der Gegenwart. Bald hatten auch Ulla und Heiner ausgeschlafen.

„Was machen wir nun?" fragte Ulla.

Uwe lauschte durch die geöffnete Tür, ob die Mutter bereits in der Küche hantierte. Tatsächlich war sie schon dabei, das Frühstück zu bereiten. Geschirr klapperte, dann schnurrte die Kaffeemühle.

„Ich werde der Mutter helfen!" sagte das Mädchen. „Ihr könnt noch so lange liegenbleiben, bis ich euch rufe!"

Das war den Jungen gar nicht recht. „Wir wollen doch Ostereier suchen!"

„Nach dem Kaffee! Eher bestimmt nicht", sagte Ulla, zog sich rasch an und verschwand.

Unterdessen war Herr Steiner bereits im Garten. Leicht wollte er den Kindern das Auffinden der bunten Hühner- und Marzipaneier nicht machen. Immer wieder suchte er nach heimlichen Schlupfwinkeln und paßte auch auf, daß ihn niemand bei seiner Arbeit entdeckte.

Endlich war er fertig. Als die Kinder zum Frühstück erschienen, saß er schon an der festlich gedeckten Tafel. Dann begann der Schmaus.

Anschließend ging es in den Garten. Jedes Kind trug ein Körbchen in der Hand, groß genug, um all die Dinge aufzunehmen, die der Osterhase versteckt hatte.

„Da läuft er davon! Seht, ein richtiger Hase!" rief die Mutter plötzlich und zeigte vergnügt auf ein Langohr, das eiligst über den Kiesweg hoppelte.

„Nun aber los!" spornte Herr Steiner seinen Jüngsten an, während Ulla und Uwe schon ihren ersten Fund ins Körbchen legten.

Heiner regte sich mächtig auf, denn er glaubte, er käme zu kurz. Erst als der Vater ihm beim Suchen behilflich war, wuchs sein Selbstvertrauen, und schließlich konnte er lachen. Er hatte alles ihm Zugedachte gefunden.

Aber damit war er noch nicht zufrieden. Er suchte hier und dort, bis ihm fast der Atem stockte. Fast hätte er die drei kleinen Kerle in ihrem haarigen, erdbraunen Kleid übersehen, wenn ihre dunklen Augen ihm nicht aufgefallen wären. „Vati, Mutti!" rief er. „Ich habe richtige Osterhasen gefunden!"

Uwe und Ulla lachten ihn aus, aber dem Vater bedeuteten die Worte etwas, und er schaute sich die Häschen an.

„Sie sind ja allerliebst!" meinte die Mutter, und Ulla wollte die Tierchen streicheln.

Doch der Vater mahnte. „Guckt sie euch von ferne an, damit

die alte Häsin sich nicht vor dem Geruch der Menschen scheut. Läßt sie die Kleinen im Stich, dann müssen sie verhungern."

Das wollten die Kinder natürlich nicht, und so zogen sie sich wieder zurück.

Als eine Woche vergangen war, guckte der Förster nach den Häschen, aber so sehr er sich auch mühte, sie zu finden; sie waren nicht mehr zu sehen.

„Sind sie noch am Leben, oder hat sie das Wiesel oder der Fuchs geholt?" fragte Uwe den Vater.

Der Förster zuckte die Schultern. „Ich weiß es nicht. Ihr Schicksal liegt wie das unsere in Gottes Hand."

*

Das Jahr nahm seinen Lauf. Nicht jeder Tag bescherte Sonnenschein. Oft heulte kalter Wind in den Baumkronen des Gartens und fegte Staub, Blätter und allerlei dürre Halme über Hof und Straße.

„Das ist gar nicht schön!" seufzten dann Ulla und Uwe.

„Wie könnt ihr bloß so zimperlich sein?" meinte der Vater.

Schien die Sonne wieder, dann hatten die Kinder allen Unmut vergessen und waren vergnügt. Ganz hellhörig wurden sie, als sie mehrere Vögel über dem Hof kreisen sahen.

„Die Störche kommen!" rief Uwe laut und freute sich mächtig auf die rotbeinigen Stelzvögel, die erregt aufeinander losstürmten.

„Sie streiten sich!"

„Es geht um das Nest auf unserem Dach!" sagte der hinzutretende Vater. „Storchenwohnungen sind knapp, und die jungen Vogelpaare nutzen jede Gelegenheit, sich ein Heim zu schaffen. Wer auf den Hausdächern kein Wagenrad als Unterlage findet, muß sein Nest auf einem Sims des Kirchendachs bauen. Ja, sogar auf Bäumen habe ich sie schon gesehen." Schon wollten Steiners ins Haus zurückgehen, als sich einer der Störche auf das Hausdach schwang. Der Vater hatte ihn sofort an einem Aluminiumring am rechten Fuß wiedererkannt. In seinem Wesen bewies der Vogel auch, daß er der Herr des

Nestes war und es schon im vergangenen Jahr bewohnt hatte. Bald legte er seinen langen Hals nach hinten und begann mit den roten Schnabelhälften zu klappern.

Die Kinder vernahmen das Geräusch mit großer Freude, und Heiner konnte sich an dem weißgefiederten Adebar nicht sattsehen. „Vati, gibt es eigentlich auch schwarze Störche?" fragte er.

„Ja", antwortete Herr Steiner, „aber sie sind selten und leben im Walde."

„Was fressen Störche?"

„Frösche, Mäuse, Heuschrecken, Schnecken und Würmer. Aber sie nehmen auch Ratten und junge Häschen, wenn sie sie bekommen können. Mit ihrem langen spitzen Schnabel machen sie kurzen Prozeß. — Er ist eine gefährliche Waffe."

Die Kinder freuten sich noch mehr, als am gleichen Nachmittag ein weiterer Storch eintraf, der ein wenig kleiner als der erste war und sich als Weibchen entpuppte. Mit großem Geklapper und Schwingenschlagen, mit Hüpfen und Flattern begrüßten sich beide Vögel, und ihr aufgeregtes Gehabe wollte kein Ende nehmen. Eine Zeitlang weilten sie im Luch, um Nahrung zu suchen. Dann stolzierten sie im Garten und auch am Waldrand umher, nahmen mit ihren Schnäbeln Reiser und Zweige auf und begannen ihr Nest auszubessern. Sie achteten besonders darauf, den Rand zu erhöhen. Einige Tage hatten sie damit zu tun.

Lappen und Stroh, aber auch Papier trugen sie in die Nestmulde, und eines Vormittags schimpfte Frau Steiner gewaltig, als sie die Störchin dabei ertappte, wie sie ihr die Taschentücher von der Wäscheleine stehlen wollte.

Schließlich war das Nest fertig, und das Brüten begann. Eine stille Zeit für das Paar, das sich in seiner Arbeit abwechselte und immer darauf achtete, daß die drei großen weißen Eier beaufsichtigt blieben. Die Krähen waren nämlich sehr lüstern darauf. Die Störche wußten das und vertrieben alle lästigen Besucher.

*

Natürlich kümmerte sich auch Dackel Heidjer um die Ordnung auf dem Hof der Försterei. Wehe, wenn die Hühner oder Gänse sich darauf sehen ließen!

Der Hof war Heidjers Revier, dazu Feld und Wald. Natürlich begleitete das Krummbein Herrchen fast immer auf den Pirschgängen. Mal voraus, mal hinterher, ganz wie es kam. Wenn der Hund nicht angeleint neben dem Förster gehen mußte!

Dies war mitunter sicherer. Wenn Rehe und Hirsche und die Wildschweine Junge hatten, waren die Mütter sofort zum Angriff bereit. Diese unerfreulichen Zusammenstöße wollte Herr Steiner möglichst vermeiden. Natürlich war Heidjer die Führung an der Leine gar nicht recht. Viel lieber flanierte er frei umher und spionierte aus, wozu ihn seine empfindsame Nase ganz besonders befähigte.

An diesem Apriltag durfte er sich tummeln, und er nützte es auf seine Art. Zuerst jagte er einen Eichelhäher vom Boden auf, dann machte er den wilden Kaninchen am Berghange Beine und kam bald mit hängender Zunge wieder zu Herrchen zurück.

Ein Weilchen zog er er dann stillschweigend hinter seinem Meister her, um bald in einem dichten Jungwald von Fichten unterzutauchen. Solche Einsamkeit lieben Hirsch und Reh. Besonders ein alter Hirsch hielt sich in dieser Schonung gern auf. Hier fühlte er sich sicher. Hier schlief er, hier verdaute er Klee und Eicheln, Kartoffeln und Rüben, die er in der Dämmerung und während der Nacht von den Feldern der Bauern und Gutsbesitzer einheimste. Der Hirsch besaß in seinem Geweih eine gefährliche Waffe, mit der er schon viel Schaden angerichtet hatte. Oft genug war der Förster hinter ihm her gewesen. Aber stets entkam der Hirsch. Niemand wußte, wo er sich jetzt aufhielt.

Nach Ostern kommt die Zeit, in der die Hirsche ihre Geweihstangen abwerfen, um neue aufzusetzen. Als der Hirsch in der Morgendämmerung vom Kleefeld des Bauern kam und sein Lager aufsuchte, um dort in aller Ruhe zu verdauen und zu schlafen, trug er seinen Kopfschmuck noch unversehrt zur Schau. Aber kaum war er auf einer kleinen Lichtung angelangt, da löste sich eine Stange und plumpste auf den Waldboden.

So lief er wohl eine Viertelstunde mit einer Geweihstange umher, schüttelte sich immer wieder, weil ihm seine Lage unbequem war, und wurde erst wieder froh, als auch die zweite kippte und abfiel.

Zum Schlafen kam er auch nicht. Die Meisen, die da zeterten, waren es nicht, die ihn störten. Schon eher die Häher, denen im Walde so leicht nichts entgehen kann.

Der Rothirsch war alt und erfahren genug, um sich rechtzeitig vor den Lärmmachern in Sicherheit zu bringen. Dennoch — der Förster hätte ihm bestimmt nichts getan, zu dieser Jahreszeit nicht.

Allein die bloße Begegnung mit einem Zweibeiner war dem Hirsch zuwider. Während er sich trollte, hatte Heidjer allerdings schon mit seiner empfindsamen Nase die Lage geklärt. So schlüpfte er unter den Nadelbäumchen hindurch, tastete sich immer weiter vor, die Nase tief am Boden, damit ihm ja nichts entging. Längst hatte er heraus, daß er auf einer Rotwildfährte war, als er auf dem grünen Moosteppich die erste Geweihstange fand. Er beschnupperte sie eingehend und immer wieder, ging mehrmals um sie herum und wußte nicht recht, was er mit ihr anfangen sollte.

Da erschallte ein Pfiff. Heidjer wußte, was er zu bedeuten hatte. Herrchen befahl: Komm zurück!

Was war nun wichtiger? Das Folgen oder die Geweihstange? Unschlüssig betrachtete der Hund das prächtige Ding. Dann packte er sie vorsichtig mit den Kiefern und schleppte sie aus dem Wirrwarr der Äste und Stämme.

Herr Steiner traute seinen Augen kaum. Er nahm den Kopfschmuck des Hirsches, lobte seinen vierbeinigen Jagdkumpan und war sehr zufrieden. Dann schickte er Heidjer noch einmal in den Fichtenhag hinein: „Such voran!"

Und dieser zog noch einmal davon, als wüßte er genau, worum es ging. Hin und her spürte das Rauhbein, dann folgte es der Fährte des Hirsches und stand vor der zweiten Geweihstange. Sogleich packte er auch diese Trophäe.

Herr Steiner kam ihm auf halbem Wege entgegen. Dann hielt er das Schmuckstück in den Händen. Als wären es Spiegelbilder, so ergänzten sich beide Paßstangen zu einem herrlichen Ganzen.

*

Als eines Mittags Uwe mit Heidjer in den Garten ging, brummelte es plötzlich golden aus dem zweiten Stockwerk des alten Birnbaums hervor.

Es war eine Hornisse, eine große Wespe, die hier überwintert hatte, eine Königin ihrer Art, so lang wie zwei Fingerglieder an des Försters Hand. Sie ließ die beiden nicht in Ruhe, kreiste in immer engeren Spiralen um sie herum, und als Uwe nach ihr zu schlagen begann, gebärdete sich das Kerbtier so ungestüm, daß das surrende Getön der glashellen Schwingen dem Jungen und dem Dackel auf die Nerven ging. Der Vierbeiner sträubte das Fell, zog die Rute ein und flüchtete, von dem Jungen dichtauf gefolgt.

Uwe und Heidjer waren ganz atemlos, als sie an der Gartenpforte anlangten. Scheu guckten sie sich um.

Die Hornisse aber dachte nicht an Ausruhen. Vom frühen Morgen an war sie fleißig und darauf bedacht, eine Familie zu gründen. Dazu brauchte sie Kammern für ihre Kinder und Vorratsräume. Die Baumhöhle genügte ihr nicht. Sie war für die einzelnen Tierchen viel zu groß und ungemütlich. Es kam darauf an, daß nirgends Schimmelpilze die Brut vernichten konnten, und es war auch sehr wichtig, daß die Hornissenkinder zu jeder Tageszeit die gleiche Wärme hatten, die für ihr Wohlergehen unbedingt nötig war.

Das konnte nur in einem besonderen Bauwerk geschehen. Aber die Hornisse ist von niemandem abhängig. Sie ist ihre eigene Baumeisterin. Vorn am Kopf besitzt sie kräftige Kieferzangen, mit denen sie die Rinde der Bäume und die Zaunlatten benagt. Mit Speichel vermischt, bereitet sie aus dem gewonnenen Holzmehl einen feinen Brei, der an der Luft rasch trocknet und eine feste Papiermasse ergibt.

An einem Pappstiel, der an die Decke der Baumhöhle geklebt worden war, hatte die Hornisse bereits einen Wabenteller gehängt, so groß wie das Uhrglas des Försters. Auf diesem Teller erhoben sich mehr als ein Dutzend sechseckiger Zellen, groß genug, um je ein Ei aufzunehmen. Aus ihm und den anderen entwickelten sich dann weißgelbe Maden, die Hornissenlarven.

Kaum daß sie aus der Eihaut geschlüpft waren, hatten sie schon Hunger. Obstsäfte und Fleischbrei von Fliegen, Bienen und Mücken schaffte die Hornisse unermüdlich heran, und hatte sie ein wenig Zeit, dann baute sie bereits den zweiten Wabenteller, größer als den ersten. So schaffte sie unermüdlich bis zum Sonnenuntergang. Mit dem letzten warmen Lichtstrahl brummelte sie dann zu ihrem Nest, sah nach den Kindern, putzte ihre glashellen Flügel und verschnaufte. Wer es vorsichtig anstellte, konnte sie nun getrost betrachten.

So war die Hornisse nicht nur schön, sondern auch wehrhaft und stark, eine rechte Königin ihrer Art.

Uwe wollte das nicht einsehen. Einige Tage nach seinem Rückzug erdreistete er sich, ihre Wohnung mit Erdbrocken zu bewerfen. Drei Angriffe hatte er schon unternommen in der Meinung, das Insekt befände sich in der Höhle. Als er zum vierten Male ausholte, kehrte die Hornisse gerade von einem Ausflug zurück. Er knickte vor Angst in die Knie und entging so glücklicherweise einem gefährlichen Stich. Dennoch hatte ihn der Stachel an der Stirn leicht getroffen. Die Wundstelle brannte wie Feuer. Frau Steiner mußte mit essigsaurer Tonerde kühlen, und am Abend war der größte Schmerz vorüber.

*

An einem Nachmittag, als Ulla mit Heiner zum Kaufmann ins Dorf gegangen war, um etwas einzuholen, zogen Uwe und Heidjer zum Hof hinaus, um sich ein wenig die Beine zu vertreten.

Dabei entdeckte Uwe seltsame Eindrücke im weichen Boden. Zwei Zehen vorn und zwei Zehen hinten, und zwar viele Male unregelmäßig durcheinander gewürfelt, so daß er stehenblieb und sich über die Zeichen Gedanken machte. Er bückte sich, um diese besser zu erkennen.

Die Sache war nicht ganz geheuer. Uwe wurde nachdenklich. Die Eindrücke im Boden kamen ihm bekannt vor. Das Schwein im Stall zu Hause, das gemästet werden sollte, hinterließ auch solche Trittsiegel.

Schon hatte der Junge das Rätsel gelöst, zumal ihm starke Sauenwitterung aus dem Gebüsch entgegenwehte, durch das die Wildschweine getrottet waren. Es konnte nicht anders sein, als daß eine alte Bache — so heißen die Mütter der Wildschweine — mit ihren Ferkeln, den Frischlingen, einen Ausflug unternommen hatte.

Und so war es auch. Heidjer begann laut zu bellen. Eifrig begann er die Fährte zu verfolgen, und Uwe schwebte in höchsten Ängsten um ihn. Aber die Bache, die gar nicht weit davon ihr Lager aufgeschlagen hatte, machte sofort Front, um ihre Kinder zu beschützen. Ein wenig rannte sie dem Dackel entgegen, um ihm mit ihren scharfen Eckzähnen, den Gewehren, eins auszuwischen. Aber da war Heidjer schon auf und davon und bei dem Jungen, der einen in der Nähe aufgestellten Hochsitz erklomm. Von diesem aus konnte Uwe weit in die Runde blicken.

Den Dackel im Arm lauschte er dem Rufen der Bussarde, die so gern Mäuse jagen, dem Gesang der Drosseln und dem Schlagen der Finken.

Da schnarrte plötzlich aufgeregt eine Meise auf einem Reisighaufen, Heidjer schaute hinüber und begann zu knurren, als sich dort eine mächtige Gestalt aus dem Schatten erhob: Die alte Bache, die Heidjer ans Leder wollte!

Nun hatte auch Uwe die zottige Sau gesehen. Er beruhigte den Hund und war Auge und Ohr, als sich bald zwei Frischlinge zeigten. In ihrem hellgrauen, von gelblichen Längsstreifen gezierten Kittelchen sahen sie allerliebst aus.

Immer mehr Frischlinge kamen unter dem Reisighaufen hervor, der ihnen als Lagerstätte gedient hatte, und suchten die

Mutter zu bewegen, noch ein wenig zu bleiben. Wahrscheinlich wollten sie noch etwas Milch. Aber die Bache grunzte unwillig. Einige dreiste Ferkelchen, die ihr zu nahe kamen, schubste sie mit ihrer Schnauze fort, und als die Kleinen nicht hören wollten und hell zu quieken und zu knören begannen, bekamen sie ein paar derbe Rippenstöße.

Die Strafe schaffte Ruhe. Dann suchte die Alte auf dem Waldboden nach Käfern und Schnecken. Angekeimte Eicheln schmeckten ihr, und an einer weichen Bodenstelle grub sie mit ihrem Rüssel nach Maikäfern und Larven.

Nach einer Weile zog die zottige Familie gemächlich weiter durch den Wald, und Uwe folgte ihr mit den Blicken, bis er sie nicht mehr sehen konnte. Dann kletterte er mit Heidjer vorsichtig die Sprossen der Leiter hinunter und eilte nach Hause, um Vater und Mutter sein Erlebnis zu erzählen.

*

„Klicklicklickilick!" schallte es jetzt oft zum Forsthaus hinüber. Ganz besonders in den Vormittagsstunden konnte man das Rufen vernehmen. Ulla und Uwe waren dann allerdings in der Schule, aber Heiner entging es nicht. Er erzählte Uwe davon, und der meinte, man müsse mal im Gutspark nachsehen, von wo die Rufe kämen.

„Wenn uns jemand fragt, was wir da suchen, sagen wir halt, wir wollen unseren Vater, den Förster Steiner, sprechen!"

So machten sich die Brüder auf den Weg. Durch eine Lücke im dichten Heckenzaun schlüpften sie hindurch und staunten über die riesigen Kastanien, die hohen Eichen und noch viel mehr über die herrlichen Tulpen, Narzissen und glühendroten Alpenrosen.

Aber das seltsame Geräusch vernahmen sie nicht. Sie wollten schon wieder nach Hause gehen, als sie unversehens heftiges Klopfen hörten. Es kam von einem Fichtenstamm her und konnte gar nicht weit entfernt sein. Sofort wandten sie sich der Richtung zu und suchten nach der Ursache. Aber zu erkennen vermochten sie nichts.

Sie drückten sich in den Schutz der Sträucher und verharrten in der Hoffnung, bald wieder etwas zu vernehmen. Tatsächlich pochte es neuerlich am Holz. Sie schauten zum rissigen Stamm hin und erkannten dort einen seltsamen Vogel. Groß und schwarz gefiedert wie eine Krähe, trug er auf seinem Kopf ein blutrotes Käppchen. Solch einen Harlekin hatten die Kinder noch nirgends gesehen. Wie ein verzauberter Prinz sah er aus. Er nahm von den Jungen keine Notiz, sondern hackte eifrig mit seinem kräftigen Schnabel eine Öffnung in den Stamm, daß die Späne nur so flogen.

„Das ist ein Specht!" sagte Uwe.

„Er baut sich ein Nest!" flüsterte Heiner.

Eine Weile schauten sie dem fleißigen Zimmermann zu, als noch ein zweiter Schwarzspecht erschien. Etwas kleiner als der erste, setzte er sich auf einen Ast und schaute zu, wie die Wohnung entstand. Als es ihm zu langweilig wurde, huschte er auf den Boden, hüpfte an einen Ameisenhaufen heran und fing mit seiner langen, klebrigen Zunge die aufgeregten Tierchen, um sie zu fressen. Dann sprang er an einen morschen Baumstumpf und keilte ihn mit seinem Schnabelbeil auseinander. Fingerlange Maden purzelten aus dem Mulm. Er schnappte sie und schluckte sie. Als er sich gesättigt hatte, badete er im trockenen Sand des Weges und flog wieder davon.

Das war dem anderen Vogel, der bisher fleißig gezimmert hatte, zuviel. Er warf sich vom Baum und eilte mit gellendem Klickern hinterdrein. Hin und her ging nun im Park das Locken und Streiten des Schwarzspechtpärchens.

Am Abend berichteten Uwe und Heiner dem Vater, was sie erlebt hatten. Sie wollten mehr über Spechte wissen, und Herr Steiner sprach aus langer Erfahrung. „Sie sind uns Forstleuten sehr nützlich. Sie zeigen uns die kranken Bäume an, so daß sie gefällt werden können, ehe es zu spät ist. Sie schaffen auch viel mehr Nisthöhlen, als sie selber zum Schlafen und Brüten benötigen, und die Meisen, Hohltauben, Kleiber und Käuze finden durch sie immer einen passenden Unterschlupf. Außerdem verzehren sie unzählige schädliche Insekten. Deshalb sind Spechte vor Verfolgung geschützt!"

„Haben Spechte auch Feinde?"

„Natürlich", erwiderte der Vater, „Marder und Habicht schlagen manchen Jungvogel, und auch der Waldkauz zögert nicht, wenn er einen Specht erwischen kann."

Uwe hätte gern so einen Buntspecht in der Gefangenschaft gehalten, doch das ließ der Vater natürlich nicht zu.

*

Amseln sind mit anderen Vögeln kaum zu verwechseln. Größer als ein Star, hat das kohlschwarz gefiederte Männchen einen zitronengelben, das graubraun gekleidete Weibchen einen dunklen, bräunlich getönten Schnabel.

Schon im Februar sang der Hahn alle Tage im Wipfel des Kastanienbaumes auf dem Hof. Schneeschauer und frostige Tage machten ihm wenig aus.

Dann begann das Amselpärchen einen Nistplatz zu suchen, und schließlich hatte sich das Weibchen für ein Versteck entschieden, das dem Förster gar nicht gefiel. Dicht am Stamm des Kastanienbaumes hatte es auf einem Astfächer Wurzelfasern, trockene Halme und Bastfäden zusammengetragen.

Aber kaum war das Nest säuberlich gerundet, da lag es zerfetzt am Boden. Wahrscheinlich hatte es eine Katze zerrissen. Doch schon am Abend sang der Hahn wieder sein Lied. Abermals suchten die Vögel nach einem passenden Versteck, und schließlich hatten sie es auf einem Balken unter dem Hausgiebel gefunden. Dort war es vor den Katzen sicher, und Steiners hofften auf baldige Amselbrut. Aber es kam anders.

Im Innern eines zerborstenen Lindenstammes mitten im Gutspark hütete eine Waldkäuzin zwei weißflaumige Junge. Tagsüber verhielten sich die beiden Knäuel mucksmäuschenstill. Sobald aber die Dämmerung näherrückte, begehrten sie mit heiserer Stimme nach Fraß. Ihre Mutter hatte sich dicht an den Stamm einer Fichte gedrückt und beobachtete das Leben der Finken und Stare, der Wildtauben und Sperlinge.

Doch ihre Zeit war noch nicht gekommen. Oft genug hatte sie ihren Vorwitz schon büßen müssen, wenn die Kleinvögel sie entdeckten und mit lautem Gezeter davonjagten.

Aber der Hunger der Käuzchen steigerte sich, und so bettelten die Kleinen dringlicher. Lautlos, ein gleitender Schatten, sprang die Mutter von ihrem Sitz. Mit ihren kirschengroßen Augen spähte sie nach Beute aus.

Schon war sie um das Forsthaus geflogen, hatte eine Bewegung unter dem Giebel entdeckt und schoß darauf zu. Im Nu rissen ihre dolchbewehrten Klauen die brütende Amsel vom Nest und trugen sie davon.

Als Uwe Steiner am nächsten Morgen nach den Hornissen schauen wollte, hörte er den Ruf des Amselhahnes nicht, aber er fand zerbrochene Eischalen, Blutstropfen und viele Halme des zerstörten Nestes.

Eine Woche später erschallte jedoch wieder das Lied des Amselhahnes. Er hatte sein Leid vergessen ...

*

Die Roggensaat des Försters stand in diesem Jahre besonders gut. Wenn kein Hagelwetter dreinschlug und Maifröste fernblieben, konnte die Ernte gut werden.

Mitunter ging ein leises Flüstern durch die Reihen der Halme, als sprächen sie miteinander.

Noch feierlicher hörte es sich an, wenn der Feldlerchenhahn sich gegen den weichen Luftstrom des Morgenwindes schwang und stufenweise immer höher emporstieg, bis er Herrn Steiners Blicken zwischen Himmelblau und Schäfchenwolken nur noch als ein winziges Pünktchen erschien und schließlich völlig verschwand.

Aber sein Lied blieb trotzdem hörbar. Es war ein Lied, das Mut machte.

Uwe und Heiner hatten sich den Platz des Vogelpärchens gut gemerkt. Die Neugier reizte besonders Uwe, festzustellen, was der Sänger im Walde machte. Er schlich sich an die Stelle im Getreide, von wo aus sie den Vogel so oft hatten aufsteigen sehen.

Schon glaubte er, nichts mehr zu finden, da fielen seine Blicke auf ein dunkles Augenpaar. Es starrte ihn vom Erdgrund aus ängstlich an, als wollte es ihn fragen: Mußt du mich hier stören, Menschenkind? Er schämte sich fast, als die Lerche aufflatterte und ihr Nest mit fünf nackten Vögelchen zurückließ.

*

Nicht nur im Garten regte sich das Leben, sondern auch am Erlenbach. Die Knospen der Brombeer- und Himbeersträucher streckten sich, und überall trieben Schilf und Kalmus ihre grünen Blattschwerter aus dem feuchten Boden.

Am grünen Bachufer entlangzugehen, bereitete den Kindern viel Freude. Der weiche Humusgrund federte bei jedem Schritt und Tritt. Es war so erfrischend, die Hände in das klare Wasser zu halten.

Mitunter entdeckten sie auf ihren Streifen auch einen laichwilligen Hecht, der bis in die seichten Gräben der Feldmark hinaufschwamm, um dort seine goldgelben Eier, den Rogen, abzulegen. Daraus wurden dann kleine Fische und zuletzt wieder solche großen Hechte.

Der Bach weitete sich im Quellengrund. Schilf keimte in grünen Lanzen. Wenn der Wind darüber hinstrich oder die Sonnenstrahlen die Halme und Zweige trafen, knisterte es bald hier, bald dort geheimnisvoll.

Die Ringelnatter am Wurzelwerk einer Weide, die in der Sonne kaum Schatten spendete, weil sie noch ziemlich kahl war, entging ihnen freilich. Ein Sonnenbad mögen alle Nattern gern. Es belebt sie, gibt ihnen die Kraft, die sie brauchen, um Fische und Frösche zu fangen.

Die Natter ließ sich lange Zeit, die Wärme der Sonne auszukosten. Aber schließlich wurde sie munter. Ihre blanken dunklen Augen blitzten, ihre gespaltene Zunge tastete durch die feine Mundspalte suchend hin und her. Dann setzte sich das meterlange Tier in Bewegung.

Schon war die Natter im freien Wasser. Seine Kühle machte ihr nichts aus. In schlängelnder Bewegung schwamm sie geschwind an das andere Ufer und züngelte dort behutsam voran.

Plötzlich hatte sie einen Frosch entdeckt. Ahnungslos genoß er den Sonnenschein, während sie sich tief ins Gras drückte, an ihn heranpirschte und mit einem blitzschnellen Stoß ihres Kopfes packte. Vergebens versuchte der Frosch zu entweichen. Die nach hinten gestellten Hechelzähne vereitelten sein Bemühen. Er endete auf traurige Weise.

Wie wohlig die Sonne auf den Lichtungen wärmte! Uwe legte die flache Hand auf den sandigen Boden und spürte, daß er gar nicht mehr kühl war. Dann aber schreckte er zurück. Ein unwilliges Zischen zu seiner Linken — eine Kreuzotter. Der schwarze Zickzackstreifen auf dem goldigbraunen Rücken ließ keinen Zweifel aufkommen.

„Vorsicht! Eine Kreuzotter!" rief er und sprang einige Schritte zurück. „Paßt auf, daß sie euch nicht beißt!"

Da sie bisher noch niemals ein solches giftiges Reptil gesehen hatten, kamen alle näher, um es zu betrachten. Aber kaum hatten sie die Schlange erblickt, da war ihre Angst gewichen.

Dicht zusammengerollt genoß auch sie die Wärme, züngelte zuweilen und guckte sie aus ihren dunklen Augen an.

„Man kann durch einen Otternbiß sterben!" flüsterte Ulla.

„Wenn wir nicht zu nahe herangehen, kann uns nichts passieren!"

Die Natter ringelte sich auf, hob den kleinen Kopf ein wenig und drehte sich auf der Stelle.

Heiner wies in die Heide hinein, woher ein seltsam gurgelndes Lied kam. Da machte Uwe den Vorschlag, den Rufer zu suchen. So zogen sie weiter und ließen die Kreuzotter zurück.

„Schui-schiu!" klang es an das Ohr der Kinder, aber zu sehen war nichts inmitten des grauen, von einzelnen Birken bestandenen Heidekrautfeldes. Die drei schlichen ganz leise dahin, so daß der Rufer sie wohl nicht entdecken konnte. Außerdem gingen sie gegen den Wind.

Nur so war es möglich, daß die drei unscheinbaren, mehr als krähengroßen Vögel auf der Heideblöße überrascht wurden. Es waren Birkhennen. Mit raschen Schwingenschlägen schnurrten sie durch die Luft, so daß die Kinder ordentlich erschraken.

Die drei wollten weitergehen, zumal der Nordostwind stärker wehte und dunkles Gewölk heranführte.

„Es sieht nach Regen aus! Wir wollen uns beeilen!" spornte Ulla die Brüder an und schritt tapfer aus.

So gelangten die drei schließlich an den Rand des Heideplans und sahen sich einer weiten Wiesenfläche gegenüber, die von Wassergräben durchzogen war. Verschiedene Komposthaufen waren von den Bauern errichtet worden. Sie pflanzten dort im Mai Kürbis an und ernteten dann im Herbst zentnerschwere Früchte. Noch waren keine Pflanzen zu sehen, aber ein paar unruhige Körper bewegten sich dort, sprangen in die Höhe, schlugen mit den Schwingen und ließen die weißen Unterfedern ihrer Schwänze erkennen, die zu beiden Seiten Sichelfedern trugen.

„Turruturruturruik!" erschallte das Gurgeln der schwarzblau schillernden Vögel

„Das sind die Birkhähne, die da balzen", sagte Uwe.

Eine ganze Weile tummelten sich die Hähne, stießen sich die Böschung hinunter und balzten dann auf der Wiese weiter, während die erdfarbenen Hennen das Schauspiel betrachteten.

Die grauen Nebelkrähen störten sich in ihrem Treiben nicht, auch nicht die Kiebitze, die schon brüteten. Und wenn eine Möwe von den großen Karpfenteichen herüberflog, machte das den Vögeln nichts aus. Aber plötzlich reckten die Hähne die Köpfe und schauten zum Wassergraben hinüber. Wahrscheinlich waren sie von ihren Hennen gewarnt worden.

Die Kinder wurden neugierig. Zu gern hätten sie sich über den Graben gewagt, der gar nicht weit von ihnen talwärts zog, aber weite Wasserflächen versperrten ihnen das Vorwärtskommen, und so blieben sie im Schutz einiger Birkenbüsche.

Sie brauchten nicht lange zu warten. Was kam denn? Uwe rätselte hin und her, und Heiner tippte falsch, als er von einem Hunde sprach. Es war vielmehr eine Füchsin, die einen jungen Hasen gerissen hatte und ihn nun ihren Jungen bringen wollte.

Die Füchsin hatte es ziemlich eilig, und es war ihr gar nicht recht, die Beute bei lichtem Tag so offen durch die Land-

schaft zu schleppen. Aber nun ließ sich das nicht mehr ändern. Und so schnürte die heimliche Räuberin dicht an den Erdhaufen vorüber, nachdem sich das ganze Völkchen Birkwild schnurrend empfohlen hatte.

„Schade, schade!" sagte Uwe, der gern noch weiter zugeschaut hätte.

„Wir müssen beizeiten daheim sein!" mahnte die Schwester und schlug den kürzesten Weg ein.

Die Kinder kamen an einer kleinen Kiefernschonung vorbei, in der mannshohe Nadelbäume standen. Wenn sie sich bückten, konnten sie von einem Ende der Pflanzung zum anderen gucken. Der Bauer hatte gerade angeforstet.

Dieses Waldstück liebten die Birkhühner besonders. Hier konnten sie im dürren, lockeren Sand baden. Hier ließ es sich wunderschön sonnen. Uwe streunte am Rand des Bestandes umher und war bestürzt, als er vor einem großen Federwust stand, in dessen Mitte der Schwanz eines Hahnes lag.

„Sicherlich hat ein Habicht oder ein Fuchs den Sänger gerissen!" bedauerte Ulla.

Natürlich berichteten die Kinder ihren Eltern davon, und Herr Steiner freute sich über die Beobachtungsgabe seiner Sprößlinge.

Den Verlust des Birkhahnes bedauerte er. „Die armen Wildhühner haben es recht schwer im Leben!" sagte er. „Der Kunstdünger verändert die Beschaffenheit der Wiesen, die keine sauren Gräser, sondern nur noch süße Kräuter und Grasarten für die Milchgewinnung des Rindviehs hervorbringen sollen. Auch die Entwässerung der Ländereien mögen die Birkhühner nicht. So werden sie von Jahr zu Jahr mehr aus ihrer Heimat verdrängt, und es gibt kein rechtes Mittel, ihnen für alle Zeiten eine sichere Bleibe zu verschaffen!

Die Kinder konnten sich gar nicht vorstellen, daß solch eine hübsche Tierart einmal aussterben sollte.

„Dem Storch droht das gleiche Schicksal", fuhr der Förster fort.

„Heuschrecken und Frösche werden immer seltener, nicht nur bei uns, sondern auch in Afrika. Die modernen Giftstoffe, mit denen das Ungeziefer bekämpft wird, rauben dem Storch das Futter. Die Fischreiher will kein Teichbesitzer an seinem Wasser sehen, man stellt ihnen mit Kugel und Schrot und Fallen nach — wie auch dem bunten Eisvogel. Es ist halt überall Unvernunft am Werke."

*

Es hatte in der Nacht geregnet. Am nächsten Morgen war die Erde frisch, und die Knospen der Bäume und Sträucher strotzten voller Kraft und Saft.

Kaum daß die ersten Sonnenstrahlen durch die Wolken lugten, streckten und reckten sich die jungen Triebe in ihren braunen, rötlichen, haarigen und lackierten Allerweltsjacken und warfen sie zu Hunderten und Tausenden ab. Da lagen die Schuppen und die Hüllblätter nun auf dem Boden des Waldes, während sich die ersten grünen Blättchen entfalteten und zarte

Blüten freigaben. Die Luft roch nach gärender Erde, nach Gerbsäure, nach Harz und süßem Nektar.

Die Himmelsschlüsselchen, die Märzbecher und die blauen Leberblümchen verbreiteten ihn, vom Seidelbast kam er, als blühte schon der Flieder oder der Mandelbaum.

Dem Förster schwoll auf dem Pirschgang die Brust. Als er am Waldrand entlangging, machte er freilich kein fröhliches Gesicht mehr.

Sein Freund Heidjer traute sich kaum noch die Füße auf den Waldboden zu setzen. Zuweilen sprang er erzürnt beiseite, wenn es unter oder neben ihm aus dem Boden krabbelte und brummend ins Gezweig schnurrte. Soweit das Auge blickte, schien das dürre Laub des Vorjahres lebendig zu sein. Die Nadelstreu hob sich wie unter einem leichten Beben. Maikäfer feierten ihre Auferstehung aus dem unterirdischen Leben, das sie als Engerlinge, als fingerdicke, mit scharfen Kieferzangen bewehrte Larven mehrere Jahre hindurch geführt hatten. Sie alle hatten das Glück gehabt, daß ihnen der Maulwurf und die Spitzmäuse, die Igel und Häher nicht den Garaus bereitet hatten.

Nun war ihre Zeit gekommen, Hochzeit zu feiern, um dann nach wenigen Tagen erschöpft niederzusinken und als Staub verweht zu werden. Schon der nächste Regenguß konnte ihnen allen den schnellen Tod bringen. Förster Steiner wünschte es.

Solch einen starken Maikäferflug hatte er in seinem Revier noch nicht erlebt, und er überlegte, wie er die Gefahr, die seinem Walde durch die Schädlinge drohte, abwenden könnte. Er rief den Forstmeister an und schilderte die Lage. Der wollte sich darum kümmern, und schon am nächsten Tage brummte ein Flugzeug heran. Es ließ sich langsam fallen, und dann schwebte es dicht über den Wipfeln der Bäume dahin; feiner Giftstaub wurde gestreut.

Als das Flugzeug wieder davonzog, lagen Tausende Käfer regungslos am Boden. Manch einer hatte Glück gehabt und unter einem Blatt Schutz gefunden. Aber es nützte ihm nichts. Kaum hatte er vom Grün gefressen, da wirkte das Gift, das er aufgenommen hatte, und auch er mußte sterben. Der nächste

Regenguß schwemmte alle toten Käfer in die Waldstreu, die sie mit ihren Leibern düngten.

Im Garten und auf dem Felde des Försters jedoch hatten die Maikäfer schöne Tage. Niemand störte sie in ihrem Treiben, wenn nicht die Hühner sie beim Aufgraben des Erdbodens erwischten oder die Kinder sie mit Netzen und Jacken fingen. Da gab es „Müller" und Schornsteinfeger", „Kürschner" und kleinere und größere, Weibchen und Männchen, rechte Nachtbummler, die es liebten, den ganzen langen Tag über zu schlafen und zu faulenzen. Uwe kannte seine Pappenheimer. In einer großen Zigarrenkiste hielt er viele in Gefangenschaft, bis sie trotz des frischen Grünfutters müde wurden, Eier legten und starben.

„Aus diesen Eiern werden die Engerlinge", erklärte der Vater den Kindern den Werdegang der hübschen und doch so schädlichen Gesellen, „die von Jahr zu Jahr größer werden, Wurzeln fressen, im Winter in die Tiefe des Erdreichs wandern und schließlich nach drei oder vier Jahren ihre Puppenruhe aufgeben und sich ins Licht schwingen."

Maientage

„Ratet mal, was ich euch heute mitgebracht habe!" begrüßte Herr Steiner seine Familie am Mittag. Dabei wies er auf eine Plastiktüte, in der er seinen Fund verborgen hielt.

Ulla tippte auf blühende Veilchen, aber damit war es noch nicht soweit. Enttäuscht hörte sie Uwe zu, der sich einen Feuersalamander wünschte oder vielleicht einen Siebenschläfer oder ein junges Eichhörnchen. „Nichts von alledem!" winkte der Förster ab. „Jetzt ist die Mutter dran!"

Aber die wußte keinen Rat. Da schmunzelte der Vater, hob seine Tüte ein wenig hoch, öffnete sie, so daß alle hineinschauen konnten und lachte übers ganze Gesicht, als sie allesamt große Augen machten. Solch eine seltsame Pflanze hatten sie noch nicht gesehen. Nicht länger als des Försters Hand, besaß sie breite pfeilförmige grüne Blätter und eine ganz absonderliche Blüte. Sie bestand aus einem Blatt, das wie eine Spitztüte gedreht war und einen dunkelvioletten Kolben beschirmte. Herr Steiner ließ seine Familienmitglieder nacheinander an dem Kolben riechen, und jeder bestätigte den Aasgeruch, der aus dem bauchigen Trichtergrund kam.

Damit nicht genug, schnitt der Förster mit einem scharfen Messer den Trichter auf, um das Innere besser zeigen zu können. Er konnte nicht verhindern, daß ein paar kleine Fliegen und Mücken aus dem Behälter fielen. Sie hatten, dem Aasgeruch folgend, Nahrung für sich in der Tiefe gesucht und sich auch von der Wärme angezogen gefühlt, die am Grund der Blüte herrschte.

„Was bedeuten denn die Härchen unter dem Kolben, der engsten Stelle des Trichters gegenüber?" fragte Ulla.

„Es sind die Haare, die jeden Eindringling solange in dem Trichtergefängnis festhalten, bis die Bestäubung der weiblichen Blüten erfolgt ist. Dies dauert Tage, aber die Gefangenen helfen fleißig dabei. Zu Hunderten krabbeln und trappeln sie über die Blüten und tragen den Pollenstaub darauf. Aber der Aronstab verlangt den Dienst nicht umsonst, er läßt ihn sich etwas kosten — süßen Nektar nämlich. Eines schönen Tages öffnet er dann das Gefängnis, indem er die Sperrhaare schrumpfen läßt. Blütenstaub rieselt zum Abschied den kleinen Gästen über die Leiber, wenn sie in die Kühle des Waldes hinausflattern und dem nächsten Aronstab zustreben, wo sie auch wieder freigiebig beköstigt werden."

„Toll!" meinte Uwe.

„Was es bei uns im Revier nicht alles zu bewundern gibt!" meinte die Mutter.

„Und nun habe ich noch eine ernste Mahnung an euch, Kinder!" sagte der Vater. „Im Herbst trägt der Aronstab die schönsten Beeren, die man sich vorstellen kann. Laßt euch aber nicht einfallen, davon zu essen. Sie enthalten nämlich tödliches Gift!"

Uwe erschrak und wurde kreidebleich. Dann fing er an zu spucken und rieb sich immer wieder die Lippen.

„Was ist denn mit dir los?" fragte der Förster.

„Meine Zunge brennt wie Feuer!" jammerte der Junge.

„Hast du etwas vom Aronstab gegessen?"

Uwe nickte.

„Das geschieht dir recht! Die feinen Giftkristalle lähmen nämlich die Nerventätigkeit. Aber davon wirst du nicht gleich sterben. Laß es dir eine Lehre sein!" Damit war die Angelegenheit erledigt.

*

Die Geschichte vom Aronstab hatte die Augen der Kinder für eine ganz neue Welt geöffnet. Sie waren darauf gekommen, nicht nur die großen Lebewesen, sondern auch die kleinen unscheinbaren näher zu betrachten

Als plötzlich an den Blumen auf dem Fensterbrett zahlreiche Marienkäferchen auftauchten, war Heiner ganz erpicht darauf, sie aufzusammeln und in einer großen Pappschachtel unterzubringen. Stolz zeigte er der Mutter seinen kleinen Zoo.

Aber sie war ganz und gar nicht mit der Gefangenschaft der hübschen, rot glänzenden Gesellen einverstanden. „Solch eine Tierquälerei dulde ich nicht!" sagte sie und befahl, die Käfer wieder dahin zu setzen, woher Heiner sie genommen hatte.

Stumm gehorchte er, aber er ließ sich Zeit dabei. Es schien, als spreche er mit jedem der Freigelassenen. Und so war es auch.

Schließlich hatten alle Käfer wieder ihren Platz gefunden, blieben aber seltsamerweise sehr rege. Um besser sehen zu können, holte sich Heiner aus dem Schubkasten eine große Lupe.

„Mutter, guck mal, wie schön die aussehen!"

Die Mutter konnte es bestätigen. Dann gab sie ihm das Glas wieder zurück, und Heiner studierte weiter.

„Sie sind nicht alle gleich!" konstatierte er. Ein Käfer trug auf seinem roten Rock sieben schwarze Punkte, der andere hatte vierzehn, und einer besaß sogar zweiundzwanzig! „Wie kommt das? Ist das eine andere Sorte?"

Die Mutter nickte. „Es sind alles Kugelkäfer, bloß verschiedene Arten", sagte sie.

Den ganzen Vormittag über hantierte der Junge zwischen den Fensterblumen und wurde nicht müde, das Treiben zu beobachten. Wenn er ein Blättchen unsanft anstieß, zuckte der Käfer darauf zusammen oder ließ sich fallen. Reglos blieb er dann einige Zeit liegen, und wer sich täuschen ließ, meinte, er sei tot. Sobald man ihn anfaßte, perlte aus dem Leib gelber Saft in kleinen Tröpfchen heraus. Sie verbreiteten einen üblen Geruch.

Heiner setzte die Käfer wieder ins grüne Laub, und dort begannen sie alsbald zu krabbeln. Einer legte an der Unterseite eines Blattes ein Häufchen gelber Eier ab; andere stürzten sich wie Löwen auf ihre Beute: winzig kleine Blattläuse, die mit ihren Stechrüsseln großen Schaden anrichteten und nun selber vertilgt wurden.

Als die Geschwister aus der Schule kamen, zeigte Heiner Ulla und Uwe seine Entdeckungen, bis der Garten alle ins Freie lockte.

Im vorangegangenen Regenwetter der letzten Woche hatte sich dort manches verändert. Tulpen und Primeln waren mächtig ins Kraut geschossen. Die ersten Blüten der Stachelbeersträucher öffneten sich, und auch die Apfelknospen drängten ans Licht. Die Rasenflächen schimmerten im satten Grün, und wenn die Sonne lockte, konnte man auch längere Zeit im Freien sitzen.

Aber an diesem Nachmittag zögerten ihre Strahlen mit der vollen Kraft. Den Kindern machte es nichts aus. Ihnen war das Wetter sogar recht, und so streiften sie durch die Anlagen und ließen die Augen um und um gehen.

Ob die Radieschen schon eßbar waren? Gingen die Erbsen und Möhren schon auf? All dies überprüften sie gewissenhaft, um der Mutter Bescheid geben zu können.

Aber das Ergebnis war nur spärlich.

Am Wegrand lag eine tote Maus. Die Kinder verweilten vor ihr. Sie stutzten, als sich der Körper plötzlich bewegte. Uwe bückte sich, um den Vorfall näher zu untersuchen. Vorsichtig zog er den kleinen Leichnam weg und war sehr erstaunt, als dabei schwarze, rotgestreifte Käfer sichtbar wurden.

„Die Totengräber bestatten die Maus!" erklärte Ulla den Geschwistern.

Heiner packte einen der quergestreiften Käfer, ließ ihn aber sogleich wieder fallen. Der ekelhafte Geruch, der von dem Tierchen ausging, widerte ihn an.

„Tod und Leben sind bei dieser Art eng miteinander verbunden", erklärte Herr Steiner seinen Sprößlingen bei der nächsten Gelegenheit. „Die Käfer fressen nicht nur von dem Aas, sondern legen auch ihre Eier darin ab. Fünf Tage später schlüpfen die Larven aus und werden von ihrer Mutter gut gefüttert und auch gegen andere Käfer verteidigt, bis sie sich in der Erde verpuppen."

Eine Woche später gingen die Kinder an die gleiche Stelle. Von der Maus war nichts mehr zu sehen. Sie ruhte in einer Erdmulde. Die Haare waren vom Kadaver entfernt. Eine weitere Woche später konnten die Kinder tatsächlich die Larven finden, und das sorgende Weibchen dazu. Ihre Verwunderung steigerte sich angesichts eines schwarzen Laufkäfers, der mit seiner violetten Umrandung auf der Oberseite sofort auffiel und ihre Neugier erregte.

Im Schatten eines Feldsteines hielt er einen fingerlangen Regenwurm mit seinen kräftigen Kieferzangen fest, um ihn zu verspeisen. Der Wurm schlängelte sich in verzweifelten Anstrengungen um seinen Feind, aber der hielt ihn fest gepackt und ließ ihn nicht mehr los, bis der Ringelwurm ermattete und reglos liegen blieb.

Eine Viertelstunde mochte der Kampf gedauert haben. Dann begann der Käfer zu fressen.

Uwe gönnte ihm den Erfolg nicht recht, nahm einen Strohhalm und fuhr ihm damit über die lederartigen, längsgestreiften Flügeldecken. Der Käfer duckte sich und blieb still. Der Junge packte ihn nun an, wollte ihn aufheben und ihn sich näher ansehen. Aber da spuckte der Gefangene grünlichen Magensaft aus und spritzte obendrein übelriechende Flüssigkeit aus dem Hinterteil.

„Ferkel!" schimpfte Uwe und warf den Käfer fort.

Heiner kicherte. Er hatte allen Grund dazu. Beinahe hätte er etwas abgekriegt.

Uwe reinigte sich in der Regentonne. Dann suchte er nach dem violetten Laufkäfer. Aber der war schon über alle Berge.

*

„Upupupupp!" erschallte es von der Wiese am Forsthaus bis auf den Hof. Heiner hatte es vernommen, als er mit der Mutter den Teppich klopfte. Zuerst meinte er, er hätte sich verhört.

„Was hat da eben so gerufen, Mutti?"

Frau Steiner konnte es sich nicht erklären. „Es ist natürlich ein Vogel!" sagte sie immerhin.

Mit Mutters Antwort war Heiner aber nicht zufrieden. Er öffnete die Hintertür des Hofes und konnte von hier auf die Wiese sehen. Dicke Weiden standen an ihrem Rande, und alte Kuhfladen lagen noch dort vom Vorjahr, als der Immenbauer seine Kälber dort hatte weiden dürfen.

Heiner setzte sich auf einem Balken nieder und schaute sich um. Er wollte dem Ruf nachspüren, und es dauerte auch gar nicht lange, da vernahm er es wieder, viel lauter als zuvor und bedeutend schöner. „Upupupup!"

Der Schall kam von einer Weide her. Das hatte der Junge bereits ausgekundschaftet. Aber er wollte den Rufer sehen. Deshalb wartete er nicht lange, sondern ging schnurstracks drauflos.

„Solch einen habe ich nie gesehen!" erzählte Heiner seinem Bruder, als er aus der Schule kam. „Auf dem Kopf hatte er eine Haube wie ein Indianer, und seine schwarzen Flügel hatten weiße Querstreifen."

„Das kann doch nur ein Wiedehopf sein", mutmaßte der Vater, der das Gespräch angehört hatte, und gemeinsam gingen sie nun der Sache auf den Grund. Die hübschen Vögel hatten nämlich einige Jahre nicht mehr am Forsthaus gebrütet.

Da sie der Förster auf keinen Fall in seinem Revier missen wollte, ermahnte er die Jungen zu größter Rücksichtnahme.

„Ihr dürft euch vor allem von ihnen nicht sehen lassen. Sie sind sehr scheu und haben auf ihrer Reise in den Süden unter vielen Nachstellungen zu leiden. Aber wenn ihr sie nicht stört, werdet ihr viel Freude an ihnen haben!"

Heimlich schlichen sich die drei unter Herrn Steiners Führung im Schutz der Hecken und Bäume an die Weide heran und verweilten in guter Entfernung. Sie waren ganz Auge und Ohr und wünschten sich sehr den Anblick des Vogels, der mit seiner aschroten, schwarz gespitzten Federhaube ulkig aussah, wie sie sich überzeugen konnten, als der bunte Wicht mit seinem langen, leicht gekrümmten Schnabel in einem der Kuhfladen herumstocherte und hastig zugriff. Wahrscheinlich hatte er einen Mistkäfer, einen Regenwurm oder einen Engerling erwischt. Die Kinder waren begeistert von dem gefiederten Clown. Sie waren noch mehr erfreut, als ein zweiter Vogel auftauchte und dem ersten bei der Futtersuche Gesellschaft leistete.

„Upupupupupp!" machte plötzlich der größere der beiden, wahrscheinlich das Männchen. Dabei spreizte sich seine Federhaube und zitterte leicht im Maienwind.

„Wiewieh!" lockte das Weibchen. Dann krähte das Hähnchen, als sei es heiser, haschte nach dem Weibchen, und schon flatterte das Pärchen davon.

Die Jungen waren zufrieden. „Komm, wir gehen jetzt zum Stamm, um das Nest zu besehen!"

Aber der Vater war gar nicht dafür. „Kommt Zeit, kommt Rat! Jetzt ist es zu früh und auch zu gefährlich, weil die Wiedehopfe sich noch gar nicht fest für diesen hohlen Baum entschieden haben. Wenn ihr nicht gehorcht, werden sie anderswo bauen, und wir alle haben das Nachsehen. Begreift ihr das?"

„Natürlich!"

Von nun an konnten sich die Jungen an den Wiedehopfen erfreuen, die im Volksmund auch Kuckucksküster heißen, weil sie einige Tage vor dem singenden, allen Kindern wohlbekannten Vogel eintreffen. Aber ist der Kuckuck wirklich allen Menschen so bekannt?

„Habt ihr schon mal einen aus der Nähe gesehen?" fragte Herr Steiner seine Kinder.

Heiner schüttelte den Kopf, Uwe nickte, und Ulla konnte sich nicht besinnen.

„Ihr seid mir schöne Försterkinder! Ihr kennt nicht einmal die Vögel eurer Heimat!"

Aber drei Tage später widersprach Ulla ihrem Vater.

„Heute habe ich beobachtet, wie ein taubengroßer, rostbrauner Vogel zur Scheune flog und sich unter die Ziegel schob, bis er im Inneren verschwunden war. Ein Kauz war es nicht, auch kein Sperber. Es war bestimmt ein Kuckucksweibchen!"

„Vielleicht", erwiderte der Vater. „Dort haben die Bachstelzen ihr Nest und wahrscheinlich schon Eier drin!"

„Legt denn das Kuckucksweibchen seine Eier in fremde Nester?" fragte Heiner.

„Leider ist es so", bestätigte der Förster. Es kann das

Schmarotzen nicht lassen! Er sucht sich Nester von Bachstelzen, Rotschwänzchen, Grasmücken oder Rotkehlchen."

„Das ist ja Betrug!" empörte sich Ulla, und Uwe wollte in die Scheune und das Unheil, das den Bachstelzen drohte, ungeschehen machen.

„Ich werfe das Kuckucksei einfach hinaus!" erklärte er bestimmt.

„Du denkst dir das so leicht", antwortete der Vater, „du wirst es zwischen den Bachstelzeneiern gar nicht erkennen. Es ist ihnen täuschend ähnlich."

Uwe beschloß mit Heiner, wachsam zu sein, um den jungen Kuckuck zu erwischen.

Aber sie kamen nie an das Nest heran. Es lag in einem schwer zugänglichen Winkel der Dachschräge und war selbst mit einer Leiter nicht zu erreichen.

Kaum hatte der junge Kuckuck die Eischalen gesprengt, so buckelte er sich die Bachstelzeneier auf, rutschte mit seinem Hinterteil am Nestrand empor und warf sie alle über Bord.

Nun war er der alleinige Nestling und ließ sich von seinen Pflegeeltern verwöhnen, daß es seine Art hatte.

Und das Schöne — oder auch Traurige an der ganzen Geschichte war, die Eltern merkten es gar nicht, daß sie betrogen worden waren. Sie strengten sich über alle Maßen an, den Dickwanst zu sättigen. Fliegen und Maden, Motten und Schmetterlinge stopften sie in seinen weit aufgesperrten Rachen, und es war immer noch nicht genug.

Er wuchs und wuchs und war schließlich in seinem dunkel und hell gesperberten Federröckchen größer als seine Pflegeeltern.

Schließlich stieß er sogar mit dem Kopf gegen die Dachziegel. Ob er es schaffen würde, vier Wochen später, im Sommer, aus dem engen Gefängnis hinauszufinden?

Andere Kuckucksjunge hatten es leichter. Aber ehe sie die Reise in den Süden bis nach Südafrika machten, konnte noch manches Mißgeschick eintreten. Zuweilen schossen die Jäger auf dem Anstand einen Vogel tot, weil sie glaubten, sie hätten es mit einem Sperber zu tun, der gern mit seinen Sichelkrallen die kleineren Vögel greift.

Aber noch war es nicht soweit.

Noch riefen die Kuckucksmännchen jeden Morgen und Abend im Gutspark ihren Namen, und die Weibchen kicherten dann „Kwickwickwick!" und huschten geschwind von einem Versteck ins andere, suchten durch Büsche und Hecken und lenkten die Sänger der Umgebung ab, um sie mit einem Ei zu betrügen.

„Cha cha cha!" lachte dann das Kuckucksweibchen, wenn es wieder Erfolg gehabt hatte.

Dann lauschten die jungen Steiners und dachten sich ihren Teil.

*

Wenn andere Jungen Trapper und Indianer spielten, ihre Murmeln kullern ließen oder sich auf dem Fußballplatz um den Sieg und die Tore stritten, dann hatten Uwe und Heiner Steiner damit nicht viel im Sinn. Sie blieben lieber unter sich und kundschafteten in Vaters grünem Bereich aus, was das Leben in der freien Natur für sie bereithielt. Mitte Mai vernahmen sie neue Vogelstimmen in Büschen und Bäumen, und auch an den Fischteichen, wohin sie mit dem Vater gegangen waren, rührte sich die gefiederte Schar.

Uwe hatte ein empfindsames Gehör und fand schnell heraus, wenn sich in Garten, Wald und Feld eine neue Vogelstimme meldete. Der unscheinbare schüchterne Gesang des Weidenlaubvogels entging ihm nicht, und er setzte alles daran, den Vogel mit dem Glas auch im Geäst der Bäume zu erkennen.

Vaters Bestimmungsbuch wurde aus dem Schrank geholt und so lange darin gesucht, bis die Abbildung gefunden worden war.

„Zilp, zalp!" machte der Weidenlaubvogel in seinem oben grauen, unten gelbgrünlichen Federwams, ein winziges Ding im Gezweig und doch ein lebendiger Gruß.

Dann beschäftigten die Grasmücken die Jungen. Die ebenfalls unscheinbaren Vögel plauderten unentwegt. Selbst wenn sie zwischen den Sträuchern nach Blattläusen und Raupen suchten, hatten sich die Männchen mit den Weibchen etwas zu erzählen.

„Zjä zjä zjä zjä zjiä zät zät zät zäz!"

Was das bedeuten sollte, wußten die Jungen nicht. Nur das eine wurde ihnen klar, daß sich die Grasmücken im Garten, im Park und am Feldrand überaus wohlfühlten. Besonders die weißkehligen Dorngrasmücken hinter dem Garten waren voller Lebenslust. Kopfüber, kopfunter flitzten sie durch das Brombeergestrüpp und in die Schlehensträucher, daß die Jungen mitunter Mühe hatten, die quicklebendigen Geister ausfindig zu machen. Es gab genug davon, viel mehr als von den Mönchgrasmücken, deren schwarze Kopfplatte an einen Pfarrer erinnerte und sie sofort erkennen ließ.

Aber schließlich legte sich der Überschwang der Grasmücken. Sie wurden heimlich und ließen sich nicht mehr so leicht ausfindig machen. Sie suchten nämlich einen günstigen Platz für ihr Nest.

Inmitten der weißen, duftenden Schlehenblüten, aber auch im Wirrwarr der dornigen Brombeerranken, hatten sie ihn bald gefunden. Nun sammelten sie Gräslein um Gräslein vom Vorjahr auf und flochten aus den Heuhalmen, aus dürren Wurzelfasern hier ein Nest und dort ein Nest so leicht und luftig, so unscheinbar, daß ein ungeübtes Auge achtlos daran vorüberschaute. Selbst als die Vögel die fünf buntscheckigen Eier bebrüteten, blieben sie verborgen. Manch Wiesel hüpfte daran vorbei und hätte gern die warmen Eier ausgetrunken. Aber nur ganz selten gelang ein Überfall, auch dem Iltis nicht, wenn er in der Dämmerung auf Ratten, Mäuse und Nattern pirschte.

Meister Reineke, der Fuchs, und Grimbart, der Dachs, kümmerten sich weniger um das kleine Sängervolk, wenn es ihnen nicht gerade vor den Fang fiel. Aus dem Nest gestürzte Jungvögel mochten sie allerdings sehr gern.

Kaum waren die noch nackten Grasmücklein den Eischalen entschlüpft, begann für die Eltern Tag um Tag vom ersten Sonnenaufgang bis zum letzten Abendglühen die Aufzucht. Ohne Rast und Ruh suchten Männchen und Weibchen Garten, Park und Feldränder nach Kerfen ab und brachten viel Gewürm und Ungeziefer heim.

Manche Apfelblüte, Tausende von Kirsch- und Birnenblüten

retteten sie so durch ihren Fleiß vor Raupen und Maden, vor Blütenstechern und anderen Schädlingen. Der Bauer beachtete es nicht, aber der Förster und seine Frau wußten sehr wohl darum und paßten gut auf, daß keine Katze den Grasmücken im Garten Böses tat.

Täglich mußte Heidjer ein paarmal revieren. War er einer Katze erst auf der Spur, mußte sie schleunigst Reißaus nehmen, sonst machte er kurzen Prozeß, wenn Herrchen nicht eine Ladung Vogeldunst bereithielt, um die heimlichen Vogelräuber zu verjagen.

Die Grasmücken waren allerdings sehr wachsam, und hatten sie einen Feind in der Nähe ihres Nestes erkannt, dann zeterten sie aus vollem Halse und gaben nicht eher Ruhe, bis die ganze Vogelwelt aus der Nachbarschaft zusammengetrommelt war und gemeinsam gegen die Ruhestörer vorging.

Buchfinken und Amseln, Schwalben und Meisen gebärdeten sich dann so mutig, ja tollkühn, daß man staunen mußte. Gegen solche entschlossene Abwehr verzogen sich Wiesel, Iltis und auch der Waldkauz bald.

Mitunter hätten Uwe und Heiner natürlich gern in solch ein mit Eiern oder Jungen besetztes Nest hineingeschaut, aber der Vater verbot es ihnen.

„Bleibt möglichst weit davon entfernt!" ermahnte er beide. „Mit dem Feldstecher habt ihr es nicht nötig, so nahe heranzugehen. Ihr verscheucht nur die brütenden Vögel. Sie verlassen dann die Nester."

Viel schöner noch als die Nester der Grasmücken waren die Kinderstuben der Finken und Drosseln. Mit Würzelchen, Heuhalmen und Härchen wurden sie gebaut, durch Drehen des Körpers gerundet und innen noch fein gepolstert. Die Finken bevorzugten hierbei Spinnweben und Moos, die Drosseln Schlamm, der eine feine glatte Wandung bildete, sobald er trocken war. Eines der schönsten Nester baute ein Schwanzmeisenpärchen. Wie ein großes Ei flocht es sein Heim in einen Wacholderstrauch hinein und tarnte es mit Samenhaaren von Disteln, mit Moosspitzen und Spinnengeweben so gut, daß das Nest überhaupt nicht zu erkennen war. Durch das Hin- und

Herfliegen der schwarz und rosa gefärbten Vögel konnten die Jungen ihre Entdeckung machen.

Stolz führten sie den Vater in die Nähe des Nestes, und der Förster nahm sich Zeit, den beiden Erklärungen zu geben, um das Wesen dieser Vögel zu verstehen.

Auch der Dorndreher hatte im Schlehenstrauch hinter dem Forsthaus ein schönes Nest. Dies war ein rotbraun gefiederter sperlinggroßer Vogel. Seine aschblaue Kopfplatte und der schwarze Wangenstreif ließen ihn gut erkennen. Aber auch er war stets auf der Hut und warnte schon von weitem mit rauhem Rufen: „Wäd, wäd!"

Wenn der Förster in der Nähe solch eines Vogelpärchens das Wild belauschte, leistete ihm der Vogel durch sein Warnen oft einen guten Dienst. Entweder schlich ein Rehbock oder ein Fuchs daher, wenn nicht gar Wilddiebe am Werk waren.

„Warum heißt der Vogel denn Dorndreher?" fragten die Kinder den Förster beim Spaziergang.

„Ihr könnt das selbst feststellen", meinte Herr Steiner. Dann führte er sie in den Brutbezirk eines Vogelpärchens und wies auf die vielen an den Dornen der Sträucher aufgespießten Käfer und Grillen, auf die Mäuse und Eidechsen hin. „Man nennt den Dorndreher auch Neuntöter!"

„Wäd, wäd!" schnarrte das Männchen, während das Weibchen sich tief auf das Nest drückte, um nicht gesehen zu werden. Die Besucher waren ihm unangenehm, obwohl sie fast einen Steinwurf von ihm entfernt waren. Von der höchsten Spitze seines Schutzwalles sang der Vogel bald ein Lied und ließ dabei seine Augen in die Runde schweifen, bis er im jähen Sturzflug auf einen Junikäfer stieß und ihn mit seinem Hakenschnabel packte. Auch ihn spießte er auf einen Dorn auf.

Dann ließ er das Zwitschern einer Schwalbe vernehmen, pfiff bald wie ein Star und endete mit scharfen „Tzeck tzeck!"-Rufen.

Was war los? Die Jungen wollten es wissen und reckten sich fast die Hälse aus, aber in dem handhohen Gras konnten sie den Störenfried nicht erblicken.

In seiner Neugier schlich Uwe einige Schritte vor. Da sah er die Bescherung. Ein Igel rumorte unter dem Geäst! Wahrscheinlich hatte er am späten Nachmittag ausgeschlafen und suchte nun seinen Hunger zu stillen.

Der Neuntöter kletterte immer tiefer in den Schlehenzweig und verfolgte das Stacheltier. Aber der Igel kümmerte sich nicht um den mit Schwanz und Flügeln zuckenden Vogel, sondern suchte und schnaufte und schmatzte und trottete allmählich davon.

Ein Stück verfolgte der Neuntöter noch den stachligen Gesellen. Dann kehrte er beruhigt zum Nest zurück.

*

„Gididgadleo!" schallte es eines Vormittags in der Pfingstzeit aus dem Gutspark. Es klang wie der Schlag einer Glocke und war nicht zu überhören. Die Försterkinder hatten es bald wahrgenommen.

Als Uwe und Heiner in der Mittagsstunde nachforschten, schwieg der Sänger im Wipfelwerk der Eichen; aber er schlief nicht, und sein Weibchen auch nicht, sondern es hüpfte und flatterte bald in diesen und bald in jenen Winkel, um die beste Stelle für eine Kinderwiege auszukundschaften.

Am Abend hatte es sie noch nicht gefunden, obwohl das Männchen sich bereits für ein ganz bestimmtes Astwerk entschieden hatte.

„Gididgadleo!" plapperte der Pirol laut durch die Baumkronen, und auch am nächsten Morgen machte er von sich reden.

Wer ihn sah, der freute sich über den hübschen goldgelben Vogel mit den schwarzen, gelbverzierten Schwingen und dem gleichgefärbten Schwanz. Wie feurig die Augen und der Schnabel des Männchens in der Morgensonne leuchteten!

Auch Frau Pirol war munter dabei, sich ein gutes Frühstück einzuverleiben. Aber der alte Gärtner Carsten mußte schon ordentlich seine Augen anstrengen, um das grünlich schattierte Weibchen in seiner Unscheinbarkeit inmitten von Gezweig zu entdecken.

Lieber Papa
Viele Grüße vom
Ferienhof sendet Dir
Andre! Es gefällt mir
hier sehr gut Bei uns
scheint viel die Sonne.

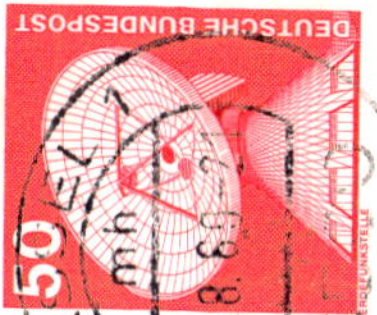

Kassel
Stadt der Künste und Kongresse

Herrn
Gottfried Beczka
6368 Bad Vilbel
Otto-Bußmann-Str. 2

Foto-Verlag Kistner 3441 Abterode, Tel. (0 56 57) 2 45

60.055

3501 Naumburg-Heimarshausen

GRUSS AUS
HEIMARSHAUSEN

Da hatte es Uwe leichter, der sein Fernglas ansetzte und hindurchschaute. Er sah nicht nur die beiden Golddrosseln, er beobachtete auch, wie sie sich beim Flechten die Halme und Ranken zureichten und sie kunstgerecht als Tragebänder um das Gezweig wickelten, als sei eine Hängematte herzustellen. Natürlich ging die Arbeit nicht immer glatt vonstatten. Das Werg war zuweilen recht widerspenstig. Mit Speichel aber ließ es sich bändigen und an die Äste kleben, verdichten und schließlich eine richtige Wiege daraus flechten. Einträchtig arbeiteten die beiden Vögel zusammen, als hätten sie ihren Bauplan genau im Kopf, und ehe drei Tage verstrichen waren, hing das Nest fix und fertig am Gezweig.

Ganz anders als die beiden Feuervögel hantierten an der hohen Lehmwand des Seeufers zwei andere Gefiederte. Hätten sie nicht immer so quietschende Töne von sich gegeben, wäre Uwe gar nicht auf sie aufmerksam geworden. So aber wurde er hellhörig und lauschte auf ihren Lärm.

„Zicküht zicküht!" schrillten die Vögel, und smaragdgrünes Gefieder glitzerte über der lachsroten Brust und dem orangeroten Westenlatz so auffällig, daß der Junge neugierig wurde.

„Da muß ich hin! Die muß ich sehen!" flüsterte er vor sich hin und beeilte sich, nahe der steilen Lehmwand eine sichere Deckung aufzusuchen, um nicht entdeckt zu werden.

Uwe hatte einen günstigen Platz hinter Brennesseln und einem Holunderstamm gewählt. Gespannt wartete er nun auf die anfliegenden Vögel, die mit ihrem dicken Kopf und dem fingerlangen Schnabel einem Specht ähnlicher sahen als einem Eisvogel.

Wie schön sie waren! Wie ihr Körper glitzerte! Bald grün wie ein Smaragd, bald tiefblau, je nachdem, wie das Sonnenlicht ihr Federkleid traf. Dann flog einer der Buntlinge aus dem Erdloch der Wand, stürzte sich in den nächsten Wassergraben und reinigte sich danach im Weidengesträuch, während das Weibchen in den Erdschacht kroch und mit dem Schnabel darin hantierte.

Was mag er bloß in der Höhle machen? — fragte sich Uwe.

Bald konnte er sich die Antwort geben, als der Vogel mit Lehm und Sand rückwärts heraustrat und mit seinen Füßchen die mit dem Schnabel gelösten Erdkrümchen herausscharrte. Dann kroch er wieder arbeitswütig hinein und verlängerte den Schacht bis zur Nestmulde. Eine halbe Stunde später löste ihn das kleinere Weibchen ab, und das Männchen erholte sich. So schaffte das Pärchen einträchtig an seiner Wohnung über eine Woche lang. Dann war die Zeit gekommen, Eier zu legen und zu brüten, damit im neuen Jahr wieder Nachwuchs kam.

Feinde gab es ja genug, die solch einem hübschen Gesellen nachstellten. Nicht nur der Sperber jagte ihn, auch der Waldkauz griff ihn nachts im Weidendickicht, wenn er schlief, und vor allem stellte der Hecht dem Vogel nach, sobald er ins Wasser sprang, um einen Fisch zu erbeuten.

„Eisvögel ernähren sich nicht nur von Libellen und Käfern, sie fressen am liebsten Weißfischchen", erzählte der Förster seinen Kindern auf einem der nächsten Ausflüge. „Sie fangen diese mit ihrem Schnabel wie mit einer langen Zange."

Es dauerte auch gar nicht lange, da wurden die Kinder Zeuge solch eines Tauchversuches. Soeben noch hatte der Eisvogel auf einem Weidenzweige einem Fischschwarm im Teiche zugeschaut, als er sich auch schon nach vorn beugte und in die Tiefe schoß. Laut patschte das Wasser und spritzte in hellen Tropfen ringsum. Vom Buntling war augenblicklich nichts zu sehen.

Aber da bewegte sich der Wasserspiegel bereits wieder, und schon hob sich der Vogel aus den Wellen, im Schnabel einen blanken, zappelnden Fisch. Rasch flog der kleine Fischer auf einen Ast, schlug seine Beute mehrmals mit dem Kopf auf das Holz, schwang sie in der Luft herum und verschluckte sie kopfvoran.

„Guten Appetit!" meinte Uwe und wollte den Eisfischer noch einmal mit dem Glase näher begucken, er fand ihn aber nicht sogleich.

Trotz seines seidigen, überaus bunten Gefieders fiel er in dem Grün der Sträucher überhaupt nicht auf. Erst als er ein paarmal rief, verriet er sich. Doch es hielt ihn nicht auf der

Stelle, und schon war er auf und davon. Wahrscheinlich hatte die Nestmulde es ihm angetan.

*

Murrjahn, der Igel, hatte den Winter gut überstanden. Unter den Balken der Scheune des Försters hatten dem Schläfer inmitten seines Heulagers Frost, Eis und Schnee nichts anhaben können. Und er hätte bei anhaltender schlechter Witterung wohl noch weiter geträumt, wenn er nicht ein feines Gespür für seine Umwelt besessen hätte.

So wußte er recht bald, daß sich der Frühling ankündigte. Die Luft war feucht und mild. Die Erde roch wieder würzig. Vogelstimmen in der Nacht und am Tage machten ihn hellhörig, und während er noch am ganzen Leibe zitterte und hier und dort ein Beinchen zuckte, rappelte sich der Stachelgeselle von seinem Lager auf, begann sich zu strecken und zu recken, nieste und schnupperte durch die nächste Mauerlücke ins Freie.

Sollte er hinausgehen, oder sollte er bleiben?

Nach einigem Verweilen entschloß sich Murrjahn zu einem Spaziergang. Sein Magen knurrte mächtig.

Schokolade und Bonbons, die Heiner auf dem Hof verloren hatte, mochte er allerdings nicht, auch kein Stück Brot mehr, und war es noch so weich. Aber den ersten Regenwurm, der ihm in der Dämmerung über den Weg kroch, den ließ er sich schmecken.

Murrjahn hatte es aber auch bitter nötig. Sein über und über mit fingergliedlangen Stacheln besetzter Rock schlackerte ihm ordentlich auf dem Leibe. So weit war er geworden in der winterlich langen Fastenzeit. Nun hieß es, das Versäumte nachholen. Deshalb fand auch die Gehäuseschnecke am Stallgebäude kein Erbarmen, und als er gar die Witterung junger Mäuse ausfindig gemacht hatte, ließ der Stachelmann so schnell er konnte, seine spitze Schnauze in das warme Nest stoßen, um die nackten Dingerchen sofort an Ort und Stelle zu verspeisen. Seinen nadelspitzen Zähnen entkam nicht eine.

So traurig die Geschichte war, sie hatte auch ihre guten Seiten. Mäuse nagen überall herum. Sie fressen Kartoffeln und Getreide, Salat und Wurst und Schinken, wenn sie ins Haus, in die Speisekammer und in den Keller können. Sie sind nicht jedermanns Freund, und so konnte sich Familie Steiner nur freuen, daß der Igel die lästigen Langschwänze vertilgte.

Der stachlige Kobold hätte jetzt durch ein Kellerfenster ins Forsthaus eindringen können. Aber darauf verzichtete er. Der Garten lockte ihn mehr, und nachdem er auf den Wegen Schnecken und Würmer gesammelt hatte, wandte er sich der Hecke zu, die das Grundstück gegen das Feld abgrenzte. Dort fühlte er sich unter dem Gezweig sicher gegen seine Feinde. Im Fallaub des Vorjahres schnüffelte er emsig herum, knackte einige Schmetterlingspuppen, fraß etliche Rollkrebschen, die auch Kellerasseln heißen, und fühlte sich schon bedeutend wohler als zuvor.

Er war aber noch längst nicht satt. Deshalb wendete er einige Feldsteine um, schnappte Käfer und Würmer darunter und spielte einem braunen Grasfrosch übel mit, den er Stück für Stück verzehrte, ohne sich um das wehleidige Klagen des Gepeinigten zu kümmern.

Dann war er satt und verschaffte sich noch etwas Bewegung. Bei diesem Spaziergang trat er unvorsichtigerweise in ein Lerchennest. Die Eier darin zerbarsten, und er hatte nichts Eiligeres zu tun, als den Brei aufzulecken. Er tat es mit großem Behagen und leckte sich noch lange danach das Schnäuzchen.

Als die Kirchenuhr des Dorfes die sechste Stunde anzeigte, hatte sich Murrjahr bereits zum Schlaf eingerollt. Erst als sie abermals die gleiche Stundenzahl verkündete, erwachte er. Dann bummelte er gemächlich bis um halb neun in der Scheune umher und begab sich auf die Pirsch.

Diesmal hatte er eine böse Überraschung zu bestehen, als sich an der Hecke ein langgestrecktes Tier auf ihn stürzte und ihn zu packen versuchte: eine Iltisfähe, ein Weibchen. In einem Wurzelloch lagen seine vier hungrigen Jungen. Sie wollten Milch und Fleisch, Frösche und Vögel jeder Art. Da mußte die Fähe eilen. Der Igel Murrjahn schien ihr ein willkommenes

Opfer, aber der Stachelige wußte sich zu verteidigen. Jedesmal, wenn die schlanke, schlangengleiche Marderfrau ihn angriff, schmiegte er sich fest mit dem Kopfe auf den Erdboden, und sie faßte in die spitzen, ineinander und durcheinander stehenden Stacheln.

„Pfch!" fauchte sie dann voller Schmerz. Sie hatte sich gehörig gestochen.

Wütend versuchte die Fähe den Murrjahn zu untergraben und ihn so von unten zu packen, aber je ärger sie sich gegen ihn stemmte, desto fester preßte er seinen Leib gegen den Boden. Wild schlug sie mit einer Tatze auf ihn ein. Aber gerade das hätte sie nicht tun sollen. Einige Stachelspitzen blieben in ihrem Fleisch sitzen und vergrößerten die Pein.

Rasch sprang sie den Igel nun von der Seite und dann wieder von hinten an, um ihn anzuheben. Doch alle Mühe war vergebens.

Murrjahn trotzte ihren Angriffen, und wenn er auch gelegentlich unter den Stößen und Zugriffen am ganzen Körper bebte, er hatte sich zu einer festen Kugel zusammengerollt und seine Beine darin eingeschlossen. Eine Festung konnte sich nicht besser schützen.

Keckernd ließ die Iltisfähe endlich von ihm ab und hüpfte lahm davon. Murrjahn atmete tiefer, er lauschte und blieb liegen. Erst eine halbe Stunde später hatte er wieder den Mut, sich vorsichtig zu strecken, zu schnüffeln und die Beinchen voranzusetzen. Dann trippelte er rasch unter die Hecke.

*

Der Dackel Heidjer war es gewohnt, daß Herr Steiner ihn mit auf die Pirsch nahm. Natürlich kam es auch vor, daß der Hund daheim bleiben mußte, weil es für ihn nichts zu tun gab, besonders, wenn der Förster unaufschiebbare Besorgungen zu machen hatte. Dann ließ das Rauhbein traurig den Kopf hängen, miefte mit dünner Stimme und war untröstlich. Bei schlechtem Wetter hatte der Hund nichts Besseres zu tun, als sich niederzulegen und zu schlafen. Schien jedoch die Sonne am Himmel, dann sann Heidjer nach einer nützlicheren Beschäftigung. Kaum war sein Herr aus dem Hause, so machte sich der Hund selbständig. Heimlich schlich er aus der Hintertür über den Hof und wandte sich dann dem grünen Revier zu. Er kannte alle Wiesen, Wege und Waldparzellen und wußte auch, wo die Füchse und Dachse hausten, Wiesel und Marder ihre Verstecke hatten.

Heute fühlte sich der Hund besonders mutig, und er suchte nach einer handfesten Begegnung. So bummelte er zunächst ein bißchen am Waldrand umher und setzte überall seine Besucherkarte ab. Alle Vierbeiner, die nach ihm die Strecke passierten, sollten sehen, daß Heidjer bereits dagewesen war. Danach fiel es dem Dackel ein, an der hohen Böschung des Fahrweges nach Waldmäusen zu graben.

Unter den freigewehten Wurzeln der Buchen waren deutlich ihre Pässe zu sehen, die die zierlichen Trippelfüßchen festgetreten hatten. An dem einen oder anderen Loch berauschte sich der Hund an dem süßlichen Mäuseduft. Dann grub er wie ein Wilder drauflos, um die in der Tiefe hockenden Nager zu pakken und totzubeißen. Aber es gelang ihm hier nicht und auch dort nicht. Dicke Kalksteine stellten sich ihm in den Weg. Und wenn auch die rotbraun bepelzten Mäuslein zitternd um ihr Leben bangten und ihre großmuscheligen Öhrchen spielen ließen — Heidjer konnte ihnen nichts anhaben.

Schließlich gab der Dackel auf. Über und über mit Erde bebeschmiert, schüttelte er sein grauschwarzes Haarkleid, rieb die Schnauze mehrmals über die grünen Moospolster und schaute sich um. Überlegte er, ob er nun nach Hause zu Frauchen gehen sollte? Sie wartete bestimmt mit einer Schüssel Milch auf, die er so gern mochte.

Aber Heidjer zögerte nicht lange. Er wandte sich weiter in den Wald hinein, bis er auf einer Lichtung zu einem alten Lindenstamm gelangte. Dicht am Boden fand er einen armdicken langen Spalt im Baum und untersuchte ihn, weil ihn die herausströmende Geruchsspur mächtig erregte. Sie verriet ihm, daß sich irgendwo ein Iltis verborgen hielt, ein Ratz, ein Mardertier, das nicht nur Mäusen und Ratten nachstellte, sondern alles Wild würgte, das es bewältigen konnte. Hasen und Kaninchen waren vor ihm nicht sicher. Rebhühner und Frösche, Eidechsen und Nattern, Wildenten, Teichhühner und sogar Fische verzehrte der raubgierige Geselle.

Aber Heidjer wollte ihm Beine machen! Er kannte sich in der Behandlung solcher Feinde des Niederwildes gut aus, hatte er doch oft genug einen von Herrchen angeschossenen Iltis gewürgt und ihm vor die Füße gelegt. Heidjer war ein Meister in der Raubwildbekämpfung. So buddelte er emsig mit seinen Vorderpfoten in die Tiefe und versuchte, in den finsteren Baumschacht einzudringen. Aber das Holz wollte nicht nachgeben. Also nahm der Rüde seine Zähne zu Hilfe und riß die Rinde in Fetzen ab. Schließlich konnte er schon seinen Kopf und sogar die Brust in die Höhle hineinzwängen.

Stärker wehte ihm jetzt die Iltiswitterung entgegen, ein Zeichen, daß der Wohnungsinhaber nicht weit entfernt war.

Horch! Der Ratz war vom Hantieren des Dackels erwacht! Er keckerte voller Unruhe und fühlte sich bedroht. Was war zu tun?

Am liebsten wäre der Iltis nach oben durch den Stamm geflüchtet, aber so hoch reichte die Höhle nicht. Also blieb ihm nur übrig, sich dem Hund zu stellen, und der Iltis tat es mit Schneid. Mit weit geöffnetem Rachen und fauchendem Atem verteidigte er sich. Aber auch der Dackel fürchtete sich nicht. Mit aufgestelltem Rückenhaar und giftigem Gekläff wollte er dem Iltis ans Leder, der in seiner hellen Maskierung auf dem schwarzen Gesicht zum Fürchten aussah.

So standen sich die Kämpfer einige Zeit gegenüber, ohne daß der Dachshund seinen Gegner zu fassen vermochte. Die Enge des Baumspalts hinderte ihn am letzten Vordringen.

Es war klar, daß der Ratz dem Hunde unterliegen mußte. Er war stärker und im Zupacken und Würgen geübt.

Um kurzen Prozeß zu machen, schob sich Heidjer schließlich wieder aus dem Spalt und schaffte sich so mit Pfoten und Gebiß größere Bewegungsmöglichkeit. Abwartend hockte der Iltis in der entlegensten Ecke seines Versteckes und wartete auf

das Ende des Kampfes, das immer näherrückte. Ein Ausweichen war schier unmöglich.

Dann war es soweit. Vorsichtig wagte sich der Dackel in das Innere der Höhle hinein und suchte in dem Halbdunkel seinen Gegner. Dann stieß er blitzschnell vor und packte zu.

Aber der Ratz, wendig genug, entwich ihm, so gut es ging, und so kriegte Heidjer nur den kurzen Schwanz des Würgers zu packen.

Dann warf er sich mit der ganzen Wucht seines Körpers auf den aalglatten Ratz.

Im Begriff, ihn an der Kehle zu fassen, umfing ihn jedoch ein mächtiger Sprühregen übelster Art. Die Augen gingen ihm über, er rang nach Luft und öffnete erschreckt den Fang, um die unrühmliche Lage zu meistern.

Der Ratz hatte ihm aus seinen Stinkdrüsen eine volle Ladung ins Gesicht gespritzt und war entwischt!

Miefend zog sich Heidjer aus dem Schacht, wälzte sich auf Moos und Fallaub, einmal und immer wieder, und war schließlich froh, als er seinen Fang in eine Wasserlache eintauchen konnte, um sich notdürftig zu reinigen.

Dann trottete er mit hängendem Kopf heim und drängte sich an Frauchen, um ihr sein Leid zu klagen.

Sie roch sofort das schreckliche Parfüm. „Wo hast du dich denn heute herumgetrieben?" fragte sie. Der Dackel aber quiente nur kläglich und wünschte sich, bemitleidet zu werden. Daraus wurde natürlich nichts, sondern Heidjer wurde ins Badewasser gesteckt und von Kopf bis Fuß tüchtig mit Seife geschrubbt, danach gespült und bekam Hausarrest für diesen angebrochenen Tag.

Er ertrug die Strafe mit Würde, und Heiner leistete ihm dabei sogar Gesellschaft. Fortan war Heidjer vorsichtiger gegen Ratze.

*

Im Revier des Herrn Steiner gab es noch stärkere Feinde des Niederwildes, als es der Iltis ist: die Füchse und die Dachse, die der Volksmund auch Grimbart nennt. Am Eichberg, am Hochufer des großen Fischteiches, im Buchenwald und auch in der Heide hatten sie ihre Erdbauten, von denen der älteste auf dem Eichberg lag.

Er mochte wohl schon über hundert Jahre alt sein. Weitverzweigt unter der Wurzel dehnte sich das Labyrinth der Gänge und Stellen, der Schächte und Fallröhren über mehrere hundert Quadratmeter aus, und immer noch wuchteten die Inhaber frische Erdmassen mit ihren mächtigen Vorderbranten ins Freie, wie sich der Förster überzeugen konnte.

War Heidjer bei seinen Freunden, dann leinten sie ihn jedesmal vor dem Besuch der Dachsburg an, damit er nicht in die Tiefe hineinschlüpfte. Manch wertvoller Dackel oder Terrier war den Vorgängern des Försters schon so unter der Erde umgekommen. Meist hatten die Dachse ihn mit Erde zugeschüttet, so daß er elend verhungern oder gar ersticken mußte. Solch einen schmählichen Tod sollte Heidjer auf keinen Fall erleiden. Deshalb sein Leinenzwang.

Mitunter fanden sich auch an den hochwandigen Einfahrtsschneisen zu den vielen Erdlöchern gebleichte Schädel von Dachsen, die von Hunden verletzt oder krank, verendet waren. Die neuen Inhaber hatten die Kadaver hinausgeschafft.

Jetzt hauste im abgeschiedenen Schacht Grimbart; in dem größeren Gefilde herrschte Gräwing mit ihren drei Dächschen. Obwohl die Kinder von ihm stammten, kümmerte er sich nicht im geringsten um sie. Ihr unruhiges Wesen, ihr steter Hunger bei Tag und Nacht störten ihn in seinem Dasein zu sehr. Deshalb hatte er alle Verbindungen zu seiner Familie durch Steine und Erde unterbrochen. Es wäre ihm wahrscheinlich von Gräwing auch übel mitgespielt worden, hätte er sich in der Kinderstube sehen lassen. Als er es einmal wagte, wurde er schwer in den Hals gebissen und die Böschung des Berges hinuntergestoßen.

So blieb er ein Einsiedler, der meist erst sehr spät in die Dämmerung ausrückte und ins Tal hinuntertrottete.

Zuweilen gelüstete es ihn jetzt im Mai nach einem kurzen Bade im Wassergraben.

Anschließend suchte er nach Engerlingen, Mäusen und Regenwürmern in dem feuchten Boden. Wer nicht ganz genau hinschaute, erkannte den Griesgram in seinem silbergrauen Borstenkittel kaum. Besonders wenn der Mond schien, hatte Grimbart eine treffliche Kleidung. Im Dornengestrüpp war sie unempfindlich, und Regen und Schnee tropften unweigerlich daran ab.

So gemächlich Grimbart stets dahintrottete, so wenig ließ er sich auf Vorhaltungen ein. Als Heidjer ihn einmal mit lautem Gebell stellte und der Förster den Erdmarder ermahnte, die Kaninchen und jungen Hasen in Frieden zu lassen, murmelte und brummelte der Silberpelz unverständliches Zeug, drehte sich immer wieder um die eigene Achse, damit Heidjer ihm nicht ins Hinterteil kniff, und galoppierte schneller davon, als seiner plumpen Gestalt zuzutrauen war.

Aber die Ermahnungen hatten keinen Erfolg. Grimbart hatte großen Gefallen daran gefunden, auf Schnecken und Würmer zu verzichten und seine Speisekarte mit Eiern von Wildenten, Fasanen und Rebhühnern zu verbessern. Ganz besonders in den letzten Wochen zeigte er große Vorliebe für die Gehecke der Wildkaninchen, die in meterlangen Erdröhren von ihren Müttern gehütet wurden.

Immer wieder machte Heidjer seinen Herrn bei Reviergängen auf aufgerissene Erdschächte aufmerksam, aus denen der Marder die kleinen Dingerchen geraubt hatte. Der angerichtete Schaden wuchs mit jeder Nacht. Aber damit nicht genug, Grimbart kriegte es auch fertig, den Förster und besonders seine Frau in höchsten Zorn zu versetzen, als er ihm kurz nach Pfingsten mehrere Hühner stahl.

Heimlich war er in mondheller Nacht in die Stallung eingedrungen, indem er sich durch das Erdreich von außen einen Schacht grub.

„Meine drei besten Legehennen!" jammerte Frau Steiner angesichts der Blutspuren und der vielen verstreuten Federn. Es gab gar keinen Zweifel, daß der Dachs als Übeltäter in Frage kam. Vor einer Erdeinfahrt lagen die verräterischen Federn haufenweise herum. Der Wind entführte sie schließlich in alle Himmelsrichtungen, wenn die Vögel sie nicht aufsammelten und damit ihre Nester auspolsterten.

„Der Dachs muß fort!" forderte Frau Steiner, und der Förster sah keine andere Möglichkeit. Aber er kam, so oft er sich vornahm, ihm die tödliche Kugel zu geben, nicht zum Schuß. Immer verließ Grimbart seinen Bau so spät, daß ein genaues Zielen nicht mehr möglich war.

Unterdessen sicherte der Förster seine Geflügelstallungen besser als je zuvor, und der heimliche Feinschmecker kam vergeblich von seinem Berg zur Nachschau herunter.

Schließlich unterließ er seine heimlichen Pirschgänge in der Nacht und wandte sich wieder seiner Hausmannskost zu.

So lebte er noch lange und zufrieden. Aber im nächsten Frühjahr fand Heidjer die Fährte wieder, verfolgte sie und verkündete seinem Herrn, was er soeben gefunden hatte.

Herr Steiner sah einen langen Körper im Gesträuch liegen. Silbergrau war das schöne Wams, und zwei schwarze Längsstreifen maskierten das helle Gesicht Grimbarts. Ganz friedlich lag der Feinschmecker da, als schliefe er. Er konnte erst vor wenigen Stunden verendet sein.

Der Förster untersuchte ihn, weil er rein äußerlich nichts Besonderes entdecken konnte. Er öffnete seinen Mund. Eischalen verrieten, was der Dachs genossen hatte. Und der Brei auf seiner Zunge zeugte von dem tödlichen Gift, das der Jagdnachbar ausgelegt hatte, um die Krähen in seinem Revier zu bekämpfen, die ihm Junghäschen und die Gelege von Enten und Fasanen raubten.

Nun war Grimbart seiner Gier nach Delikatessen erlegen. Der Förster zog den Kadaver ins Gebüsch, und zwei Wochen später hatten die Totengräber, die rotgestreiften und die großen schwarzen Käfer, den Einsiedler bestattet. Nichts verriet mehr etwas von seinem Tun.

*

Im Steinhaufen hinter dem Gutspark hatte das Wiesel seine Wohnung, ein halbellenlanges, haselbraunes, kurzhaariges Ding.

Soeben noch hier, dann schon wieder dort, war es in seiner Burg aus aufgetürmten Feldsteinen verschwunden, als es der Gärtner Carsten gewahrte. Wenn der alte Mann auch nicht bösartig gesonnen war, so traute die Wieselfähe ihm dennoch nicht. Mißtrauen war eine ihrer ausgeprägten Eigenschaften. Aber sie besaß noch andere, zum Beispiel die Neugierde.

So schob sie ihren flachen Kopf mit den starken Schnurrhaaren sofort wieder aus dem Loch und schaute auf den Mann. Ihre kurzen, aufrechten, abgerundeten Gehöre lauschten aufmerksam, und ihren scharfen Sehern entging keine Bewegung des Gärtners, der Blumen in die Balkonkästen pflanzte.

Da keine Gefahr ringsum drohte, entschlüpfte die Fähe lautlos ihrem Versteck und entwich zur Hecke. Dort hatte sie trefflichen Schutz, und sie nutzte die Deckung mit der ihr zu Gebote stehenden Kunst. Ihre bräunlich gefärbte Felloberseite leistete ihr dabei gute Dienste. Was wollte sie im hellen Tageslicht? Nun, sie wollte Beute für ihre im Versteck des Steinhaufens ruhenden Jungen holen.

Die Geschicklichkeit ihres langen walzenförmigen Körpers, der einer behenden Schlange glich, versetzte sie in die Lage, auch in engste Spalten zu schlüpfen und dort Überraschungsangriffe zu unternehmen.

So gelangte sie geräuschlos an das Ende des Parks, der dort mit einer langen Reihe Lindenbäume an die Feldmark grenzte. Ein kurzes Stück streifte sie daran entlang, setzte sich zu einem steifen Kegel auf, um besser sehen zu können, und knickte plötzlich zusammen. War Gefahr im Anzuge?

Keineswegs. Sie hatte lediglich einen Hasen erkannt, der ahnungslos am Klee mümmelte. Ihn zu überfallen, war jetzt das Ziel, und ihr ganzes Trachten drängte danach, das Langohr zu überrumpeln.

Der Feldhase war nicht mehr der Jüngste, aber er war auch noch nicht so alt, daß er an sein baldiges Lebensende dachte. Er träumte vielmehr von saftiger Äsung, von Klee und Rübenblatt, von Raps und Seradella, von Kraut und Nelken des Gärtners, die auch den Kaninchen gut schmecken. So hielt er seine Sinne wach. Seine langen Ohrlöffel pendelten aufmerksam zur Seite, mal nach vorn, mal nach hinten.

Das Wiesel schlich näher. Hinter einem Stein verschnaufte es einen Augenblick, luchste um die Ecke und auch über die Kimme des Steins und musterte den Hasen, bis sich eine günstige Gelegenheit fand, hinter der Deckung hervorzuschießen und Meister Langohr mit einem mächtigen Sprung zu überfallen.

Sie hatte es von klein auf gelernt und hundertfältig geübt, an der richtigen Stelle das Opfer zu packen, um es schnell zur Strecke zu bringen, und so griff sie auch dieses Mal mit ihren nadelscharfen Eckzähnen an die Halsseite des Langohrs, um ihm die Schlagader zu verletzen. Aber der völlig Überraschte hatte doch so viel Geistesgegenwart, sich während des Angriffs etwas abzuwenden. So entging er dem tödlichen Schlag und wehrte sich, so gut er es im ausgreifenden Galopp unter seiner wild mit den Branten nach einem festen Halt suchenden Reiterin konnte. Er schüttelte den Kopf gegen die verzweifelt nachklimmende Last der Fähe, er bockte, daß sie hin- und hergeschleudert wurde; aber sie zauste ihn mit aller Mordlust, die ihr zu Gebote stand, konnte es jedoch nicht verhindern, daß ihr Halt nachließ, bis Langohr sie mit einem zackigen Haken von sich schleuderte.

Unsanft fiel sie zu Boden, während er das Weite suchte und noch lange zu tun hatte, ehe er sich beruhigen konnte.

Viel schneller als er gewann sie ihr inneres Gleichgewicht wieder, und sie hatte an Beutelust keinen Deut eingebüßt. In flotter Fahrt kehrte sie wieder in den Park zurück, lauschte dem Schlagen der Finken, dem Gurren der Wildtauben und dem Tjacken der Dohlen, die in den alten Rüstern brüteten. Ein Vogel dieser Art wäre der Fähe schon recht gewesen. Allein die schwarzen Flieger mit den grauen Kopfkappen waren für sie unerreichbar. Sie mußte sich schon mit geringerer Beute begnügen.

So suchte sie weiter und hatte auch bald ein Ziel entdeckt. In der dichten Efeubespannung des Treibhauses tackte ein Nachtigallenhahn, ein unscheinbares graubraunes Vöglein mit klugen, blanken Augen. Es warnte sein auf dem Nest in allernächster Nähe brütendes Weibchen vor der gefährlichen Besucherin, und das Nachtigallenweibchen duckte sich tief auf die fünf olivfarbenen Eier in dem lässig aus Laub und Heu zusammengesteckten Nest.

Die Räuberin hatte den Zusammenhang sofort erraten, und sie verlegte sich nun aufs Suchen. Aber der Nachtigallenhahn ahnte die Gefahr, die seiner Brut drohte. Und er war nicht gewillt, tatenlos zuzusehen, bis es keine Rettung mehr gab. Er schlug laut Alarm, den all die vielen Kleinvögel ringsum wohl verstanden.

So flatterten, schossen und jagten sie alsbald herbei, die Finken, die Grünlinge, die Fliegenschnäpper, die Amseln und Singdrosseln, und auch die Dohlen schickten einige Abgesandte, die nun allesamt vereint das Wiesel mit Schimpf und Schande davonjagten, daß ihm Hören und Sehen verging.

Doch die Räuberin nahm die Abfuhr gelassen hin. Auf dem Rückweg zum Steinhaufen lief ihr eine Feldmaus über den Weg. Mit einem Sprung hatte die Fähe den kleinen Nager gerissen, und eilig trug sie die Beute zu den Ihren unter Tage.

*

Tagelang schien die Maisonne über die Landschaft. Dann webte feiner Nebel einen seidenen Schleier über die Wiesen, und die Sumpfdotterblumen, das Hirtentäschelkraut und auch die Gänseblümchen, die schon einen ordentlichen Wetterpuff vertragen konnten, schlossen ihre Blüten bis zur neunten Vormittagsstunde.

Erst dann hatte die Sonne die Unbill überwunden und strahlte wieder mit voller Kraft. Hastig stiegen die Nebeltröpfchen himmelwärts und segelten lustig als Wolken dahin.

Der Mauser, der Bussard, der reglos am Rand der Wiesen auf einem Pfahl blockte, sah seine Zeit gekommen. Er konnte besser sehen als zuvor. Deshalb wechselte er seinen Sitz, wo ihn die Feldmäuse äfften, und suchte einen anderen Lauerplatz. Machtvoll glitt er hinter dem Gutspark ins Tal hinab und kurvte hart am verfallenen Steinbruch entlang, aus dem die Bauern ihre Bausteine holten, wenn die Wege ausgebessert werden mußten.

Er hatte eine weite Sicht von oben über das milde Grün der Buchenwipfel, über Eichen und Linden, über Wildobstbäume und Haselbüsche. In den Birken, die sich mit ihren zähen Wurzelarmen in die magere Humusschicht der Steinwände krallten, regte sich ein wachsender Saftstrom. Sobald der Wind darüber hinwegfuhr, stäubte es aus Tausenden von Blütentroddeln. Und wie in den Zweigen neues Leben strömte, so pulste es noch viel stärker in den Geschöpfen von Fleisch und Blut. Auf der Sohle des Steinbruchs hoppelten ab und zu die grauen Leiber von Wildkaninchen über die verrosteten Schienen der Förderanlage, verweilten, verschwanden in ihren Schlupfwinkeln, erschienen wieder, kobolzten munter durcheinander und mümmelten von den saftigen Trieben des Huflattichs, dessen erste Blüten bereits Frucht trugen.

Der Mauser hatte die grauen Flitzer längst eräugt. Mehrmals stieß er hinab, um einen zu schlagen, aber stets mißlang ihm sein Beginnen. Mißgestimmt über sein Ungeschick blockte er schließlich auf einen scharfkantigen Steinrücken auf und versuchte sein Glück beim Ansitz. Die Kaninchen waren jedoch von der Oberfläche verschwunden. Wahrscheinlich hatten sie die Gefahr erkannt, die ihnen drohte.

Eine Bachstelze eilte wippenden Fluges über die spiegelklaren Wasserlachen am Grunde des Bruchs. Der Bussard sah ihr nach, aber solch kleiner Vogel war keine rechte Beute für ihn, und so harrte er aus und wartete, ein Meister der Geduld.

Kaninchen mochte er besonders gern, nachdem er schon etliche geschlagen hatte. Zwischen den alten Eisenschienen guckte soeben einer der jungen Nager hervor, zu einem grauen Knäuel geballt, und musterte vorsichtig die Gegend, setzte sich ab und zu zu einem Kegel auf, um besser sehen zu können, und zeigte große Lust, sich ins Freie zu wagen.

Dem Bussard war nicht die geringste Bewegung des Tieres entgangen, aber er rührte sich nicht, sondern zähmte seine Gier und seinen Hunger. Deshalb entging ihm, was sich hinter seinem Rücken in aller Stille und Heimlichkeit abspielte.

Er entdeckte nicht den Steinmarder, der sich mit seinem nußbraunen Wams und der weißen Kehle so lautlos aus der Felsennische schob, daß er zu einer großen Gefahr für den Mauser wurde.

Der Marder wußte, was er wollte, und suchte den rechten Weg, um einen Überfall zu wagen. Er tastete sich durch einige Klettenstauden und guckte wieder bei passender Gelegenheit nach seinem Zielpunkt hinüber, nach dem Mauser, der noch immer ahnungslos gar nicht weit entfernt auf seinem Ausguck hockte.

Die kurzen Gehöre über die letzte Felsnase erhoben, erkannte das Weißkehlchen, daß der Vogel in dem rostbraunen Federkleide ungeduldig wurde. Wie leicht konnte er abfliegen!

Deshalb zögerte der Marder keinen Augenblick länger mit dem Angriff. Hellauf leuchtete plötzlich sein silberner Kehllatz; dann griffen seine scharf bekrallten Vorderbranten auch schon zu.

Schwer angeschlagen, fand der Bussard keine Zeit mehr, von seinem Krummschnabel und den Krallen Gebrauch zu machen. Wohl hieb er verzweifelt mit seinen mächtigen Schwingen um sich, aber ein kurzer Biß des Marders genügte, ihm den Lebensfaden zu zerschneiden.

Hastig trank Weißkehlchen das warme Vogelblut. Dann ließ er den Körper liegen und pirschte lautlos davon.

Die Kaninchen aber mümmelten fleißig von süßem Gras und den frischen Kräutern.

*

„Ich weiß nicht", sagte Frau Steiner eines Tages verwundert, „ich habe den Eindruck, als würde bei uns gestohlen! Es muß aber jemand sein, der sich bei uns in Keller und Speisekammer genau auskennt, sonst könnte doch nicht der Sonntagskuchen in der vorigen und in dieser Woche angeknabbert sein. Auch das Obst und besonders die Äpfel sind durcheinandergewühlt worden!"

Herr Steiner besichtigte die Vorratsräume. Er tat es ganz genau und mit fachkundigem Blick. Er hatte sogar die Lupe mitgenommen, um die kleinen Kotkrümelchen näher zu untersuchen, und Uwe und Heiner halfen ihm dabei.

„Von Mäusen und Ratten rühren die Verschmutzungen keinesfalls her", stellte er fest. „Aber es sind ähnliche Schelme, die unserer Mutter Ärger machen, und wir werden sie entlarven!"

Damit war die Angelegenheit erst mal erledigt und geriet sogar langsam in Vergessenheit.

Aber die heimlichen Besucher blieben rege. Wenn sie auch nicht in der Speisekammer hantierten, so rumorten sie doch nächtlich ganz in der Nähe des Forsthauses umher. Ihre Klause befand sich nämlich im Kastanienbaum auf dem Hof. Von seinen weittragenden Ästen konnten sie bequem auf Dach und Simse hinüberklettern, obwohl ihre Ausflüge vorläufig noch keinen Steinwurf im Umkreis reichten.

Nicht viel größer als eine ausgewachsene Feldmaus, sahen sie in ihrem dunkelbraungrauen, silberglänzenden Pelz allerdings viel vornehmer als diese aus. Besonders gab ihnen der schwarzbraune Ring um die Augen einen besonderen Reiz, den Ausdruck der Gelehrsamkeit, und ihre schwarzbraunen, weiß gespitzten Barthaare wiesen darauf hin, daß ihre Wissenschaft nicht die jüngste dieser Welt war. Sie erstreckte sich nämlich auf die feinen Genüsse dieses Lebens, auf die feinsten, die die Landschaft in dieser schönen Jahreszeit zu liefern vermochte.

Die jungen Blätter von Zitterpappeln, Hasel- und Walnüssen, Bucheckern und die Kerne von Weinbeeren, Kirschen, Birnen und Äpfeln standen auf ihrem Speisezettel. Angekeimte Fruchtkerne waren bei ihnen besonders beliebt, wohl der Vitamine wegen. Aber auch mit saftiger Rinde nahmen die heimlichen Nachtkobolde vorlieb, und wußten sie mit ihren scharfen Nagezähnen gut abzuschälen.

Nicht nur Pflanzenkost mundete ihnen; auch tierische Nahrung stand auf ihrem Magenfahrplan. Im Mai an erster Stelle das Völkchen der Käfer. Außerdem mußte vermerkt werden, daß mancher dieser Feinschmecker sich zum Sonderling entwickelt hatte, indem er den Vögeln nachstellte, jungen Tauben die Köpfe abbiß und das Gehirn auslöffelte, wenn er nicht den Fliegenschnäppern das Genick umdrehte, solange sie im Nest schliefen. In dieser schnöden Art kamen sie den Eichhörnchen gleich, die Ähnliches zum Leidwesen aller Vogelfreunde zu tun imstande sind.

Ihr Klettervermögen war erstaunlich. Die fünfzehigen Kletterfüße besaßen nämlich auf den behaarten Fußsohlen starke Schwielen, die sich wie ein Schraubstock um das Gezweige schlangen, und das zweizeilig behaarte Schwänzchen, nicht so lang wie die buschige Lunte der Eichkätzchen, bildete ein treffliches Werkzeug zum Balancieren. Hatten die Kobolde Durst, so leckten sie Tau des Morgens oder der Nacht, wenn sie es nicht vorzogen, aus der Wasserrinne des Daches zu trinken.

Tagsüber verhielten sich die Wichte mucksmäuschenstill. Überhaupt war ihr Schlafbedürfnis viel größer als bei anderen Tieren. Von den zwölf Monaten des Jahres ruhten sie für gewöhnlich acht, meistens sieben. Deshalb wurden und werden sie auch heute noch Siebenschläfer genannt.

Der älteste der Familiensippe war Bilch. Mit ihm war nicht zu spaßen. Kam ihm einer seiner Verwandten in die Quere, dann setzte es Ohrfeigen, und das Quieken und Grunzen wollte in den Baumwipfeln kein Ende nehmen, wenn er sich mit einem anderen Männchen balgte.

„Gurrgurr!" summte er noch lange vor Ärger, wenn er solch einen Naseweis, der jünger war als er, fortgejagt hatte.

Dagegen konnte er gegen die Weibchen zärtlich sein, und besonders die zierliche Glis hatte er in sein Herz geschlossen. Sie war ein allerliebstes Geschöpf mit niedlichen flinken Pfötchen, schönen schwarzen Perlaugen und einem süßen Schnäuzchen.

Glis ließ sich von Bilch verwöhnen und hatte es gern, wenn er sie auf den Ausflügen durch die mondhellen Nächte zu den Blattknospen begleitete, wo sie gemeinsam grünen saftigen Salat verspeisten. Eines Morgens, in aller Frühe, begann Glis Blätter in einen Starenkasten einzutragen, aus dem sie die Starenfrau hinausgejagt hatte. Sie holte sie aus dem nahen Park und bevorzugte für ihren Zweck die Buchen. Immer mehr Blätter schnitt sie ab und polsterte damit ein weiches Lager. Darauf wollte sie ihre Kinder, die kleinen Bilche, betten.

Aber dazu kam es nicht. An einem sternenklaren Abend verleitete Bilch seine Glis zu einem Bummel in die Speisekammer der Försterfamilie Steiner. Durch das nur angelehnte Kammerfenster lockte beide der Duft süßer Milch, und so stiegen sie rasch in den Vorratsraum, hüpften an die vollen Satten und leckerten bald hier, bald dort von dem fetten Rahm, beschmierten sich ihre weißen Pelzwänste, suchten nach Obst und Zwieback, gerieten in der Hast unsanft gegeneinander, und schon war die schönste Beißerei im Gange. Glis quiekte in hellsten Tönen, Bilch grunzte und surrte, halb aufgerichtet, mit zitternden Pfötchen vor der Brust, als fiele er in einen Krampf. Dann

quietschte auch er, als ob er am Spieße steckte, und zu allem Überfluß stürzten Schüsseln und Flaschen, Gläser und Torte unter Holterdipolter zu Boden, daß es nur so bumste.

Heidjer, der Dackel, hatte das Rumoren und Getöse wahrgenommen und knurrend versucht, die Ursache zu ergründen. Mehrmals kratzte er an der Türschwelle des Dienstzimmers, wo er schlief. Aber vergeblich. Dann bellte er laut, um sich bei Herrchen Gehör zu verschaffen. Aber ehe der Förster aus dem Schlaf erwachte, dauerte es einige Zeit. Noch halb im Dämmern vernahm er schließlich Heidjers Stimme und lauschte erst mal, weil er sich nicht recht denken konnte, daß etwas Ernstliches geschehen sei.

Aber als der Dackel plötzlich grimmiger in seinem Gekläff wurde, stand Herr Steiner doch auf, zog rasch die Hose über, holte seinen Drilling und ging mit Heidjer durch die erhellten Räume der Wohnung.

Nirgends war etwas von Einbruchsversuchen zu bemerken, als es plötzlich in der Speisekammer wieder rumorte. Da war der Dackel sofort an der Tür, und als der Förster sie aufmachte, sprang ihm das aufgeregte Siebenschläferpärchen just vor die Füße.

Heidjer jagte sofort mit Jiff und Jaff hinter beiden her. Von einer Ecke der Küche in die andere ging die Hetze. Schließlich enterten die Bösewichter die Gardine empor und schauten gespannt von der Querstange auf ihre Verfolger herab.

„Sirr sirr sirr!" gaben sie ihrem Unwillen Ausdruck.

Da verschloß Herr Steiner den Raum und versuchte die Ruhestörer zu fangen.

„Euch werde ich lehren!" redete er sie an, nahm den Kehrbesen und versuchte mit der Haarseite die Schelme festzuhalten, indem er sie gegen die Wand drückte. Aber Bilch sowohl als auch Glis entwischten immer wieder, bis er schließlich den Siebenschläfer packen konnte.

Aber ebenso schnell ließ er ihn fluchend wieder los. Ein tiefer Biß in die Hand ließ das Blut hoch aufspritzen.

Wutentbrannt öffnete der Förster beide Küchenfenster und jagte die Rasselbande aus dem Haus.

Bilch und Glis wußten nicht, wie ihnen geschah. Sie brauchten einige Zeit, ehe sie sich draußen wieder zurechtfanden. Erst als die Dämmerung die Landschaft erhellte, kamen sie richtig zu sich und verschwanden in ein Versteck. Dort rollten sie sich, ein jeder woanders, zusammen und verschliefen den Tag.

Herr Steiner ließ sich unterdessen vom Arzt die Bißwunde behandeln, und seine Frau räumte in der Kammer auf. Heiner half ihr dabei.

Im Sommer

An Teich und Moor

Es war ein heißer Junitag, und seine Schwüle machte Menschen und Tiere müde.

Heidjer, der Dackel des Försters, hatte es vorgezogen, heute daheimzubleiben, anstatt mit Herrchen ins Revier zu gehen. Und Heiner, sein fünfjähriger Spielkamerad freute sich, daß er Gesellschaft hatte. Bis Uwe und Ulla aus der Schule kamen, vergingen noch Stunden.

Heiner und Heidjer hatten zuerst ein wenig mit dem Fußball gespielt, dann waren beide in die Hängematte gekrochen, die an schattiger Stelle im Garten zwischen zwei Apfelbäumen hing, und danach hatte der Junge Hunger verspürt und war ins Haus gegangen, um Frühstück zu holen.

„Ich komme bald wieder, Heidjer, und bringe dir auch ein Wurstbrot mit!" sagte er. Aber Heiner ließ auf sich warten. Erwartungsvoll lauschte der Dackel, ob sein Freund nicht bald um die Hausecke käme. Doch nichts rührte sich.

Grasmücken suchten in den Beerensträuchern nach Gewürm und Maden, sangen ab und zu ein paar Strophen. Zitronenfalter gaukelten über die Salatbeete, naschten von den Nektarkelchen der Hyazinthen, und zuweilen läutete der Kuckuck in der Ferne.

Der Dackel lauschte gespannt und sah schräg über sich Hunderte, wenn nicht gar Tausende sausender, quirlender Punkte, die sich immer mehr am alten Apfelbaum verdichteten, bis sie eine faustgroße bräunlich glitzernde, aufgeregte Masse bildeten, die ständig wuchs und wuchs, ab und zu ein wenig aufheulte und sich dann wieder beruhigte; ein Bienenschwarm.

Heidjer saß nur wenige Meter davon entfernt, und ihm war gar nicht wohl dabei, wenn die Kundschafter des Bienenvölkchens ihn bei ihren kühnen Flügen in ihren Lebenskreis einbezogen.

„Bauw bauw!" bellte er laut und hell, einmal, zweimal und immer wieder, und aufgeregter, als ihn zu allem Überfluß etliche Immen stechen wollten.

Da sprang er hastig von seinem Platz auf, klemmte die Rute zwischen die Beine und rannte, was die Läufe herzugeben vermochten, davon. Aber die Bienen kreisten schon wieder an anderer Stelle, und so stoppte der Hund seine Fahrt und schimpfte wie ein Wilder über die stechlustigen Kerfen. Er hörte gar nicht auf damit, und so erschienen bald Frau Steiner und Heiner auf dem Kiesweg, um sich zu überzeugen, was der Hund habe.

Kaum hatte Heidjer Beistand erhalten, da wagte er sich wieder vor. Beide Steiners entdeckten sofort den Bienenschwarm.

„Gewiß, ein Vorschwarm, der dem Gärtner Classen entflogen ist!" meinte die Mutter und bat Heiner, dies dem Nachbarn mitzuteilen.

„Er wird ihn gewiß schnell holen, und wir sind die Plagegeister los." Der Junge wußte nicht, was er lieber getan hätte.

Er sprang mit Heidjer davon, und ehe eine halbe Stunde vergangen war, kam der Bienenvater auch schon mit einer kurzen Leiter, einen Bienenkorb unter dem Arm, ein Tuch und die unentbehrliche Bienenhaube, aus Pferdehaar geflochten, darin.

Die Bienenpfeife in seinem Mund dampfte in dichten blauen Wölkchen. Der daraus hervorquirlende Schmoch sollte die Bienen in Schach halten; und er tat es auch, als die ersten Schwaden über den Schwarmklumpen hinwegwehten.

Heiner stand mit Heidjer und schaute von fern dem Gärtner zu, der unter der aufgesetzten Haube gar keine Furcht vor den Immen hatte, sogar mit dem Zeigefinger zwischen ihnen herumhantierte und ganz so tat, als suche er etwas in dem Gewimmel.

Classen schaute nach der Ursache der Schwarmbildung.

„Ich möchte gern die Königin fangen!" erklärte er dem Jungen. „Wenn ich sie habe, folgen mir die übrigen Bienen wie dir dein Heidjer!" Die Königin ist die Stammutter des Bienenvolkes, das in verschiedenen großen Zellen noch junge Bienenmütter heranzieht. Ihre Aufgabe ist es, Eier zu legen und neue Bienen heranwachsen zu lassen.

„Die Mehrzahl davon sind Arbeitsbienen", erzählte der Gärtner, der näher an den Apfelbaum herangegangen war, „diese alle hier. Dann gibt es in jedem Volk die Männchen, die Drohnen. Die geringste Zahl stellen die Königinnen, die ihre Geburt durch feines Tüten in der Weiselzelle ankündigen. Willst du mal eine Königin sehen?" fragte der Gärtner den Jungen.

„Ja", erwiderte Heiner. Dann zeigte ihm der Alte eine.

Die Königin scheute das Tageslicht. Immer wieder suchte sie sich vor dem ihr folgenden Zeigefinger des Gärtners zu verbergen, und wahrscheinlich wäre sie davongeflogen, wenn er nicht plötzlich einen kleinen runden, durch lange Nadeln gesicherten Käfig auf eine mitgebrachte Wabe gesteckt hätte. Jetzt war sie gefangen.

Dann nahm der Gärtner die Blumenspritze, füllte sie am Pumpstock voll Wasser und bestäubte den Schwarm damit, bis sich die Bienen unter der Feuchtigkeit allesamt beruhigt hatten.

Mit dem Flederwisch einer Gans fegte er die ganze Gesellschaft in den mitgebrachten Korb, in dem sie arg brummelte, nachdem er die Wabe mit der Königin dazu getan hatte. Anschließend deckte er das Tuch darüber.

„Du kannst dir nachher etwas Honig bei mir holen", lächelte er beim Abschied Heiner zu, „und grüß deine Mutter schön!"

Der Junge ließ es sich nicht zweimal sagen. Zwei Gläser Honig bekam er später in die Hand gedrückt.

„Wenn du Lust hast, zeige ich dir mal meinen Bienenstand!" sagte Classen und wies stolz auf mehr als zwanzig Bienenkästen und geflochtene Strohkörbe, in denen er die Schwärme untergebracht hatte. Es summte und brummte überall, und vor den engen Fluglöchern, die durch verschiedene Farbflecke zur besseren Orientierung gekennzeichnet waren, lagen die Bienen zuweilen faustdick.

„Das sind die Wächter, die aufpassen, daß keine fremden Bienen, Hummeln oder Wespen eindringen!" erklärte der Imker. „Und alle, die da durch die Lüfte sausen, sind meine Flugbienen oder die Honig- und Pollensammler. Sie holen den Blütenstaub aus den Blüten, der den Larven in den Zellen als Nahrung gereicht wird."

Es wimmelte und kribbelte nur so vor den Fluglöchern, und mitunter hatten die Heimkehrer Mühe, sich in das Innere des Staates zu begeben. An den Hinterbeinen leuchteten die Pollen gelb, rot, grünlich, braun und blau, je nach den verschiedenen Pflanzenarten.

„Und wie entsteht eigentlich Honig?" wollte Heiner wissen.

„Aus dem Blütensaft der Blumen und beigegebenem Magensaft der Bienen!" antwortete Classen. „Ohne diesen würde er gären und sauer werden."

Noch eine ganze Weile schaute der Junge dem Treiben der Bienen zu. „Heute tragen meine Bienen Honig aus der Obstblüte ein", erzählte Classen. „Bald werden sie die Akazien besuchen, die wasserhellen Nektar spenden. Danach liefern uns die Linden des Parkes und der Landstraßen grünlichen, besonders würzigen Honig, und zuletzt freut sich der Imker auf den Honig aus Erikablüten, der goldig und schwer, zu den feinsten

Delikatessen gehört. Wenn nicht jemand den Tannenhonig vorzieht, der so dunkel wie Teer vom Löffel fließt."

*

Die Sommersonne stach vom Himmel, und Uwe und Heiner genossen stumm auf dem Rasen im Schatten eines Birnbaums die Stille der Mittagsstunde.

Durch den Zaun schauten die feurigen Fackeln des Blutweiderichs herein. Kratzdisteln grüßten mit ihren blauen Kugelköpfchen, und Fliegen und Käfer tummelten sich an den Blumen, um zu trinken und zu naschen. Viel ruhiger als sie benahmen sich die Zitronenfalter und Kohlweißlinge, die bunten Füchse und Distelfalter. Sie zeigten keine Hast, sie hörte man nicht, und so wären die Brüder Steiner gar nicht auf sie aufmerksam geworden, wenn nicht ein ganz besonderer Umstand eingetreten wäre, der sie zu Freunden der Schmetterlinge machte. Das kam so: Als sich Heiner umdrehte, um besser Umschau halten zu können, stieß er gegen einen Stengel der wilden Mohrrübe. Er schwankte von der Erschütterung hin und her. Die kleinen Fliegen auf der weißlichen Doldenblüte summten davon, aber eine fingerdicke Raupe blieb im Blätterwerk hängen und rang um ihr Gleichgewicht.

Uwe entdeckte sie sofort und schaute sie sich näher an. Wie schön sie war! Er hatte noch nie solch ein hübsches Wesen gesehen. Ein grünes Kleid zierte ihren Leib, der in zwölf Leibesringe unterteilt war, von denen jeder einen schwarzen Samtstreif mit roten Flecken trug, eine Augenweide für den Betrachter.

Uwe legte sie in ein mit Erde gefülltes Kästchen und ließ sie darin. Er hatte Glück, daß die Gefangene in ihrem Käfig nicht starb. Sie hatte ihr Raupendasein nämlich schon beendet, begehrte nicht mehr nach Futter, sondern sie sehnte sich nur nach Ruhe und Schlaf. Deshalb fastete sie an diesem und auch am nächsten Tag und reinigte sich ausgiebig.

Als die Jungen am dritten Tag nachschauten, hatte sie bereits ihre Hinterfüße, die sogenannten Nachschieber, an der

Kastenwand an einem von ihr bereiteten Polster festgehakt, sich eine Seidenschleife um die Taille gezogen und verweilte nun reglos als eine Gürtelpuppe.

Als Heiner und Uwe dem Vater von der Verwandlung berichteten, meinte der gelassen: „Habt Geduld bis zum nächsten Frühjahr. Dann erst wird aus der Puppe ein schöner Falter schlüpfen!"

Das war den Jungen gar nicht recht. Deshalb suchten sie überall an Hecken und Zäunen nach Puppen und Raupen; aber ohne rechten Erfolg. Doch die Jungen hatten Glück, als sie beim Harken nahe dem Gartenzaun eine unversehrte Puppe fanden, die der ihren sehr ähnlich war. Sie legten sie zu der ersten und waren erstaunt, als am übernächsten Tage der Falter darin die Hülle bereits gesprengt hatte. Noch ganz feucht, kroch er behutsam aus seinem Gefängnis hervor, kletterte zum angehobenen Deckel und erholte sich von den Anstrengungen, pumpte Luft in seine Segel und stand elfenhaft rank und schön an der Schwelle seines Lebens, ein Segelfalter.

Die Jungen waren begeistert.

„Wollen wir ihn aufspießen?" fragte Heiner seinen Bruder.

Aber Herr Steiner, der das Gespräch mitangehört hatte, war nicht damit einverstanden. „Untersteht euch, den hübschen Segelfalter zu töten! Zeichnet ihn auf, solange er noch stillhält, und dann entlaßt ihn in die Freiheit, wo er hingehört!"

Aber die Brüder fanden nun viel Gefallen daran, Raupen zu sammeln und sie sich verpuppen zu lassen. Was gab es da für schöne Tagesfalter! Das rote und blaue Ordensband erregten ihr Entzücken, der Trauermantel an den Heiderändern, die Kaisermäntel auf den Disteln, die niedlichen Bläulinge und die glitzernden Feuerfalter.

Die Mutter schüttelte mitunter den Kopf, wenn ihre Jungen immer wieder neue Raupenarten heimbrachten, Bierflaschen mit den dazugehörigen Futterpflanzen in die Drahtkäfige stellten und dann stundenlang davorsaßen, um sich daran sattzusehen, wenn das Wetter draußen schlecht war.

Als sich Ulla auch noch an dem Sport beteiligte, gab es kaum noch einen Sonnenfleck im Hause, auf dem die Kinder nicht ihre Schaukästen aufgestellt hatten. Aber wie traurig waren sie eines Tages, als viele Raupen bewegungslos auf den Pflanzen hockten, als wären sie gestorben. Die Kinder erschraken. Waren sie wirklich tot? Wie konnte das nur geschehen?

Das Rätsel löste sich bald, als winzige Maden in den Raupenleibern sich schließlich in kleinen Häufchen ebenfalls verpuppten. Uwe und Ulla befragten den Vater, und der wies sie auf die Schlupfwespen hin, die alle Raupen getötet und als Fraß für ihre Nachkommenschaft benutzt hatten. Tatsächlich entwichen den winzigen Puppen nach einiger Zeit junge Wespen.

Große Verwunderung bewegte die ganze Familie Steiner eines Abends, als Herr Classen, der Gärtner, an die Tür klopfte und einen seltsamen Fund brachte. „Es ist ein großer, fingerlanger Schmetterling, den ich in einem meiner Bienenstöcke fand!" erzählte der Imker. „Er lag nicht frei auf dem Kastenboden, sondern die Bienen hatten ihn völlig mit Wachs umsponnen, so daß er als Mumie elend darin verhungern mußte!" Dabei zeigte der Mann den Schwärmer herum.

Steiners betrachteten ihn eingehend, und der Förster wußte auch gleich den Namen. „Er heißt Totenkopf, nach der eigentümlichen Zeichnung auf seinem mächtigen Brustring!" sagte er und tippte mit dem Zeigefinger auf das Siegel des Todes, das sich deutlich von der düsterbraun und grau gehaltenen Samtkleidung des Tieres abhob.

„Und wie ist der Schmetterling in meinen Bienenstock gekommen?" wollte Classen wissen.

„Ganz einfach", erwiderte Herr Steiner. „Da der Totenkopf nur eine kurze Rüsselzange besitzt, kann er den Nektar aus den Blumen nicht schöpfen. Er ist auf flache Nektarschalen angewiesen, die es in seiner Heimat im Mittelmeergebiet und in Ungarn reichlicher als bei uns gibt. Mit warmen Luftströmungen ist er wahrscheinlich in unsere Landschaft geflogen und dem verlockenden Geruch des Bienenhonigs gefolgt, bis er die Wächter vor dem Immenstock überwältigte und Eingang zu den Waben fand. Aber dort wurde er von den Bienen gestellt und erstochen, um zu guter Letzt eingemauert zu werden!"

Der Gärtner staunte über diese Geschichte. Aber der Förster konnte ihm auch mitteilen, daß sogar Mäuse von Bienen umgebracht und eingewachst werden, wenn sie sich in das Innere des Volkes wagen.

Den Kindern Steiner wurde die Beschäftigung mit den Schmetterlingen immer interessanter, und als ihnen der Vater ein Buch darüber aus der Stadt mitgebracht hatte, ging es von Hand zu Hand.

*

„Wann holst du sie vom Güterbahnhof ab?" fragte Uwe seinen Vater. Er meinte damit die Ameisen, die der Förster von einem Züchter als Eilgut geschickt bekam.

„Ameisen?" fragte Ulla. „Was wollt ihr denn damit?"

„Bei uns im Nadelwald aussetzen, damit sie unter den Schädlingen aufräumen und die Bäume ungestört wachsen können!" erwiderte der Vater, machte sich reisefertig, und ab ging's mit dem Auto zum Bahnhof der Stadt.

Heiner fuhr selbstverständlich auch mit. Er durfte bei nichts fehlen. Wie war er aber enttäuscht, als der Vater nur einige wenige Kästen in Empfang nahm und im Gepäckraum des Fahrzeugs verstaute. Von Ameisen war da nicht viel zu sehen. Er hatte sich die Sache ganz anders vorgestellt. Er dachte an ein großes Gewimmel der Kerbtiere und vor allem an die Ameiseneier, mit denen die Leute ihre Goldfische im Aquarium fütterten. Nichts von alledem!

In rascher Fahrt ging es nicht erst nach Hause, sondern gleich der Kiefernheide zu, die sehr unter Kiefernspannern und -spinnern gelitten hatte. Dann hob der Vater den ersten Behälter auf und trug ihn an eine ganz bestimmte Stelle des Baumbestandes. Wo ein alter Stubben aus dem Boden ragte, grub der Förster mit seinem Feldspaten ein tiefes Loch, schüttete die Ameisen hinein und deckte den Platz dann mit trockenem Reisig zu, damit die Tiere einen Schutz hatten. Dann wiederholte sich das

Aussetzen der Ameisenvölkchen, bis alle untergebracht waren. Ein Warnschild mahnte die Waldbesucher zur Vorsicht und Rücksichtnahme.

Damit war der erste Teil der Arbeit erledigt. Nun besichtigte Herr Steiner täglich seine Kolonien und überzeugte sich von ihrem Befinden. Dies schien durchaus gut zu sein, wenn auch zwei Völkchen umgezogen waren und einen anderen Platz als Wohnung auserwählt hatten. Immer weiter schlugen die Kerfen ihren Wirkungskreis. Was sie bewältigen konnten, griffen sie an und brachten es mit ihren starken Kneifzangen und einer Spritze Gift zur Strecke.

Da hatten die gefräßigen Raupen nichts zu lachen. Die roten Ameisen suchten sie bis in den Wipfeln und an den Wurzeln der Bäume auf. Mochten sie sich auch gegen ihre Peiniger mit grünem und braunem Speichel wehren, mochten sie sich noch so wild im Gezweig und an den Blättern und Nadeln gebärden, es nützte ihnen nichts. Was die Ameisen einmal gepackt hatten, das hielten sie fest. Sie stürzten sich, wenn es nicht anders ging, kopfüber mit ihrem Opfer auf den Boden, um es mit vereinten Kräften heimzuschleppen.

Nun wäre der Transport natürlich schwierig gewesen, wenn die Beute über Stock und Stein hätte befördert werden müssen. Deshalb waren ganze Kolonien der kleinen, aber zählebigen Tierchen unterwegs, um Straßen zu bauen, auf denen sich dann der Verkehr abwickelte.

Als die Jungen mit dem Vater einige Tage später wieder an den Plätzen erschienen, waren sie vom Fleiß der kleinen Waldhelfer äußerst überrascht. Nach den verschiedensten Himmelsrichtungen hatten diese schon Wege gezogen und sie auch untereinander verbunden, so daß die Völker miteinander in regem Austausch standen. Wo Steinchen oder Wurzeln hinderten, wurden sie rasch forttransportiert. Die Kneifzangen verstanden Gras zu schneiden und tüchtig zuzupacken.

Damit nicht genug, hatten die geschäftigen Tierchen auch reichlich Kammern aus Nadelstreu, aus Laub und Steinchen aufgetürmt, so daß ein fußhoher Kegel die Sonnenstrahlen aufzufangen vermochte. Das war wichtig. Die Sonne mußte nämlich das Innere des Baues wärmen. Ohne Wärme konnten die Weibchen in den Kellern der Burg keine Eier legen. Auf die Königinnen kam es an; wenn sie versagten, ging das Volk unter. Immerhin, es gab nicht nur eine Königin, sondern es gab mehrere davon. Und da sie gute Nahrung von den Wärterinnen bekamen, machte ihnen das Eierlegen Spaß.

Kaum war eins der weißen Dingerchen dem Hinterleib der Königin entschlüpft, da packte es auch schon eine der Ammen und trug es in die Brutkammer. Dort wurde es fleißig beleckt, damit es nicht schimmelte, und wenn schließlich eine kleine Larve daraus entschlüpfte, wurde sie ins Kinderzimmer getragen, wo noch viele andere getränkt und stets sauber gehalten wurden.

Heiner und Uwe wollten dem Vater anfänglich gar nicht glauben, als er ihnen das alles erzählte. Aber an seinen Worten gab es nichts zu rütteln. Er strich behutsam die Streu von einem Hügel und legte das Innere des Burgkegels an einer Stelle frei, so daß die Jungen mit eigenen Augen hineinschauen und sich von der Richtigkeit seiner Angaben überzeugen konnten.

Natürlich wollten sich das die gestörten Kerbtiere nicht gefallen lassen. Sie kniffen ihm mit ihren Zangen tüchtig in die Hand und sparten auch nicht mit gehörigen Giftspritzen, die die Bißwunden ätzten.

Aber der Vater war nicht zimperlich. Vorsichtig strich er die mutigen Emsen von seiner Hand und die Öffnungen des Streukegels wieder zu. Dann entfernte er sich mit den Kindern und freute sich der gelungenen Ansiedlung der kleinen wehrhaften Waldhüter, die da fleißig den Burgkegel aufschichteten und bestrebt waren, sich zu verbreiten und neue Kolonien in der Kiefernheide zu gründen.

Als die Jungen eines Vormittags wieder an einem Bau vorüberkamen, blieben sie erstaunt vor ihm stehen. Der ganze Haufen schien in Aufruhr. Unablässig schwirrten geflügelte Ameisen in die Luft. Immer höher und höher strebten sie in schwärzlicher Wolke. Anfangs wurden die Kinder gar nicht recht schlau aus dem wirbelnden Durcheinander. Als ihnen jedoch der Vater auf dem Wege begegnete, erklärte er ihnen das seltsame Gebaren.

„Seht", sagte er, „heute feiern die Ameisen Hochzeit. Die schlanken Männchen umwerben die rundlichen Weibchen. Sobald sie gepaart sind, sterben die Männchen, und die Königinnen flirren zu Boden. Sie brechen ihre glashellen Flügel rasch ab und verstecken sich in einem Spalt der Erde, unter Steinen und auch im Moos, damit die Finken, die Fliegenschnapper und andere Vögel sie nicht fressen.

Haben die Königinnen einen zuträglichen Platz gefunden, dann gründen sie dort eine Kolonie, die sich im nächsten oder übernächsten Jahre auch wieder vermehrt. Auf diese Weise werden die schädlichen Schmetterlinge mit ihren Raupen vertilgt, ohne daß der Forstmann Gift anwenden muß, um seinen Wald zu schützen."

*

Seitdem die Sonne alle Tage höher stieg, begann sich das Wasser in Bach und Teichen zu erwärmen.

Im Schatten der aufkeimenden Schilfsprosse und Kalmusstauden grünten ganze Waldungen von Laichkräutern, Wasserpest und Froschlöffel. Schnecken und Krebschen krabbelten dazwischen, und wenn es die Steiners geschickt anfingen, dann konnten sie auch mal einen Karpfen, einen Barsch oder einen Hecht erkennen.

„Ihr müßt ganz leise auftreten!" riet der Vater, damit seine Sprößlinge auch wirklich etwas vom Leben am Wasser und auf seinem Grund erkannten.

Rumorten noch vor wenigen Wochen Frösche und Unken munter auf der Oberfläche des Wassers umher, so hatte dies' Spiel nun ein Ende. Die Lurche wurden von Tag zu Tag stiller. Sie kümmerten sich kaum noch um ihre Verwandten, sondern dachten an Würmer, an Schnecken und Libellenlarven. Der Erfolg blieb nicht aus. Ihre faltigen, vorher noch viel zu weiten Hautgewänder paßten allmählich, und Meister Korrax bekam eine stramme Weste.

Ringsum schaukelten jetzt handgroße Qualster auf dem Wasserspiegel, als wäre es Gallert, Sülze oder Sagopudding. Wer aber wie die Försterkinder genau hinschaute, der erkannte, daß die ‚schwarzen Pfefferkörner‘ inmitten der zahlreichen erbsengroßen Dotterkugeln der Laich der Wasserfrösche waren. Die schwarzen Dotterkugeln enthielten das neue Leben des Froschgeschlechtes, und die helle, glasklare Ringschicht darum herum lieferte ihm die Nahrung.

So wuchsen in den nächsten Wochen die Dotterkugeln, platzten, und Tausende kurz beschwänzter, schiefergrauer Wesen entschlüpften den Hüllen, wegen ihrer dicken Köpfe Kaulquappen genannt. Manches dieser unscheinbaren breitmäuligen Tierchen fraßen die Enten. Die Hechte nährten sich davon, und auch die Möwen, die in einem der Nachbarteiche inmitten der Heide ihre Brutkolonien gegründet hatten.

Allmählich veränderten die Froschlarven ihre Gestalt. Die bisher fischähnlichen Leiber bekamen Hinter- und Vorderbeinchen, und beiderseits der Mundpartie zierten verästelte, bäumchenartige Ausstülpungen die Körper. Es waren die Kiemen, die zum Atmen dienten. Allmählich schrumpften sie ein, verlagerten sich nach innen und machten richtigen Lungen Platz.

Damit nicht genug, verloren die Kaulquappen auch zusehends ihre Schwänzchen. Bald waren sie bis auf einen kleinen Dorn zurückgebildet, um schließlich ganz zu verschwinden.

Wenn die Jungen es geschickt anstellten, dann konnten sie die Wichte am Ufer überraschen. Da hockten sie im seichten Wasser, nur den Kopf mit den beweglichen Augen über den Wasserspiegel haltend, und lauerten auf Mücken, Fliegen und Würmchen.

Ein besonders dicker alter Frosch erregte die Aufmerksamkeit der Kinder, eben Korrax. Dicht am Landesteg hatte er seinen Platz. Wenn der Himmel blaute und die Sonne schien, blähte er seine Schallbecher an den Kopfseiten auf und fing zu quaken an, daß es weithin schallte.

„Korrax, Korraraxkorrrrkorrräx!“ spielte er seinen knarrenden Baß, und als noch andere Frösche einfielen, gab es einen richtigen Chor, dem die Kinder mit Vergnügen zuhörten.

Sie verlangten das Konzert natürlich nicht umsonst. Und schneller als gedacht, hatte Uwe ein paar Regenwürmer herbeigeschafft und warf sie nacheinander behutsam auf ein junges Seerosenblatt. Es glänzte wie grüner Lack.

Natürlich hatte Meister Korrax die Beute mit seinen goldgeringten Augen sofort erkannt, und er genierte sich keinen Augenblick, sie mit der klebrigen Klappzunge aufzusammeln und ins breite Maul zu stopfen. Dies war leichter gesagt als getan. Die Würmer wehrten sich nach Kräften, aber es nützte ihnen nichts. Wozu hat ein Wasserfrosch seine Vorderpfoten? Mit ihnen stopfte er die widerspenstige Gesellschaft in seinen zahnbewehrten Rachen.

Aber der letzte Wurm wollte absolut nicht mitgehen. Er schlug wild um sich, trommelte mit seinem Hinterteil Korrax gewaltig auf die Augen, so daß dem ganz dumm im Kopf wurde. Er öffnete unvorsichtigerweise den Mund zu weit, und der Wurm sprang wieder ins Wasser. Dort rettete er sich in den Schlamm.

*

Am Bootssteg schwamm ein Kahn. Er war mit einem festen Schloß an einen dicken Pfahl gekettet. Nur der Förster hatte den Schlüssel dazu. Er wollte verhüten, daß Fischdiebe die Teiche heimsuchten und die Hütte auf der Insel aufbrachen, in der Netze und Reusen und auch Futter für die Karpfen untergebracht waren.

Zu gern fuhren die Jungen mit dem Vater über das Wasser durch hohe Schilfkulissen und Binsenhorste, an gelben Wasserlilien vorbei.

Am meisten Spaß machte es Uwe, wenn er mit dem Stoßruder, das an seinem breiten Ende zwei eiserne Spitzen hatte, den Kahn vorwärtsschieben konnte. Dann schleiften die harten Riedhalme am Holz, dann waren Libellen und Schmetterlinge zum Greifen nahe, und selbst die Wasserratten, vor denen sich viele Menschen fürchten, sahen ganz possierlich aus.

Auch manch Vogelnest entdeckten die Kinder. Der Rohrammer mit seinem kohlschwarzen Brustlatz und der rußigen Kopfkappe, einem Spatzenmann zum Verwechseln ähnlich, wippte dann samt seinem Weibchen aufgeregt mit Schwänzchen und Schwingen, daß ihm nichts passiere. Teichhühnchen sprangen eiligst auf ihren grünen Beinen davon. Sie konnten es nicht verhindern, daß sie im Gestrüpp gut sichtbar blieben. Ihr roter Schnabel, der weiße Unterschwanz und die weißgerandeten Flügel entgingen den Blicken der Besucher nicht so leicht.

Mitunter konnten die Kinder einen Fischreiher dabei belauschen, wenn er mit seinem langen spitzen Schnabel auf Beute ausging.

War der erste Karpfenteich durchquert, so gelangte man in den zweiten über das hölzerne Wehr, das sich wie eine schwere Falltür aufziehen und auch schließen ließ. Jedesmal mußte der Kahn über den Holzsteg gehoben werden.

Im dritten Teich war es dann aus mit der friedlichen Stille. Schon von weitem wurden die Besucher vom gellenden Gekreisch der Lachmöwen begrüßt, die hier auf den vielen mit Binsen bewachsenen Inseln ihre Brutstätten hatten. Hoch aus den Lüften und von allen Binsenhorsten her schallte es den Ankömmlingen rauh und krächzend entgegen. „Kria kria! — Kwerr!" und „Kwäp!"

Aber der Förster machte sich nichts daraus. In der Brutzeit fuhr er meist alle Wochen zweimal zum Möwenteich, um die Nester zu überprüfen und die wohlschmeckenden Eier zu sammeln, die dann von der Forstverwaltung in den Delikateßgeschäften der Großstadt zu gutem Preis verkauft wurden. Mindestens ein Ei wurde den Möwen stets belassen.

Gern halfen die Kinder dem Vater bei diesem Geschäft, und bald war der erste Korb mit den leckeren Eiern gefüllt. Der zweite mußte her, und ehe drei Stunden verstrichen waren, hatte die Arbeit ein Ende, und die Vögel bekamen wieder ihre Ruhe, nach der sie sich so sehnten.

*

Außer den Badefreuden am seichten Ufer der Teiche hatten die Kinder stets ihr Vergnügen bei der Fütterung der Karpfen. Kaum kam der Frühling, wurden die Wehre geschlossen, und der Wiesenbach in den ersten, danach in den nächsten Teich geleitet, bis er genug Wasser enthielt. In der sich erwärmenden Flut konnten sich nun auf dem im Winter gepflügten und gedüngten Boden Krebschen und Schnecken, Muscheln und anderes Getier entwickeln, das, mit bloßen Augen nicht sichtbar, für das Gedeihen der handlangen zweisömmrigen Karpfen sehr wichtig war.

Dann fuhren eines Tages im Mai die Gespanne des Gutes vor. Aus langen Holzfässern wurden die Fische in die Teiche entlassen, und bald suchte sich jeder Karpfen seinen günstigsten Platz. Überall suchte und fand er Futter, und der Förster tat noch ein übriges und warf an bestimmten Plätzen Sojaschrot oder gequetschte Lupinen mit flacher Schaufel aus. Die Fische kannten den Spender und seine Stunde und sammelten sich zu dieser Zeit in Scharen.

Sichtbar wuchsen die Fische von Woche zu Woche, setzten Fleisch an und erfreuten durch ihre Beweglichkeit.

Um so bestürzter war man, wenn am Ufer ein toter Fisch gefunden wurde, was auch vorkam. Dann wurde er kritisch von allen Seiten betrachtet.

Zuweilen hatte der Fischreiher einen Karpfen gespießt und liegen lassen. Mitunter war auch einer an nicht erkennbarer Krankheit eingegangen. Einmal hatte der Fischotter sich eine gehörige Mahlzeit einverleibt, wie die auf der Insel zurückgelassenen Gräten und Köpfe bewiesen, und jedes Jahr schlichen sich auch heimliche Diebe im Herbst hin, um Beute zu machen. Um ihnen das Handwerk zu legen, wurden Wachen aufgestellt, die tagelang auf den Deichen blieben und aufpaßten, daß nichts gestohlen wurde. Dann war auch der Förster ständig unterwegs, bis die Teiche allesamt abgefischt und die „Ernten" verkauft waren.

Am liebsten hätten die Jungen ein paar der hübschen Fische daheim im Aquarium gehalten. Leider waren sie für einen Glasbehälter zu groß. Erst als man dazu überging, in einem besonderen Zuchtteich männliche und weibliche Karpfen im Sommer zur Paarung zu halten, gab es Jungfischchen, die sich so lang wie ein kleiner Finger, im Waserglas zwischen grünen Pflanzen, Schnecken und Muscheln auf sandigem Untergrund sehr hübsch ausnahmen.

Als Herr Steiner, der an der Einrichtung große Freude hatte, noch eine Sauerstoffpumpe angeschlossen hatte, fehlte es den jungen Kärpflingen an nichts, und manche regnerische Herbststunde verbrachten die Kinder mit der Betrachtung ihrer geschwänzten und geschuppten Lieblinge.

*

„Ü-prump! Ü-prump!" erschallte es eines Abends auf der Insel im Teich, als die Jungen von einer ihrer Streifen nach Hause zogen. Es klang ziemlich unheimlich, als wäre ein größeres Tier dort im Schilfgürtel versunken und quäle sich nun, um aus dem Dickicht freizukommen. „Man wird gar nicht recht schlau daraus!" meinte Uwe und hätte am liebsten haltgemacht. Aber Heiner drängte. Ihn lockte mehr das Abendessen, und so eilten beide, um nicht zu spät zu kommen. Aber noch lange vernahmen sie den unheimlichen Ruf, der sie selbst im Traum verfolgte und am nächsten Tage abermals beschäftigte.

Ohne Erlaubnis des Vaters lösten sie den Kahn vom Haltepfahl und ruderten zur Insel hinüber. Dort suchten sie überall, fanden aber weder einen Huftritt noch eine andere Spur, die ihnen hätte Aufschluß geben können.

Vorsichtig glitten sie mit dem Kahn am Schilfrand vorüber, und ihre Augen stachen förmlich in jede Nische und in jede Kulisse des Röhrichts hinein. Leise zischelten die Schilfhalme, aber es wollte sich nichts finden lassen, was sie befriedigte.

Da knisterte etwas, und in dem Augenblick, da Uwe die Halme beiseiteschob, erkannte er einen ellengroßen Vogel mit reich marmoriertem braungelblichgebändertem Gefieder. Mit seinen langen Beinen und den griffigen Zehen hielt er sich an den Halmen wie ein Kletterkünstler fest, den Schnabel hoch erhoben. So wirkte er wie eine spitze Flasche. Wären

die gelblich geringten Augen nicht so unruhig gewesen, hätte Uwe ihn bestimmt übersehen. So aber verrieten sie den Reihervogel, die große Rohrdommel. Sie hatte den unheimlichen Grunzlaut ausgestoßen, um damit ein Weibchen anzulocken.

Uwe wollte zupacken, aber da stieß der gut getarnte Vogel auch schon mit seinem Schnabel zu und traf ihn an der Brust. Es schmerzte, aber es blutete nicht. Der Pullover hatte die Wucht des Schlages gut abgehalten. Während der Junge noch verdutzt die Hand auf die getroffene Stelle legte, kletterte der langbeinige Vogel rückwärts, und ehe die Jungen mit dem Kahn auf die andere Seite des Schilfgürtels gelangt waren, hatte er sich schon aufgeschwungen und war davongeflogen.

Als die Jungen am Abend das Erlebnis dem Vater berichteten, mahnte der zu Vorsicht.

„Da habt ihr beide Glück gehabt! Wie leicht hätte die Rohrdommel dir ein Auge ausstoßen können!"

„Ist das Spaß?"

„Nein, nein. In solchen Fällen gibt es keinen Spaß!" meinte der Vater ernst. „In Zukunft fahrt ihr beide nicht ohne mich mit dem Kahn!"

*

Im ausgespülten Wurzelwerk einer alten Weide hatte die Wildente ein Nest gebaut. So täuschend ähnlich hatte sie es in die verwitterte Umgebung eingefügt, daß weder die hellsichtigen Krähen es gewahrten noch die Möwen, die ihnen an Gefräßigkeit in nichts nachstehen.

Iltis und Fischotter waren daran vorübergeschlichen, obgleich die Ente auf zehn gelblichbraunen Eiern brütete und dies vier Wochen lang. Was hätte in dieser Zeit nicht alles an Unheil geschehen können, wenn es der Zufall wollte. Aber die Ente hatte alle ihre Künste aufgewendet, um einem bösen Schicksal zu entgehen. Zunächst konnte sie ihrem unscheinbaren braungestreiften Gefieder vertrauen, das sich selbst mit dem weißen Schwanz trefflich in das Wurzelwerk einfügte. Zum anderen war sie eine Meisterin im Üben der Geduld. Verließ sie gelegentlich das Nest, um zu baden und zu fressen, dann tat sie es stets so heimlich, daß niemand etwas davon gewahr wurde. Und immer deckte sie ihr Gelege mit den reichlich darin vorhandenen Bauchfedern zu, die sie sich vor dem Brüten zur besseren Wärmehaltung der Eier ausgezupft hatte.

So konnte es nicht fehlgehen, daß die jungen Enten alle wohlbehalten aus den Eierschalen schlüpften. Wohlig kuschelten sie sich unter Mutters Bauchgefieder, bis sie trocken waren.

Aber da hielt die Unrast das Erstgeborene schon nicht mehr unter dem Flügel. Es schob sein olivgrünes Schnäbelchen hervor und guckte mit seinen dunklen Augen neugierig ins Licht. Am liebsten wäre es sofort ins Freie gepurzelt und zum Wasser getummelt. Aber da kam es schön an. Ein Schwingenwischer der Mutterente, und schon war es verschwunden und verkroch sich wieder unter die schützenden Fittiche.

Aber sein Beispiel hatte Schule gemacht. Die Geschwister fühlten sich bald ebenso munter wie der Erstling, und so guckte bald hier und bald dort eins der olivgrünen Breitschnäbelchen ins Licht, bis die Mutterente nicht anders konnte und mit ihrer quirllebendigen Gesellschaft das Nest verließ.

„Quuud quud!" lockte sie zur Ordnung und vor allem zur Vorsicht. Nach allen Seiten hielt sie Ausschau, um nicht überrascht zu werden, suchte mit den Blicken auch den Himmel und die Büsche ringsum ab, bis sie es wagen konnte, dicht am Ufer des Teiches mit ihrer Gesellschaft entlangzuschwimmen.

Die Kleinen folgten ihr dicht hintereinander, und es sah allerliebst aus, wie sie ihre orangefarbenen Beinchen mit den Ruderfüßchen eifrig durch die Wellen zogen, um Schritt zu halten. An ihrem haarigen Gefieder perlten die Tropfen ab, so daß die Wichte nicht naß wurden. Ihre Äuglein suchten überall, und wenn sich irgendwo eine Fliege oder Mücke regte, Würmer oder Egel rekelten, dann schossen die Küken sofort hinzu und ließen sie mitgehen. Mitunter waren sie so in ihre Suche vertieft, daß Mutter Ente mehrmals rufen mußte, um die Schar zusammenzukriegen. Die Alte wußte, wohin die Reise ging. Der Teich bot ihren Kindern nicht genug Nahrung im Seichtwasser. In den Wiesengräben war es abwechslungsreicher, und vor allem gab es dort viel mehr, ja unzählige Verstecke.

Einen Steinwurf weit mußte die Gesellschaft noch übers blanke Wasser, und die Ente spornte mit hastigen Rufen ihre Kinder an, emsiger die Beinchen zu rühren, damit sie die gefahrvolle Stelle heil überbrückten. Schon hatten sie den Wasserabfluß vom Teichwehr in den Wiesenbach erreicht, da kam ein großer Vogel angesegelt, eine Rohrweihe im bräunlichen Federkleid. Kaum setzte sie zum Stoß an, da war die Entenfamilie im Graben und hielt sich unter den überhängenden Gräsern verborgen, während die Mutterente bereit war, mit Schwingenschlägen und Schnabelhieben ihr Leben zu verteidigen.

„Quiä!" sah sich die Rohrweihe genasführt, suchte noch kurze Zeit am Graben entlang und verschwand dann, ein gaukelnder, braungefiederter Vogelschatten.

Die Entchen fühlten sich jetzt überaus wohl. Überall war der Tisch mit Mückenlarven, Schnecken und Fliegengeschmeiß gedeckt. Sie bekamen Federn und wuchsen im Schutze der Gräser und Kräuter.

Einmal hatte sich ein Wiesel an die Familie herangeschlichen. Es wollte ein paar Enten würgen und sich an ihrem Blute satt trinken. Es kam aber gar nicht erst zum Angriff. Rechtzeitig hatte die alte Ente das haselbraune Tier entdeckt. Ehe es sich zum Sprung ducken konnte, war ihm die Ente schon entgegengeflogen und hatte es mit tüchtigen Schlägen ihrer harten, knochigen Schwingen in die Flucht geschlagen.

Keckernd wich das Hermelin, und als es sich noch einmal umdrehte, machte die Alte ihm ordentlich Beine.

Die Entchen waren gerettet. Als die Mutter zu ihnen zurückkehrte, hockten sie einträchtig beieinander und wärmten sich auf einer Schlammbank im breiten Entwässerungsgraben.

„Quiep- quip!" freuten sich die Kinder, als die Mutter wieder bei ihnen erschien, und sie hatten nichts Eiligeres zu tun, als unter ihre Schwingen zu kriechen und sich darunter zu wärmen, was mitunter recht schwierig war. Aber es genügte ihnen schon, wenn sie wenigstens für kurze Zeit den Schnabel oder den Kopf unterstecken konnten.

*

„Hast du den Schadbock gekriegt, Vati?" fragte Uwe seinen Vater, als Herr Steiner ziemlich spät nach Hause kam. Aber der Förster schüttelte nur wortlos den Kopf zum Zeichen, daß er umsonst auf dem Hochsitz gesessen hatte.

„Dafür habe ich das Nachtgespenst unserer Heide erlebt. Ganz dicht flog es mir um die Ohren. Beinahe hätte es mir den Hut vom Kopf gerissen. Es war so richtig zum Fürchten!"

„Du übertreibst, Papi!" lachte Heiner.

„Das Gespenst möchte ich mal erleben!" spottete Uwe.

„Gut, morgen abend nehme ich euch mit auf die Kanzel. Da wird es sich zeigen, ob ihr ganze Kerle seid."

Am späten Nachmittag zogen die drei an den Rand der Kiefernheide, bestiegen lautlos den Hochsitz, der regensicher an das Astwerk eines starken Nadelbaumes gebaut worden war. Einen weiten Blick hatte man von der Bank, und wenn ein Schütze seinen Drilling auf das Geländer vor der Bank auflegte, mußte er wohl einen sicheren Anschlag zuwege bringen können.

Aber darum ging es jetzt nicht mehr, da der Förster den Rehbock bereits am Vormittag erlegen konnte. Jetzt kam es nur darauf an, das den Jungen gegebene Versprechen einzulösen und dem ‚Nachtgespenst' aufzulauern. Eine Bache, eine Wildschweinmutter, führte in einiger Entfernung sechs Frischlinge von einem Waldstück ins andere, und die hell gestreiften Ferkelchen waren ständig bestrebt, mit ihren Rüsselscheiben Engerlinge, Würmer und Schnecken zu suchen. Als sie im Dunkel des Baumbestandes verschwunden waren, ruderten zwei Reiher mit vollen Kröpfen über die Heide ihrem Schlafplatz zu.

„Kräick!" krächzten sie rauh, kreisten einige Zeit hinter dem Hochsitz und ließen sich dann in den Kiefernwipfeln zur Ruhe nieder.

Uwe und Heiner verhielten sich mucksmäuschenstill. Der letzte blutbraune Schimmer des Abendsonnenuntergangs beschäftigte kurze Zeit ihre Blicke; dann geisterte ein Vogelpärchen über die Heideblöße. So unscheinbar wie die Kiefernrinde war sein Gefieder, rostrot und braun gesprenkelt.

Hin und her jagten die Vögel mit weit aufgerissenen Schnäbeln und haschten Junikäfer.

„Das sind die Gespenster!" sagte der Vater.

„Sie sind aber nicht zu fürchten!"

„Wir sind noch nicht daheim! Die Hauptsache kommt erst noch!" erwiderte der Vater und lachte sich insgeheim ins Fäustchen. Länger wurden die Baumschatten, bald konnten die drei auf ihrem Ausguck nicht mehr die Hand vor Augen sehen.

„Örr örr!" erschallte es jetzt unentwegt, mal steigend, mal fallend. „Die Frösche in den Teichen!" sagte Uwe.

Aber der Vater verneinte. „Es sind unsere Freunde von vorhin, die Nachtschwalben oder Ziegenmelker! Sie spinnen ihr Lied, und zwar werben die Männchen dabei um die Weibchen!"

„Örr örr örr!“ rollte es jetzt überall in der Heide, ein Zeichen, daß es mehrere Brutpaare dieser eigenartigen Vögel gab.

„Sie sind sehr nützlich, sie fressen nämlich schädliche Insekten!“ erklärte der Vater und riet nach kurzer Zeit zum Aufbruch.

Uwe und Heiner waren eigentlich noch nicht dafür. Sie wollten noch etwas mehr mit den Gespenstern zu tun haben. Aber die Zeit drängte. So stiegen die drei schließlich behutsam von der Leiter, fanden sich auf dem Heideweg in der Finsternis schlecht zurecht, als Heiner plötzlich ängstlich dem Vater zurief, er möge doch warten.

„Was ist denn los?“ fragte Herr Steiner den Sohn.

„Mich hat soeben etwas an der Schulter gepackt!“ flüsterte der Junge atemlos vor Erregung.

„Das Gespenst!“ rief Uwe, als ein fuchtelnder Schatten unsanft an ihm vorüberhuschte und in der Finsternis verschwand.

„Ihr Naseweise, ihr Schlappschwänze, ihr Angsthasen!“ machte sich der Förster über seine Jungen lustig. „Auf dem Hochsitz hattet ihr noch einen großen Mund. Jetzt jammert ihr, wenn dieselben Nachtschwalben von vorhin uns auf dem Heimweg begleiten!“

„Warum verfolgen sie uns denn?“

„Sie wissen, daß wir bei unserem Pirschgang die im Gesträuch ruhenden Käfer und Motten aufscheuchen, die sie dann auf bequeme Weise erhaschen können! Aus diesem Grund fliegen sie auch oft gegen die Scheinwerfer der Autos, in deren Lichtkegel sich die Insekten sammeln.“

„Und warum tragen sie den ulkigen Namen ‚Ziegenmelker‘?“

„Unsere Vorfahren waren der Meinung, daß diese nützlichen Vögel nachts in die Ställe der Ziegen einbrechen, um die Tiere zu melken.“

Ehe sie schlafen gingen, machte Uwe dem Bruder den Vorschlag, in den nächsten Tagen noch einmal nach den seltsamen Vögeln zu sehen.

„Wir nehmen einen derben Knüppel mit; dann werden wir leichter mit ihnen fertig!“ riet Uwe, und der gutgläubige Heiner war mit dem Vorschlag einverstanden.

Unter dem Vorwand einer Besorgung verschwanden die beiden gleich nach dem Essen und begaben sich in die Heide. Nahe dem Hochsitz suchten sie alle Bodenstellen ab, auf denen die Nachtschwalben ihren Tagesschlaf abhalten konnten. Eine Stunde mochten die beiden bereits mit Heidjer, dem Dakkel, den sie mitgenommen hatten, umhergezogen sein, als der Hund plötzlich vor einem Tümpel vorstand und erregt mit der Rute wackelte. Heiner hatte sogleich erkannt, daß sich etwas Besonderes ereignen würde. Da sprang der Dackel auch schon zu. Prr! — huschte ein irrlichternder Flügelschatten auf und davon, als wäre es ein Stück veralgter Kiefernrinde.

„Das war eine Nachtschwalbe!" rief Uwe und schaute auf die Bodenstelle. „Zwei Eier habe ich gefunden!" frohlockte er und bückte sich nieder. „Nicht mal ein Nest hat die Ziegenmelkerin dafür gemacht!" empörte sich Heiner und betrachtet die schokoladenbraun und hell gesprenkelten Eier. Am liebsten hätte er sie alle mitgenommen.

Aber Uwe warnte. „Vater wird uns schelten, wenn wir das tun!"

So blieben die Eier an Ort und Stelle . . .

Uwe steckte einen Kiefernzweig in die Nähe; so konnten die Jungen immer wieder nachsehen, die unscheinbar gefiederten Jungen betrachten und sich an ihnen freuen.

Sie wechselten oft ihren Platz, ohne weit wegzulaufen. Sobald die Alte lockte, huschten sie zu ihr und kuschelten sich unter ihr lockeres Gefieder. Ihre Schutzfärbung war so gut, daß sie im Freien mit dem Untergrund völlig eins wurden. Nur ihre großen Augen fielen auf, sobald sie sich bewegten. Die Tastborsten beiderseits des ziemlich spitzen, nach unten gebogenen Schnabels dienten zum besseren Fassen der Nahrung.

Auch am Tage flogen die Eltern, um Kerfen zu fangen, aber viel eifriger jagten sie in der Dämmerung. Dann schallte immer wieder das laute „Örr örr!" der nächtlichen Heidegespenster. Aber jetzt wußten Uwe und Heiner Bescheid und fürchteten sich nicht mehr.

*

Ulla sollte eines Tages vom Hausboden ausgesonderte Wäsche für Heidjer holen, damit der Dackel daraus eine ordentliche Liegestelle bekam. Nachdem sie passende Stücke gefunden hatte, legte sie sie über den Arm und ging gerade zur Bodenleiter, als sie plötzlich von einem Geräusch erschreckte. Kaum hatte sie nach der mutmaßlichen Stelle unter dem Gebälk geschaut, da blieb sie erstaunt stehen.

Überall unter den warmen Dachziegeln hatten sich Fledermäuse festgesetzt. Eine eigentümliche Witterung ging von ihren behaarten Leibern aus.

„Ii!" machte das Mädchen und rief Uwe herauf. Der brachte Heiner mit, und beide machten große Augen, als sie die stummen Gäste am Dachboden erblickten. Uwe war jedoch nicht schreckhaft. Bei ihm überwog die Forscherfreude, und so ging er sogleich daran, die eine oder andere Fledermaus anzufassen und näher zu betrachten.

Je länger er sie in der Hand hielt, desto mehr gewöhnte er sich an ihre absonderliche Gestalt, die durch den breiten, rundlichen Kopf, die halbmondförmigen Nasenlöcher und die großen löffelartigen Ohren besonders auffiel.

Vor allem staunten die Kinder über die feinen, durchscheinenden, schwarzbraunen Flughäute, die eine Spannweite von mehr als dreißig Zentimeter aufwiesen. Das Aufregendste aber waren die an den Brustwarzen der Weibchen hängenden Jungen. Noch nicht zwei Fingerglied lang, hingen sie dort, und wehe, wenn Uwe sie anfaßte! Dann sperrten sie die rosigen Mäulchen ungnädig auf und japsten.

Sie alle gehörten zu der häufigsten Art der Fledermäuse, den Abendseglern, die meist schon vor Sonnenuntergang durch die Lüfte jagen, um Nachtfalter und andere Kerbtiere zu erhaschen.

Natürlich mußte Herr Steiner sich die Fledermaussiedlung angucken, die bei ihm hauste, und er war wirklich erstaunt über ihre Anwesenheit, hatte er doch nichts davon geahnt.

„Wie finden sie sich denn im Dunkeln zurecht?" wollten die Kinder wissen.

„Ihr werdet staunen, was man alles an ihnen erforscht hat",

begann Herr Steiner, „so lautlos, wie es scheint, fliegen sie nämlich gar nicht. Sie stoßen während ihrer Luftjagd schrille Töne aus, die unser Ohr allerdings nicht mehr wahrzunehmen vermag, und lauschen ihrem Echo, das nach mehr oder weniger langer Zeit ihre großen Gehörstrichter trifft. Nach der Stärke der Schallrückwirkung regeln die Fledermäuse ihren Flug. Ebenso werten sie die Schallwellen aus, die von Käfern und Nachtfaltern ausgehen."

Uwe zirpte mit den Lippen und konnte beobachten, wie das Geräusch den Tieren arg durch die Körper fuhr.

„Da hast du den besten Beweis für die Empfindsamkeit dieser Nachtjäger", sagte Herr Steiner. „So wird der taumelnde Zickzackflug der Tiere erklärlich. Er macht müde; es ist daher nicht verwunderlich, daß Fledermäuse sich öfter ausruhen müssen."

„Und wie kommt es, daß sie so merkwürdig riechen?"

„Um die Flughaut geschmeidig zu erhalten, wird sie aus Drüsen zwischen den Augen und der Nase ständig eingefettet. Dieses Fett strahlt den eigenartigen Geruch aus."

Uwe strich einer Fledermaus, die er in der Hand hielt, mit der Fingerspitze über den Mund. Von dem Kitzel erregt, öffnete sie ihn und zeigte ihr scharfes Nadelgebiß. Spitze Zähnchen drohten da. Sie waren bestens dazu geeignet, den Panzer eines Käfers zu zertrümmern.

„Warum haben sie sich wohl gerade unter unser Dach gesetzt?" fragte Ulla.

„Die Ziegelsteine an der Südseite des Hauses bleiben viele Stunden warm. Selbst in der Nacht kühlt der Bodenraum nicht sehr stark ab. Diese gleichmäßige Temperatur kommt dem Wachstum der Jungtiere besonders zugute."

„Ob sie auch im Winter bei uns bleiben?" fragte Uwe.

Der Vater schüttelte den Kopf. „Nein", sagte er, „das wäre zu kalt. Baumhöhlen schützen besser. Oder aber die Keller im Gutshaus. Sie haben dicke Mauern und eine gleichmäßige Wärme, die nicht unter den Nullpunkt sinkt."

An diesem Tag waren Uwe und Heiner vom Boden nicht wegzukriegen. Sie vergaßen sogar über ihrer Neugierde das Abendessen.

„Wir kommen später!" riefen Uwe und Heiner der Mutter zu. „Wir wollen sehen, ob die kleinen Fledermäuse mit ihren Müttern hinaus auf Jagd fliegen."

Viel zu langsam verging die Zeit. Aber schließlich war es soweit, daß sich die ganze Gesellschaft auf den Ausflug begab. Hier zwängte sich eine durch die Ritzen der Dachziegel hinaus. Dort taten es gleich mehrere, und jede der Mütter trug die Kinder festgekrallt an ihrer Brust oder im Fell und schleppte sie auf ihrem Flug mit.

*

„Sieh nur, Uwe, wie niedlich! Eine Spitzmaus. Nun ist sie tot! Schade!" rief Heiner seinem Bruder zu, als er eine Waldspitzmaus fand.

Zu gern hätte er solch ein zierliches Rüsselschnäuzchen lebend gesehen oder es gar besessen. Aber diese niedlichen Waldbewohner waren bei Tageslicht kaum sichtbar. Da ruhten sie meist in ihrem Versteck. Sobald jedoch die Dämmerung anbrach, wurden sie rege. Mit den feinen Tasthaaren an der Rüsselschnauze fanden sie sich selbst in stockdusterer Finsternis zurecht, und ihr empfindsamer Gehörsinn verriet ihnen jegliche Erschütterung. Heiner konnte nicht widerstehen, den kleinen Kadaver aufzunehmen und näher zu betrachten. Das samtige Fellchen erregte sein Entzücken, und die feinen Glieder des Körpers ließen Mitleid für das leblose Ding aufkommen. Deshalb nahm er es mit heim, um es dem Vater zu zeigen. Sicherlich wußte der einiges zu erzählen.

Und ob er das wußte!

„Schaut euch mal die nadelspitzen Zähnchen dieses kleinen Räubers an! Sie stellen das unheimlichste Raubtiergebiß dar, das es überhaupt gibt. Vor ihm ist nichts sicher. Würmer und Käfer, Mäuse und Frösche fallen ihm zum Opfer."

Die Kinder wollten es anfangs kaum glauben, was der Vater berichtete. Aber er kannte die nächtliche Räuberin.

„Oft genug habe ich beim Ansitz auf Wildenten oder auf den Rehbock zugesehen, wie diese Zwerge unter den Raubtieren ihre Opfer anfallen und totbeißen. Das gibt dann ein ins Ohr dringendes Murzen und Zirpen, ein Zerren und Herumkobolzen, bis der Angegriffene tot zu Boden fällt."

„Das sieht man dem Tierchen wirklich nicht an!" meinte die Mutter.

„Aber auch die Spitzmäuse haben natürlich ihre Feinde, die aufpassen, daß ihrer nicht zuviel werden! Wenn sie auch dreimal im Jahr Junge zur Welt bringen und sie in einem warmen Nest aus Moos und Heuhalmen liebevoll versorgen — von den zwei Dutzend ihrer Kinder erleben das nächste Frühjahr längst nicht alle. Der Igel fackelt nicht lange, wenn er auf solch eine Kinderstube der Waldspitzmaus stößt. Das Mauswiesel holt sich seinen Anteil. Die Käuze machen wenig Federlesen mit den Rüsselschnäuzchen, und schließlich ist die ganze Nachkommenschaft auf wenige Tiere zusammengeschrumpft. Drohen dann die kalten Wintertage, heißt es für Mutter, ein warmes Quartier zu besorgen. Mal findet sie es in einem Baumstubben, ein andermal richtet sie sich auch häuslich am Grabenufer im Wurzelgeflecht eines alten Baumes ein. Kurzum, sie hat es nicht leicht, sich durchs Leben zu schlagen. Wie froh ist auch sie, wenn der Märzwind den Schnee taut, Ostern die Weidenkätzchen glühen und warme Maitage ihr finsteres Quartier erwärmen. Mehr als je raubt und tötet sie dann, um zu leben, und wird selbst ständig gejagt und bedroht, bis ihr letztes Stündlein schlägt . . ."

Kampf auf Leben und Tod

Je höher das Gras wuchs, je dichter das Laub sich entfaltete, desto schwieriger wurde das Beobachten in der sommerlichen Landschaft. Uwe und Heiner spürten das täglich deutlicher. Wenn Heidjer nicht immer mit ihnen gegangen wäre, hätten sie manches an Heimlichkeiten in Vaters Revier gar nicht entdeckt.

Auf der großen Wiese vor den Teichen schlugen ihnen die grünen Halme bis ans Knie. Dort hatte eine Rehmutter, eine Ricke, ihr Kitz versteckt. Auf dem feuchten kühlen Wiesengrund ruhte es in der warmen Junisonne und schlief. Wenn der Wind die Ähren und Rispen der Gräser bewegte, fielen ihre Schatten auf das braune Haarkleid des erst drei Tage alten Rehleins und mischten sich mit den hellbraunen Flecken seines Fells. Die Ricke äste abseits Klee und süßes Queckengras, um sich zu stärken. Ab und zu schaute sie zu der Stelle im Gras hin, wo sie ihr Kind wußte.

Nichts rührte sich lange Zeit, und so wurde die Ricke satt. Das Kitz in seinem Grasbett verspürte unterdessen Hunger. Ganz fein quetschte es einen dünnen Ton zwischen seinen glänzenden, schwarzen Lippenrändern hervor.

Sofort spitzte die Ricke ihr Gehör und stampfte erregt mit dem Vorderlauf. Aber sie blieb noch auf der Stelle, und als das Kitz sich beruhigte, äste sie weiter.

Während sie von den saftigen Blättchen des Klees schmauste, wurden am Rande der Wiese Menschenstimmen laut. Die Försterjungen erschienen und unterhielten sich. Dackel Heidjer war an ihrer Seite und fühlte sich ganz in seinem Element.

Kaum begann er laut zu bellen, ein Zeichen, daß er auf einer verlockenden Fährte war, da ergriff die Ricke die Flucht und galoppierte in langgestreckten Sprüngen in den Wald hinein.

Dann war Heidjer beim Kitz und beschnupperte es mit aufgestellten Rückenhaaren. Kaum hatte es den Hund gesehen, da stand es auf und begann angstvoll zu quieken. Dann sprang es auf seinen dürren Stöckelbeinen durch die Gräser und stolperte ein paarmal. Von Heidjer dichtauf gefolgt, strebte es zum nahen Wiesengraben.

Dort war das Gras von Schilf durchwachsen und das Wasser nur schwer sichtbar. Unglücklicherweise verspürte Heidjer eine unbändige Lust, das Kitz ins Bein zu kneifen. Es wehrte sich mit einem heftigen Sprung, schrie aus Leibeskräften und stürzte ins Wasser. Angstvoll streckte es seinen hübschen Kopf über den Flutspiegel und suchte nach einem festen Halt. Aber er bot sich an dem steilen Ufer nirgends, und so sank das mit dem Tode ringende Tier immer tiefer. Schon reichte ihm das Wasser an den Äser. Es konnte nur noch wenige Augenblicke dauern, dann war es um das kleine Wesen geschehen.

Als wenn der Dackel die Gefahr erkannte, bellte er, unruhig am Uferrand hin und herlaufend, um schließlich zu den Jungen zu laufen, sie anzubellen und wieder an die Unglücksstätte zurückzueilen.

Uwe fand schnell heraus, daß Heidjer mit seinem aufgeregten Gebaren etwas kundtun wollte. So folgte er ihm schnurstracks und entdeckte das ermattete Kitz im Wasser.

„Es wird ertrinken!" rief Heiner und sie griffen beide fest zu und zogen das arme Geschöpf mit vereinten Kräften an Land.

Taumelnd hielt es sich auf seinen Läufen, schüttelte sich mehrmals das Wasser aus dem Fell und legte sich erschöpft nieder. So sehr hatte der Aufenthalt im Wasser an seinen Kräften gezehrt.

„Was machen wir nun?" fragte Uwe.

„Wir nehmen es einfach mit nach Hause!"

„Vati hat erst neulich streng verboten, junge Tiere aus seinem Revier mit heimzubringen!" erinnerte Uwe.

„Aber dies hier ist doch ein Ausnahmefall!"

„Im übrigen wäre das Kitz ohne unsere Hilfe ersoffen!"

Er faßte das Reh, hob es auf und trug es davon. Es wehrte sich anfänglich nicht, aber je mehr es hin und hergeschaukelt und gedrückt wurde, desto jämmerlicher begann es zu schreien und verzweifelt zu strampeln. Unter mancherlei Anstrengungen brachten die Brüder das Kitz jedoch wohlbehalten ins Forsthaus und dort in die Küche.

„Mutti, schau mal, was wir dir mitgebracht haben!" sagten sie stolz.

„Ach du meine Güte!" wunderte sich Frau Steiner. „Noch ein Sorgenkind mehr in meiner Familie! Wo habt ihr es denn her? Es ist ja noch ganz naß!"

Da erzählten die Jungen das Geschehen und verteidigten besonders vor dem heimgekehrten Vater ihren Entschluß, das Kitz großzuziehen. Dagegen konnte der Förster nichts einwenden, und wenn er auch durch mancherlei Fragen versuchte, ein genaues Bild von der Angelegenheit zu bekommen, es blieb ihm nichts anderes übrig, als seine Söhne zu loben. Nun durfte sich Hänschen, der Kitzbock, der Liebe der Menschen im Forsthaus erfreuen. Sobald er die Milchflasche sah, kam er schon herbeigesprungen.

Aber nicht nur Milch, sondern auch gesüßten Haferschleim nahm er zu sich. Lebertran und Vitaminbeigaben sorgten für sein Wohlbefinden.

*

Förster Haukamp war Herrn Steiners Freund. Er hegte im Nachbarrevier die Hirsche und Rehe, die Wildschweine, Hasen und Fasanen. Da auch die Frauen der beiden Familien einander gut verstanden, freuten sich Steiners und Haukamps immer auf ihren gegenseitigen Besuch.

Das kam zwar nicht so oft vor, aber wenn es der Fall war, und das geschah meist im Sommer und zur Weihnachtszeit, war die Freude stets groß und es gab viel zu erzählen.

Auch die Kinder kamen dann zu ihrem Recht. Diesmal ganz besonders. Haukamps Friedrich war stolz darauf, seinen Rehbock zeigen zu können, der im zweiten Lebensjahr ein schmukkes Gehörn geschoben hatte. Sechs blanke Zacken trug es, und wenn die Sonne darauf schien, dann funkelten sie, als brannten darauf richtige Lichter.

Herr Haukamp hatte dem Bock auch eine Gefährtin, eine Ricke, im Garten beigegeben. Den Friedrich kannte Bock Peter zu gut, als daß er ihn belästigt hätte, wenn der Junge zu ihm trat. Von ihm ließ er sich den Hals kraulen und das Fell striegeln. Von ihm nahm er auch gern trockene Brotkrusten und Möhren, und wenn Friedrich ihm mal ein Stück Schokolade reichte, ließ Peter sich nicht bitten.

Die Ricke Minka jedoch war scheu und ließ selbst Friedrich nur schwerlich an sich heran, jederzeit bereit, vor ihm davonzuspringen, sobald er nur etwas hastig tat und zu laut mit ihr sprach.

Die Steiners bewunderten die Vertrautheit des Rehbocks, und als Friedrich ihn bis an den Gartenzaun geführt hatte, drängten sich Uwe und Heiner danach, Peter auch zu streicheln.

Der ließ sich verwöhnen. Leise brummte er, als Uwe ihn immer kräftiger über den Rücken strich, während Friedrich den hübschen Gesellen am Halsband hielt. Beide Jungen genossen die Gemeinschaft mit dem Wild und hielten sein Murren für gutes Einvernehmen. In Wirklichkeit war dem aber gar nicht so.

Als Uwe im Überschwang seiner Freude über den Staketenzaun stieg und Peter am Halsband ein Stück über den grünen Rasen führen wollte, machte der Rehbock plötzlich nicht mehr mit. Er riß die Augen groß auf. Das Weiße schimmerte in ihnen, als er sich mit einem Ruck seines Kopfes von der Führung befreite. Dann zog er gespreizt einen Halbkreis um beide Jungen, bog den starken Hals zur Seite und senkte plötzlich den Kopf. Dann rannte er gegen Uwe an, der ihm fremd war und den er nicht leiden konnte.

Friedrich schrie ihn an. Aber der Rehbock kümmerte sich nicht darum, auch nicht, als Friedrich ihn am Gehörn zu packen versuchte und zu Boden drücken wollte.

„Halte ihn fest!" rief Friedrich, und Uwe tat es, als sollten die Gehörnstangen jeden Augenblick brechen. Aber sie hielten, als wären sie angegossen.

Der Rehbock schnaufte unter dem Zwang, den die beiden Jungen ausübten, doch er wußte seinen Kopf immer wieder so geschickt in ihren Händen zu drehen, daß sie bald wunde Stellen bekamen.

Das Blut tropfte, und der Schweiß rann, als Peter sich endlich loszureißen vermochte. Er schüttelte sich tiefatmend, schnaubte, daß ihm der Geifer vor dem Äser stand, und startete seinen nächsten Angriff auf Uwe.

Der hatte sich schon in die Nähe des Zaunes zurückgezogen, als ihn ein heftiger Stoß in den Oberschenkel traf.

Es schmerzte sehr. In seiner Wut suchte Uwe nach einem Stein, einem Knüppel, aber nirgends war etwas zu finden, was ihm zur Gegenwehr nützlich gewesen wäre.

Da war der Bock schon wieder heran und ließ seine Gehörnforke spielen. Diesmal war der Stoß erträglich. Abermals kriegte Friedrich den Wütenden zu packen. Aber der machte sich mit einem Seitenschwung seines Kopfes los und berannte nun auch seinen Pfleger.

Ehe sich Friedrich versah, lag er am Boden und empfing einen derben Rumpler ins Gesäß.

Er schrie laut um Hilfe, und Heiner hatte jetzt nichts Eiligeres zu tun, als ins Haus zu laufen und zu rufen.

„Kommt, kommt!" rief er. „Der Rehbock will die Jungen umbringen!" Steiners und Haukamps saßen gerade am Kaffeetisch und erzählten sich die letzten Neuigkeiten, als Heiner schrekkensbleich ins Zimmer prallte. Sofort rannten die Männer über den Hof und sahen die Bescherung, wie der wild gewordene Rehbock nacheinander die beiden Jungen annahm und trotz ihrer verzweifelten Gegenwehr in Schach hielt, so daß sie nicht ans Gartentor oder an die Staketen gelangen konnten.

Erst als die beiden Förster mit einem Knüppel bewaffnet dem Bock ein paar Hiebe verabfolgten, trollte er sich widerwillig, drehte ab und zog dann mit Minka von dannen.

Friedrich und Uwe waren übel zugerichtet worden. Sie mußten zum Arzt gefahren werden, der sie eingehend untersuchte und ihre Wunden verband.

Der Sommertag hatte so schön angefangen und mit Schmerzen geendet. Die beiden Rehe verblieben nur noch ein paar Tage in ihrem Auslauf. Dann wurden sie abgeholt und an ein größeres Gehege verkauft. Die Wunden der Jungen heilten, und, um eine Erfahrung reicher, verband Friedrich und Uwe eine noch festere Freundschaft als zuvor.

*

Einmal knallte es an den Mauersims des Schloßturms auf dem Gute. Gärtner Classen erkannte seine Sommergäste. Sie waren aus dem Süden wieder in der Heimat eingetroffen. Ehe er sie recht begrüßen konnte, waren sie auch schon in der nächsten Mauerluke verschwunden.

„Srieh srieh!" gellten die Schreie über den Köpfen der Försterkinder im Garten, und Uwe und Heiner und auch Ulla gewöhnten sich daran, weil sie meinten, es seien Schwalben. Natürlich beobachteten sie sie und verfolgten ihre rasenden Flugspiele. Mittags schlüpften die Segler der Lüfte für gewöhnlich müde in ihr Quartier und ruhten zwei Stunden. Dann rutschten sie lautlos aus ihrem Schlupf und stürzten sich wieder in das luftige Element, bis der späte Abend sie zur Nachtruhe rief.

Einmal hörten Uwe und Heiner es über sich mächtig sausen, und ehe die beiden recht wußten, was geschehen war, lagen dicht vor ihren Füßen zwei Vögel eng ineinander verkrallt.

Sie konnten sich nicht regen und wären in ihrer hilflosen Lage unweigerlich das Opfer einer streunenden Katze geworden, wenn sich Uwe nicht um sie gekümmert hätte.

Behutsam hob er das Federknäuel auf, betrachtete es und rannte damit ins Haus, von Heiner gefolgt, dem die Neugierde mächtig zusetzte. Die Mutter ahnte nichts Gutes. Wenn die Jungen Heimlichtuerei betrieben, gab es meistens hinterher Scherereien. Aber diesmal wurde sie zu Rate gezogen, und so mußte sie die beiden Vögel erst einmal voneinander trennen. Sie hatten sich nämlich mit ihren Krallen tiefe Wunden in das Brustfleisch geschlagen.

Die Mutter strich mit einem Wattebausch etwas Kamillensalbe auf die verletzten Stellen, dann legte Uwe jeden Vogel in eine Pappschachtel. Keiner von ihnen wollte sitzen. Und was für kurze Füße sie hatten. „Das sind ja richtige Klauen!" Uwe suchte mit seinem Bruder Fliegen und Bremsen und reichte sie auf einer Pinzette. Es war ein mühseliges Beginnen. Die Vögel wollten den kurzen Schnabel nicht aufmachen.

„Dann müßt ihr halt gefüttert werden!" meinte Ulla, und da sie es schon früher gesehen und geübt hatte, half sie den Brüdern und hatte Erfolg. Als die beiden dunkelgrauen Findlinge ein Halbdutzend Fliegen verspeist hatten, wurden sie auf Watte gebettet und sich selbst überlassen.

Drei Tage pflegten Uwe und Heiner zusammen mit Ulla ihre Mauersegler. Dann wollten sie sie in die Freiheit entlassen. Aber die munteren Vögel konnten sich nicht erheben. Erst als Herr Steiner sie nacheinander in die Luft warf, breiteten sie ihre sichelförmigen Schwingen aus und sausten davon.

„Srieh srieh!" hörten die Kinder sie noch rufen. Es klang ihnen wie Dank in den Ohren.

*

Die Pfingstferien gingen ihrem Ende zu. Die Kinder Steiner bedauerten es sehr, aber sie ließen die Köpfe nicht hängen, sondern nutzten die Tage und Stunden, wie sie sich boten.

Sie hatten soeben mit dem Kahn eine Fahrt über den Fischteich unternommen und waren in der Sonnenwärme müde geworden. Aber sie wollten noch nicht nach Hause gehen, sondern blieben im Fahrzeug hocken, schauten sich um und rekelten sich im hellen Licht. Uwe hatte die Ruder eingezogen, und der Kahn trieb von der Wasserströmung in eine kleine Bucht. Während Ulla und Heiner sich rücklings aalten, hatte sich Uwe bäuchlings auf eine Bank hingestreckt, um dem Wasserspiegel besonders nahe zu sein. Vielleicht konnte er etwas beobachten. Der Kahn stand still, und die Oberfläche des Teiches war spiegelglatt, so recht geeignet, bis auf den Grund in die Tiefe zu schauen.

Auf dem Flutspiegel zogen Wasserwanzen seine Aufmerksamkeit auf sich. Wie Eiskunstläufer zogen sie auf ihren langen Beinen Kreise und schwungvolle Figuren, ohne auch nur ein bißchen einzusinken. Mitunter sammelten sich mehrere und schweiften umher, um plötzlich über ein kleineres Insekt herzufallen.

Uwe konnte nicht anders, er mußte versuchen, eins der zentimeterlangen Tierchen zu fangen. Aber das war gar nicht so einfach. Sie entwichen immer wieder auf ihren langen Mittel- und Hinterbeinen und versteckten sich im Kraut des Ufers. Trat wieder Ruhe ein, so erschienen sie und tummelten sich, als wäre nichts geschehen.

Aber einmal kriegte der Junge doch eins der nadelschlanken Tierchen zu fassen und konnte es näher betrachten. Sein Körper war mit einem weichen Samt feinster Härchen bedeckt, die ihm einen metallischen Glanz verliehen, und auch an den Füßen blinkte es fein von Härchen. Sie verhinderten, daß der Wasserläufer in den Wellen versank. Uwe wollte die Probe machen, aber da verspürte er plötzlich einen äußerst unangenehmen Geruch, den der Gefangene aus seinen Drüsen von sich gab. So entwischte der flinke Schwimmer auf Nimmerwiedersehen, ohne daß er von seinen Flügeln Gebrauch machen mußte.

Und noch ein anderes Tierchen entdeckte Uwe auf dem Grund mitten im grünen Gerank der Wasserpflanzen. Es schimmerte wie eine Silberkugel, glitzerte und stand gar nicht still.

„Was ist denn das?“ flüsterte Uwe vor sich hin und war bestrebt, eines mit einem Schilfstengel zu fangen. Aber das war leichter gedacht als getan. Die „Perle“ wollte nicht. Sie hing mitten in dem grünen Gewirr fest, denn sie bestand aus feinmaschigem Spinnengewebe.

Der Junge ließ jedoch nicht locker. Er stocherte noch einige Male an dem Geflecht, als plötzlich eine zappelnde Kugel herausschnellte und schnurstracks an die Wasseroberfläche schoß; eine Spinne. Sie kreuzte ihre Hinterbeine, hob das Körperende über die Flut und sammelte Luft, dann tauchte sie mit dem silbrigen Vorrat unter und streifte ihn in ihrem Gespinstversteck ab.

Noch dreimal tankte die Wasserspinne Luft, dann blieb sie in ihrer Taucherglocke und ließ sich nicht mehr sehen. Wahrscheinlich war sie müde und satt.

Der Junge wollte weiterfahren, als seine Blicke auf kleinfingerlange, borstige, schmutziggrüne Wesen fielen, die über den Schlamm krochen, verschiedentlich haltmachten und dann die Schilfhalme emporkletterten. Bei näherem Betrachten der Halme mußte er feststellen, daß sich bereits ein Halbdutzend aus dem Wasser herausbewegt hatten und nun über dem Flutspiegel mit ihren sechs Beinen an den Stengeln festsaßen. Schön sahen die Dinger mit ihren dicken Köpfen und den darunter hängenden, zu Fangmasken umgebildeten Unterlippen wahrlich nicht aus.

Was war überhaupt mit ihnen los? dachte Uwe, während die grauen Panzer der Larven schrumpften. Er brauchte nicht lange zu warten, als sich das Geheimnis löste. Zusehends veränderten die Gestalten Form und Farbe, schrumpften bräunlich zusammen, und während sie noch wie tot erschienen, zerriß ihr „Hemd“ auf dem Rücken, und ein blaugrünseidiges Blitzen entzückte den Jungen.

Hier tat sich wahrhaftig ein Wunder auf. Uwe weckte seine Geschwister, und während sie sich noch schläfrig die Augen rieben, kroch ein völlig neues Wesen aus dem staubigen Gekrümel der Hülle. Eine wunderschöne große Libelle. Wie ein junges, feuchtes Blatt quoll sie aus der Hülle und hatte große

Mühe, sich mit den Beinen festzuhalten. Kaum waren die Vorderbeine heraus, da folgte schon der Leib. Reglos verhielt das Flügelwesen kopfunter am Schilfhalm. Jeder Windzug trocknete sein Kleid. Dann ruckte der Körper empor und zog die Schwanzspitze aus der Hülle.

Tief sog die fertige Libelle Luft in ihre Atemschläuche. Ihr Körper straffte sich. Die Flügel begannen zu schwellen, erhärteten im Sonnenlicht. Sie funkelten zu viert, es schimmerten und leuchteten die großen Augen in allen Regenbogenfarben. Dann erhob sie sich in den sonnigen Sommerhimmel und ließ ihre Geschwister zurück.

Elf Monate hatte die Libelle im Schmutzgrund des Teiches gehaust und sich als Räuberin von all den schwächeren Tieren genährt, die sie bewältigen konnte. Nun schwirrte sie davon, zog weite Bogen über dem Wasser und spähte nach Fliegen und Mücken, die sie im rasenden Sturzflug oder mit pfeilgeschwindem Spurt mit ihren scharfen Kieferzangen erhaschte, um sie zu verzehren.

Nur kurz sind die Sommertage. Nur kurz ist auch das Leben der Libellen. Wenn die Sonne hinter Wolken vergeht, werden ihre Flügel klamm; sie hängen sich ins Schilf, um dort zu ruhen. Wenn aber die Sonne scheint, dann nutzen sie ihre Wärme, suchen einander und tanzen ihren Hochzeitsreigen.

*

Als Herr Steiner eines Morgens mit Heidjer in aller Frühe die Landstraße entlang ging, scherte das Rauhbein plötzlich auf die andere Seite in den Graben hinein und blieb darin verschwunden. Der Förster pfiff seinem Begleiter, aber der kam nicht. Dafür machte er sich mit lautem Gebell bemerkbar, so daß dem Mann nichts weiter übrigblieb als nachzuschauen.

Wie erstaunt war er, als er einen Frischling liegen sah. Er bewegte sich nur schwach. Offenbar hatte ihn ein Auto von der Bache weggerissen.

Der Förster schaute sich das Tier näher an und fand seine

Vermutung bestätigt. Was war zu tun? Sollte er dem Findling einen Gnadenschuß geben, oder lohnte es sich, ihn zu pflegen?

Nach eingehender Untersuchung entschloß sich Steiner, den Frischling in den Rucksack zu stecken. Die Kinder würden Augen machen! Und was sie für Augen machten! Alle drei waren rein aus dem Häuschen, als sich Susi nach einer Stunde der Ruhe auf ihren Läufen bewegte und die Familienangehörigen mit „Nuck nuck!" anbettelte.

„Mutti, Susi hat Hunger!" sagte Heiner und schaute sich nach einem Topf um, aus dem er das Ferkelchen tränken wollte.

„Damit wirst du bestimmt keinen Erfolg haben!" gab die Mutter zu bedenken, holte einen richtigen Gummisauger, füllte eine Weinflasche mit gesüßter Milch und einem Haferbreizusatz und reichte sie Susi. Das Tier mit seinem gestreiften, borstigen Kleid ließ sich nicht lange bitten, und wenn es ihm auch schwerfiel, es trank die Flasche bis auf den letzten Tropfen leer.

„Das kann ja heiter werden!" lachte Herr Steiner.

Alle lachten, als das Ferkel mit dickem Bäuchlein einen Ruheplatz suchte. Am liebsten hätte es Heiner gesehen, wenn das Schweinchen in der Küche einen Platz bekommen hätte. Aber die Mutter wollte davon nichts wissen.

So holte der Vater eine massive Kiste herein, schlug sie mit Blech aus, tat Heu und Stroh hinein und wollte Susi in das Lager setzen. Aber sie verstand es falsch und zwickte ihn mit ihren Zähnen.

Der Förster nahm es Susi nicht weiter übel. „Wer weiß, was das arme Ding auf der Landstraße nicht alles hat durchmachen müssen!"

Kaum war Susi sich selbst überlassen, da hörte sie auf zu zittern, legte sich auf die Seite und schlief ein. Nach mehreren Stunden guckte sie aus ihrem Zwinger und wollte hinaus.

Uwe, aus der Schule zurückgekehrt, öffnete das Türchen, und der Frischling stürmte kreuz und quer durch den Raum, Uwe öffnete die Küchentür, und schon stürmte Susi auf den Hof, um ihr Geschäft zu verrichten.

Kaum war sie damit fertig, da drängte sie ins Freie, und nur mit größter Mühe gelang es Herrn Steiner, sie wieder einzufangen.

In der Kiste rumorte sie lange Zeit nuckernd umher, ein Zeichen, daß ihr der Aufenthalt nicht paßte. Aber schließlich beruhigte sie sich, nachdem sie etwas Milch geschlappt hatte, und schlief ein. Die Familie Steiner war froh, daß sich der kleine Haustyrann beruhigt hatte.

So ging es drei Tage lang: fressen, schlafen. Es war keine erfreuliche Bekanntschaft, die Steiners in dieser Zeit mit Susi machten.

„So geht es nicht weiter!" sagte der Förster schließlich und ging an den Bau eines besonderen Zwingers im Freien. Am nächsten Vormittag war der durch Draht gesicherte Auslauf fertig. Eine Strohhütte diente als Wetterschutz. Wie würde Susi ihr neues Reich aufnehmen? Das war die große Frage, die die Familie beschäftigte. Kaum war Susis Abtransport mit einem Strick am Hinterlauf gesichert, da hörte man sie bereits grell quieken, als stecke sie am Spieß. Aber die Übersiedlung gelang doch noch ganz manierlich, und als Susi den frischen Erdboden beschnuppern konnte, war sie zufrieden. Während sie mit dem Rüssel fleißig nach Engerlingen und Regenwürmern wühlte, löste Herr Steiner den Strick von ihrem Bein, und sie war frei in ihrem neuen Reich. Die Strohhütte gefiel ihr offenbar von allem am besten, und da reichlich Heu und Stroh enthalten war, verschwand sie bald in ihrem Lager.

Als die Sommertage heiß und drückend wurden, lechzten Menschen und Vieh nach Kühle und Erquickung. Auch Susi trachtete danach. Sie suchte die Pfütze am Pumpenstock auf und suhlte sich mit großem Behagen darin. Da war sie gegen Fliegenstiche und Hitze gesichert.

Aber wie sie aussah! Uwe und Heiner erschraken bei dem Anblick, und Ulla fürchtete für ihr weißes Kleid. Doch Susi kümmerte sich nicht um die Kinder. Sie war sich in der Hitze selbst genug.

Am Abend entschloß sich Herr Steiner, um Susi wieder gesellschaftsfähig zu machen, sie mit dem Wasserschlauch gehörig abzuspritzen. Die Reinigung ließ sie sich gern gefallen.

Als die Beerenernte im Wald begann, begaben sich auch Steiners in das Revier, um für den Winter vorzusorgen. Nicht bloß Heidjer kam mit, sondern auch Susi. Zuerst lief sie einträchtig hinter ihren Bekannten her. Dann war sie plötzlich verschwunden. Aber kaum war eine halbe Stunde vergangen und die Beerensucher beim Hantieren, da grunzte auch Susi zwischen ihnen umher und ließ sich die blauen Früchte schmekken. Den ganzen Nachmittag hielt sie sich bei der Familie auf, um abends wieder getreulich mit nach Hause zu ziehen.

An den heißen Tagen durfte sich auch Fridolin, das zahme Hausschwein, im Auslauf tummeln. Ein Übermaß davon tat seinem Gewichtszuwachs nicht gut. Aber jedesmal, wenn sich die Gelegenheit dazu bot, begrüßten sich die beiden Borstentiere, rieben durch den Zaun ihre Rüsselschnauzen und suchten sie zu fassen. Natürlich quiekte das eine oder andere dann, wenn es nicht sanft genug geschah, aber Böses taten sie sich nie.

Das Jahr überschritt seinen Höhepunkt. Susis Streifenkleid machte einem anderen Farbton Platz. Anfänglich graubraun, dunkelte es mehr und mehr nach und mengte sich mit Schwarz. Länger wuchsen die Borsten, und auf dem Rücken waren sie am stärksten.

In dieser Zeit folgte sie gern auf die große Teichwiese. Auf dem moorigen Boden konnte sie mit ihrem Rüssel grubbern, den Larven der Maikäfer und den Wiesenschnaken nachspüren, Mäusegehecke ausheben und sich auch suhlen. Längst wollte sie keine Milch mehr, aber grüner Salat und Wurzeln waren ihr stets eine Delikatesse, und wenn sie einen Becher Hafer gereicht bekam, schnurpste sie ihn mit ihren Zähnen klein.

So wuchs sie zur Freude der Familie Steiner zu einer stattlichen Bache heran. Als der Gutsherr sie sah, bot er dem Förster einen beachtlichen Preis.

„Ich will sie nicht schlachten!" sagte er. „Aber ich könnte sie gut zur Zucht einer widerstandsfähigen neuen Rasse verwenden. Überlegen Sie es sich, Herr Steiner!"

So wanderte Susi ein halbes Jahr später in ein geräumiges Geviert, um dort Mischlingsferkel aufzuziehen. Danach sollte sie wieder auf den Forsthof zurück, denn die Kinder mochten sie nicht mehr missen.

*

Die Sonne brannte vom Himmel, die Luft stand still, als der Förster mit Uwe und Heiner am Nachmittag durch das Revier ging, um nachzuschauen, ob das geschlagene Holz von den Käufern abgefahren worden war.

Unterdessen türmten sich über den Kiefernwipfeln dunkle Wolken, und je höher sie stiegen, desto bedrohlicher wurde es. Schon grummelte es, und es dauerte gar nicht lange, da blitzte es ganz gefährlich. Sturm fegte über die Felder. Die Bauern beeilten sich, das Heu heimzufahren, und Herr Steiner überlegte, wo er sich mit seinen Kindern unterstellen könnte.

Ein Hochsitz war zu gefährlich. Also nahm er mit den Jungen die Beine in die Hand, pfiff seinem Dackel Heidjer, und dann rannten sie, so schnell ihre Füße sie trugen, in die nächste Viehhütte.

Kaum waren sie untergeschlüpft, da rauschte der Regen bereits. Es sprühte, es tropfte und blubberte, es rann und platschte, daß es eine Art hatte. Die Jungen waren froh, geborgen zu sein. Die grellen Blitze und die rollenden Donner flößten ihnen Respekt ein.

Plötzlich sauste ein dunkler Körperschatten unter eine Balkenluke. Es war eine Krähe. Kaum hatte sie sich trocken geschüttelt, da schwang sich auch eine Bachstelze herein. Sie knickste voller Erregung mit den Beinen und wippte mit dem Schwänzchen. Aber sie tat gar nicht scheu. So verweilten Mensch und Tier wohl eine halbe Stunde lang unter einem Dach wie in der Arche Noah und warteten bis das Gewitter vorüber war. Husch, waren da die Vögel wieder draußen, und langsam gingen die Steiners ihren Weg.

„Jetzt ist der Wald erst richtig schön!" begeisterte sich Uwe und schlug vor, noch einen Spaziergang zu machen. Heiner hatte nichts dagegen, und dem Förster war es recht.

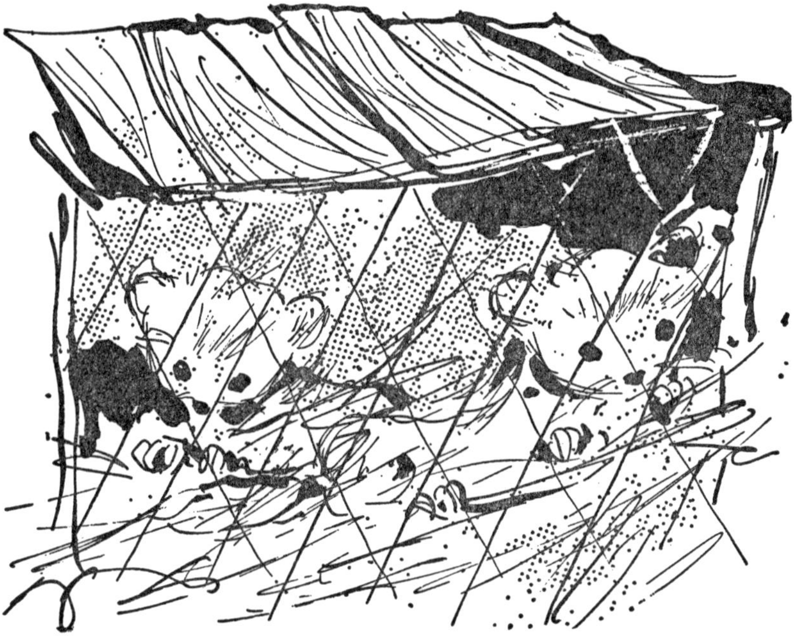

Als sie ein Stück gegangen waren, kamen sie an einen umgestürzten alten Lindenstamm. Der Blitz hatte ihn gefällt.

Heidjer beschnupperte das Holz, und während er noch am Stamm entlanglief, sträubte er das Rückenhaar und begann an einem Astloch zu bellen.

„Laß sehen!" meinte Herr Steiner und schaute nach der Ursache, als er zwei junge Edelmarder in der Baumhöhle erkannte. Sie keckerten, als er sie anfassen wollte, und zogen sich in die Tiefe zurück.

Uwe und Heiner waren angesichts der hübschen kastanienbraunen Tierchen hell begeistert und wollten sie gleich mitnehmen.

„Erst müssen wir sie haben!" sagte der Vater und überlegte, was wohl am besten zu tun sei. Schließlich willigte er ein, sie mitzunehmen, und mit List und Geschick gelang es Uwe, beide Marder aus der Höhle zu holen.

Sie waren allerliebst, und die Jungen waren rein aus dem

Häuschen, als der Vater die Tiere in den Rucksack tat. Ihre dunklen, blanken Seher in dem dreieckigen Gesicht, das von kurzen, dreieckigen Gehören nach hinten begrenzt wurde, zeugten von Lebenslust und Klugheit, und ihre weißen Zähnchen verrieten, daß sie nicht unbedingt nur noch von Milch lebten.

Frohgemut kehrten die drei mit ihren Findlingen heim.

„Mutti, Ulla, ihr werdet staunen, was wir mitgebracht haben!" tönten die Jungen und hatten nichts Eiligeres zu tun, als die große Voliere am Hause zur Aufnahme der Marder vorzubereiten. Sie reinigten den Schlafkasten und taten Heu hinein, harkten den Boden glatt und prüften das Drahtgitter auf seine Güte.

Auch die Kletterstangen säuberten sie, und zum besseren Anblick pflanzte Herr Steiner noch einige kleine Tannenbäume hinein.

Dann wurden Fix und Fax aus dem Rucksack in den Zwinger entlassen. Sie durchmaßen sogleich auf ihren Läufen den Raum, liefen auf den Stangen entlang und verschwanden in der Schlafkiste. Wahrscheinlich waren sie müde. An diesem Tage ließen sie sich nicht mehr sehen.

Erst am nächsten Morgen kamen sie wieder hervor. Aber Frau Steiner mußte sie erst greifen, um sie an den Hafermilchtrunk aus der Flasche zu gewöhnen. Sie hatte ihn mit Honig gesüßt, und kaum hatten Fix und Fax die ersten Tropfen genossen, da begehrten sie stürmisch nach mehr. So konnten Steiners hoffen, daß sich die Tierchen gut entwickeln würden.

Blaubeeren und Weintrauben, Bienenhonig und Ebereschenbeeren fraßen sie, und an Fleischkost fehlte es ihnen auch nicht. Ihr Pelz glänzte bald und schon lauschten die Zwillinge, wenn sie bei ihrem Namen gerufen wurden. Es war zu hoffen, daß beide recht zahm würden.

Aber wer sich gar zu sehr auf eine Sache freut, wird hinterher oft besonders hart enttäuscht. So auch hier.

Eines Morgens nützte alles Locken und Zungenschnalzen nichts. Fix und Fax waren nicht mehr im Zwinger. Wo waren sie hin?

Vater und Kinder untersuchten das Drahtgeflecht, bis sie in einer Ecke oben ein faustgroßes Loch entdeckten. Dort waren sie entwichen, und zwar, das konnte man deutlich an den großen Trittsiegeln auf dem Lehmboden in der Nähe der Voliere erkennen, hatte die alte Marderfähe ihre Kinder herausgelockt und davongetragen.

Jedenfalls waren Fix und Fax nun fort, und die Kinder waren sehr betrübt. Aber sie brauchten nicht lange zu trauern.

Einige Tage später erschien der Bauer Lohberg in der Försterei, öffnete einen Kartoffelsack und ließ zwei junge Füchse sehen, die sein Terrier auf einer Wiese am hohen Grabenufer ausgegraben hatte.

„Ich will keinen Wildfrevel begehen", sagte er, „ich kann mit den Hühnerdieben nichts anfangen. Aber vielleicht haben Sie Verwendung dafür." Der Förster nickte, besah sich die beiden Füchschen, gab dem Mann ein paar Mark, und damit war die Sache erledigt.

Nach einem Trockenbad mit Flohpuder wurden die beiden Rotröckchen in den Zwinger entlassen, dem die Marder erst vor kurzem entwichen waren. Jetzt hatten die Kinder Steiner wieder alle Tage etwas zu beobachten, und je länger sie sich mit Jupp und Japp beschäftigten, desto besser gewöhnten sich die beiden an sie.

Aber mit Dackel Heidjer hatten sie nicht viel im Sinn. Er knurrte sie jedesmal an. Vielleicht waren sie ihm schon zu selbständig. Immerhin, er tat ihnen nichts, solange jemand von der Familie in ihrer Nähe war. Der Einfachheit halber wurden Jupp und Japp von Anfang an nicht mehr mit der Flasche gefüttert, sondern sogleich an die Aufnahme von Milch aus der Schüssel gewöhnt. Sie stellten sich dabei auch gar nicht ungeschickt an.

Anfänglich noch ziemlich scheu, gewöhnten sie sich bald an ihre neue Umgebung, an die Geräusche und auch an die Menschen, ohne an Aufmerksamkeit einzubüßen. Allerliebst waren ihre Spiele miteinander. Sie bestanden in flinkem Haschen und Würgen, im Umherkobolzen und Anschleichen. Es waren die besten Vorbereitungen für ihr späteres Dasein.

Im Springen waren Jupp und Japp Meister, und dabei bewegten sie sich stets so leichtfüßig über dem Boden, als wäre dies das Leichteste von der Welt. Natürlich war den Hühnern der Zuwachs im Zwinger nicht entgangen. Voller Neugierde traten sie mit langen Hälsen näher und schauten in den geräumigen Käfig hinein.

Die Füchse schliefen jedoch und waren in der Kiste. Das war den Hennen gar nicht recht, wie Uwe vom Küchenfenster aus an ihrem Benehmen erkennen konnte. Wahrscheinlich wollten sie etwas erleben. Deshalb gackerten sie solange, bis einer der Freibeuter aus dem Schlafkasten heraustrat, sich streckte, gähnte, den Kopf schief hielt und plötzlich mit einem Sprung ans Drahtgitter sauste und einer Henne in den Hals biß.

Da war das Geschrei groß, als die Federn stoben. Zum Glück war die Henne nicht tödlich verletzt. Sie kakelte noch ein bißchen, fraß sofort wieder und erholte sich bald von ihrem Schreck. Der nackte Hals blieb ihr allerdings noch bis zur Mauser im Herbst.

Die Füchslein jedoch nahmen an Alter und Klugheit zu, und ihr Körper wuchs entsprechend mit. Vertrugen sich Jupp und Japp auch sonst, so beherrschte sie doch großer Futterneid. Wenn Uwe anfänglich den Freßnapf vorsetzte, drängte sich Jupp als der Stärkere von beiden sofort vor und schlampste tüchtig ein. Wollte Japp dann auch sein Teil, knurrte ihn Jupp an und zeigte seine weißen Zähne. Einmal packte er sogar zu.

Von nun an bekam jeder Fuchs sein Futter in seiner Ecke. Nach den Mahlzeiten waren beide Rotröckchen wieder friedlich, als wäre rein gar nichts zwischen ihnen gewesen.

Allmählich hatten sie sich so an die Familie gewöhnt, daß sie auch ins Haus kommen durften. Wenn die Kinder Ball spielten, spielten sie mit. Stießen sie auf einen Strumpf oder einen Lappen, so packten sie ihn und schüttelten ihn sich um die Gehöre, daß es nur so stiebte. Viel Spaß hatten die Jungen, wenn Jupp und Japp auf der Wiese Käfer jagten. Großes Erstaunen erregte es bei Uwe und Heiner, als sie Speisereste vergruben, weil sie sie nicht mehr fressen wollten.

An einem Abend fand Jupp den Kopf eines geschlachteten Hahnes. Er schnappte ihn sofort und schleppte ihn mit sich herum. Als Japp ihn ihm fortnehmen wollte, rannte er davon und grub ihn ein.

Am anderen Vormittag begann das Theater von neuem. Jetzt hatte Japp ihn ausgegraben und wollte ihn nicht hergeben. Schließlich konnte Uwe den übelriechenden Fund fortnehmen, und die Geschichte war zu Ende.

Die beiden Rotröckchen waren um eine Unterhaltung nie verlegen. Großen Gefallen fanden sie auch daran, Löcher in die Erde zu graben, als wollten sie Höhlen anlegen. Aber dazu kam es nicht. Die Schlafkiste erfüllte immer noch ihren Zweck.

Die Höhlengraberei steigerte sich jedoch zusehends, und der Boden des Zwingers sah bald wie ein Gebirge aus. Das hätte Herrn Steiner mahnen sollen, auf Abhilfe zu sinnen. Im Drang der Geschäfte übersah er es, und so erfüllte sich das Schicksal der beiden Gespielen. Eines Morgens hatten sich Jupp und Japp unter dem Zaun hindurch ins Freie gewühlt, und alles Suchen blieb vergebens.

Uwe und Heiner weinten, aber Herr Steiner tröstete seine Jungen. „Es ist für Jupp und Japp das Beste, ebenso wie für uns!" sagte er. „Auf die Dauer hätten wir mit ihnen nichts anzufangen gewußt. Es sei denn, der Teckelklub hätte sie als Schliefenfüchse zum Üben der Dackel erworben. Ihre Pflege war doch schon sehr mühevoll!"

Die Kinder sahen das ein, aber sie hatten sich so sehr an die beiden liebenswerten Füchse gewöhnt, daß sie sie in der ersten Zeit der Trennung schmerzhaft vermißten und noch lange Zeit von ihnen sprachen.

*

Mitten in den Sommerferien stapfte der Gutsgärtner auf den Hof der Försterei, rief Frau Steiner an die Tür und reichte ihr einen Sack, mit dem Worte: „Eichhörnchen".

Frau Steiner war etwas verblüfft und zögerte, aber der Alte

beeilte sich, ihr zu erklären, daß die Sache mit den Eichhörnchen einen ganz bestimmten Grund habe. „Die vier Dingerchen lagen heute früh am Wege", sagte er, „wahrscheinlich hat der Waldkauz sie aus der Baumhöhle gerissen und ist beim Aufheben gestört worden. Ich möchte sie nicht töten. Vielleicht freuen sich ihre Kinder darüber ..."

Da dankte Frau Steiner und nahm die Tiere.

„Sind die aber süß!" freute sich Heiner und hätte sie am liebsten gleich auf den Tisch gelassen. Aber davon wollte die Mutter nichts wissen. „Warte, bis der Vater kommt!" vertröstete sie ihren Jüngsten. „Er soll sie erst anschauen, damit wir keinen Ärger damit haben. Womöglich sind sie krank und sterben uns. Dann geht das Heulen los."

Heiner schwieg. Er machte sich vor dem Haus zu schaffen, um den Vater gleich bei der Heimkehr vom Reviergang unterrichten zu können. Es dauerte auch gar nicht lange, da kam der Förster, und Heiner sprang ihm entgegen und berichtete ihm alles.

„Du willst wohl, daß wir allmählich einen Zoo aufmachen?" fragte der Vater und beschaute sich die vier Eichkätzchen. Sie schliefen dicht beieinander. Nach eingehender Betrachtung sagte Herr Steiner nichts, holte Flohpulver, bestreute die Kleinen damit und bereitete ihre Versorgung vor. Dann fütterte er sie nacheinander aus der kleinen Milchflasche. Das war ein mühevolles Beginnen. Oft verschluckten sich die zarten Dinger, wenn ihnen ein Milchtropfen ins Näschen floß.

Aber sie zeigten guten Appetit, und als alle vier schließlich versorgt waren, kamen sie in ein mit Watte gefüttertes Körbchen ins große Vogelbauer. Leicht zugedeckt verschliefen sie den Nachmittag, wurden wieder getränkt — diesmal unterzog sich Ulla dieser Pflicht —, und als die zehnte Abendstunde schlug, übernahm Frau Steiner die Pflege.

Heiner wollte am nächsten Tage auch füttern und als er es mit großer Umsicht tat, gehörte er fortan zum Kreis der Eichkatzenbetreuer.

Als eine Woche vergangen war, hatten die Hörnchen gut zugenommen und an Lebendigkeit gewonnen. Wenn die

Sonne schien, kletterten sie von selbst aus dem Schlafkörbchen und machten sich in ihrer Behausung zu schaffen. Gern sonnten sie sich. Dann lagen sie ganz flach mit dem Bauch auf einem Stück Baumast, schlossen die dunklen, klugen Äuglein und atmeten ganz flach und schnell. Wurden sie durch ein Geräusch erschreckt, dann versteckten sie sich sofort im Körbchen; trat wieder Ruhe ein, ließen sie sich abermals sehen, knusperten an der Rinde, an Keks oder Nußkernen, die am Boden lagen.

Noch hatten sie gewöhnlich behaarte Ohren, aber allmählich wuchsen ihnen auf den Spitzen lange Haare. Allerliebst sah es immer aus, wenn sich die Hörnchen ihre langen Schnurrhaare putzten, die Pfötchen drehten und mit ihnen hantierten, als wären es richtige Hände.

Den nettesten Spaß bereiteten die vier jedoch, wenn sie aus dem Vogelkäfig heraus durften und im Zimmer herumtollen konnten. Zuerst tappten sie noch etwas schüchtern über Tische und Stühle, aber kaum begann eins zu springen, dann taten es ihm seine Geschwister sofort nach, daß der Staub nur so wirbelte.

Am verrücktesten ging es zu, sobald Uwe mit der Zunge schnalzte. An den Gardinen ging die Treibjagd empor; über die Gardinenstangen zog sie sich für gewöhnlich hin, dann über Schränke und Hutschachtel an der Portiere zum Fußboden hinab, und am Ofen vorbei. Sie endete meist unter dem Sofa, wo dann eine quietschende Beißerei stattfand.

Alle Familienmitglieder hatten anfänglich an diesem Sport ihre helle Freude, bis Frau Steiner eines Tages über die vielen Böhnchen erschrak, die die Rasselbande hinterlassen hatte.

„Da haben wir uns ja eine nette Gesellschaft ins Haus geladen!"

Fortan mußten Puschi, Mischa, Mutz und Putz im Vogelbauer bleiben. Aber die vier Langschwänze hatten nun einmal die Freude der Freiheit genossen und wollten sie nicht mehr missen. Also murrten sie am Gitter und gebärdeten sich darin ganz wild, bis sie, als ihnen ihr Wille nicht erfüllt wurde, still wurden, daß Steiners es mit der Angst zu tun kriegten.

„Sie werden eingehen!" jammerte Uwe, und um des lieben

Friedens willen, kaufte der Förster kleinmaschigen Draht und dichtete damit den großen Zwinger ab, in dem schon die Füchse und Marder gehaust hatten. Bäume wurden hineingepflanzt und die ganze Anlage in den besten Zustand gebracht.

Dort kobolzten jetzt die vier Pinselöhrchen umher, ganz unter sich.

*

Einer mächtigen Wundnarbe glich der Steinbruch am Rande des Revieres. Diesen Eindruck machte er auf Uwe und Ulla und auch auf Heiner, der noch nicht zur Schule ging, aber gern den Steinbruch besuchte, und zwar am liebsten, wenn Feierabend war und die Arbeiter fortgingen.

Brecheisen und Bohrer, Sprengpatronen und Zollstock samt Bandmaß kannten die Kinder. Was sie zum Sandsteinbruch zog, war das Leben der Tiere und Pflanzen darin.

Was es da schon alles zu sehen gab!

Die Krähen hatten es sofort spitz, wenn der Sprengmeister als letzter Mann der Belegschaft seine Arbeitsstätte verließ. Nicht immer hatte ihnen die Feldmark genug Futter beschert. Aufmerksam geisterten sie dann viele Male um die felsigen Kanten des Steinbruchs, und wenn sie etwas Genießbares fanden, nahmen sie es auf. Das hatten Uwe und Heiner längst ausgekundschaftet. Deshalb krochen sie in den halboffenen Schuppen und verhielten sich ganz still.

Es dauerte nicht lange, da hüpfte ein Tier aus einer Bodennische. Wie eine nußbraune Welle schnellte es über den mit Unkraut übersäten Gesteinsgrund, geschmeidig, quirllebendig und gefährlich; ein großes Wiesel! Mit leicht federnden Sprüngen kam die Wieselfähe gut voran und den Jungen immer näher. Oberhalb haselbraun, unterhalb weiß, war sie kaum zu erkennen. Wie sich da die Mäuse vor der Jägerin in ihre Löcher verkrochen!

Alles ging so rasch und lautlos vonstatten, daß die Krähe im Holunderstrauch gar nicht merkte, wie nahe ihr das Wiesel bereits gekommen war. Ein wenig vom Tau überperlt, war die

Fähe in den Schatten des Strauches gerutscht. Dann verhielt die kleine Räuberin angesichts des Vogels, der da müde die Augen verdrehte und leicht den Schnabel zum Gähnen öffnete. Diese Sorglosigkeit wurde ihm zum Verderben. Im Nu war das Wiesel im Gebüsch emporgeentert und hatte die Krähe an der Kehle gepackt. Da war es um sie geschehen. Ehe Uwe und Heiner sich recht besannen, war der Marder mit seiner Beute auf und davon.

Die Jungen hingen der Sache nicht weiter nach. Ein mächtiger Holunderstrauch erregte ihr Interesse. Goldkäfer tummelten sich darin und fraßen den Blütenstaub, und unzählige kleine Fliegen schlürften von dem Nektar. Die Jungen pflückten einen ordentlichen Strauß der Blüten. „Mutter kann uns davon Holundersekt machen!" meinte Uwe.

Dann schnitten die Jungen noch einige ausgesuchte Äste ab, um sich ein paar Wasserspritzen daraus zu basteln. Aber der Sandsteinbruch hatte noch eine Überraschung für die Jungen bereit. An der Westwand des Abgebauten kreisten kleine Schwalben. Kleiner als die gewöhnlichen rotkehligen Rauchschwalben, fielen sie durch ihr dunkelbraunes Obergefieder und durch die helle Unterseite mit dem braunen Kopfband auf. „Dsit dsit!" und „Tschirp!" lockten sie einander, wenn sie nicht mit den Schnäbelchen und den zierlichen Füßen die Sandkrumen aus der Wand gruben, um im Ende des so geschaffenen Tunnels ihre Kinderstube aufzuschlagen. Falls sie es nicht schon getan hatten, brüteten oder gar Futter herbeischafften.

Uwe und Heiner schauten den Vögeln lange zu. Als es zu dämmern begann, beeilten sie sich und kamen gerade zum Abendessen zurecht.

Bei Tag und Nacht

Im Sandsteinbruch lebten noch viele andere Tiere als Wiesel und Krähen. „Uwe! Guck bloß, was für eine große Schnecke ich gefunden habe!" rief Heiner seinem Bruder an einem Sonntagmorgen laut zu. Uwe kam auch sofort, um sich das Wunder anzuschauen.

Tatsächlich war diese Weinbergschnecke ein seltsames Geschöpf. Augenblicklich war sie allerdings in das Innere ihres Gehäuses gekrochen und kümmerte sich um nichts. Also guckten die Brüder nahezu umsonst, bis es der Schnecke einfiel, sich wieder nach außen zu bemühen. Sie tat es sehr behutsam und ließ fleißig ihre vier Fühler spielen, die sich wie Handschuhfinger nach außen krempelten. Das längste Paar trug an seinen Spitzen je ein Auge.

Uwe hielt das Schneckenhaus fest in der Hand, denn die Berührung mit dem weichen, schleimigen Körper war ihm unangenehm. Heiner machte sich nichts daraus. Im Gegenteil. Er freute sich über das Tierchen, nahm es Uwe aus den Fingern und ließ es auf seinem Rockärmel entlangkriechen. Er gab ihm ein Blatt Löwenzahn.

Während Heiner dem Tierchen beim Schmausen zuschaute, suchte Uwe in der Nähe nach anderen Schnecken, und er fand an den Schattenstellen des Sandsteinbruches noch etliche. Eine quälte sich auf ihrem Schleimpfad über körnigen Sand und überwand mit seiner Hilfe alle Unebenheiten. Andere hingen zusammen, während wiederum eine dabei ertappt wurde, wie sie ein Loch in den Erdboden grub.

Wie sie das machte? Ganz einfach. Uwe rief seinen Bruder herbei, damit er die Arbeitsweise sah. Sie benutzte nicht etwa ihre Mundwerkzeuge, sondern einzig und allein den Fuß, auf dem sie dahinkroch. Zunächst stülpte sie ihn vor, preßte Blut hinein, damit er wie ein Bohrer wirkte und drehte sich gleich einem Kreisel um ihre Achse. Krümchen um Krümchen wurden auf diese Weise aus dem entstehenden Trichter entfernt, bis er groß genug war, um mitsamt dem Kalkgehäuse hineinzukriechen.

Was die Jungen nicht sahen, war die Brutkammer. Als sie jedoch eine andere Schnecke von ihrer Unterlage hoben, erkannten sie mehr als zwanzig Eier.

Eine Schnecke hatte ihr Legegeschäft schon beendet, die Eiergrube mit Erde und Schleim geglättet und sich dem Salat zugewandt, um sich von den Anstrengungen zu erholen. Mit ihrer Raspelzunge, die wie ein Reibeisen wirkte, faßte sie gemächlich zu.

*

Dicht an den Sandsteinbruch grenzte ein Roggenfeld. Immer wenn die Kinder in diesen Julitagen daran vorbeikamen, schrillte ihnen ein vielstimmiges Konzert entgegen. Meist kümmerten sie sich nicht darum. Aber einmal, als Ulla bei ihnen war, blieb sie stehen, während die Brüder talwärts in den Bruch hinabstiegen.

Die Kornblumen blühten, der Klatschmohn brannte in ihren Augen, als wären seine knallroten Blüten ein großes Feuer; und ohne Unterlaß schrillte es um sie herum, bis es ihr gelang, ganz in der Nähe einen einzelnen Geiger ausfindig zu machen.

Plötzlich hörte er mit seinem Fideln auf, als sich das Mädchen gebückt näherte. Wäre Ulla leiser gegangen, hätte er sie wohl nicht bemerkt. So aber war der Geiger schnurstracks in seinem Erdloch verschwunden, und es brauchte einige Zeit, bis er sich wieder hervorwagte und von den Sonnenstrahlen bescheinen ließ.

Ruckweise erschien die Feldgrille schließlich wieder auf der Schwelle ihrer Wohnung, die sie mit ihren kräftigen Kieferzangen in die Grasnarbe gegraben hatte. Ihre langen Fühler, die Antennen, suchten nach dem Störenfried, und ihre großen Facettenaugen sahen nur den zitternden Grashalm, den Ulla dem Tierchen mit der Hand entgegenschob.

Die Grille wollte sich nichts gefallen lassen. Mutig biß sie in den Halm und ließ auch nicht los, als das Mädchen den Musikanten daran ins Freie zog. Schwarz im glänzenden Chitinröckchen, war er nicht länger als zwei Fingerglieder, aber die Melodie, die die Feldgrille nach dem Loslassen des Halmes anstimmte, zeugte von ihrem Temperament. Anfänglich noch etwas unsicher, gewann sie bald ihre alte Liedstärke, und schließlich übertönte sie alle Musikanten der Umgebung.

Das Mädchen hatte großen Spaß an diesem feinen Konzert, und je länger es ihm zuhörte, desto größer wurde ihr Wunsch, festzustellen, wie diese kleinen Tiere solch laute Töne von sich zu geben vermochten. Deshalb legte sich Ulla einfach auf den Ackerrain und suchte nach des Rätsels Lösung.

Das Kerfenkind antwortete auf seine Art. Es legte die rechte Flügeldecke auf die linke, und während es diese rasch hin- und herbewegte, strich eine gekerbte Querader des rechten Flügels mit seinen Zähnchen über eine Ader des linken, so daß wie beim Tamburin aus vier Häuten die zirpenden Töne schrillten. Nicht alle vernahm Ulla. Viele, für das menschliche Gehör viel zu hohe, entgingen ihrer Wahrnehmung, nicht aber den Nebenbuhlern, die da alle nah und fern musizierten.

Die Geiger waren Männchen. Ihr Lied galt den Weibchen. Wehe, wenn ein anderes Männchen sich in der Nähe sehen ließ! Es war um sein Leben geschehen, wie sich das Mädchen überzeugen konnte, als es dem Chormeister solch einen Sänger nahebrachte. Um ein Haar wäre der Fremde umgebracht worden. So hart sind die Sitten und Gebräuche der Feldgrillen!

Aber dem Weibchen, das sich dem Chormeister näherte, tat er nichts. Im Gegenteil, er koste mit seinen Fühlern ihre Stirn und ihre Antennen, und so blieben sie beieinander, als Ulla endlich ihren Brüdern in den Steinbruch nachging.

Am nächsten Morgen suchte die Grille ein gutes Plätzchen für ihre Nachkommenschaft. Kaum hatte sie es gefunden, da stach sie mit der schwertartig am Hinterleib angebrachten Legeröhre in den weichen Boden und versenkte das strohgelbe, spindelförmige Ding in der Tiefe, bis sie dem Ackerrain etwa ein halbes Hundert Eier anvertraut hatte. Dann hatte sie für diesen Tag genug getan. Aber sie wiederholte ihr Eiergeschäft noch mehrere Male.

Die Sonne belebte den Boden mit ihrer Wärme. Sie weckte die Lebenskeime in den Grilleneierchen, und so entwickelten sie sich, die kleinen, zarten Wesen, bohrten sich mit Kiefern und Beinchen durch die Erde und genossen die ersten Stunden des sommerlichen Lichtes.

Nicht alle der am Feldrain erwachten Grillenkinder würden den Herbst erleben. Lerchen und Rebhühner, Spatzen und Eidechsen jagten ihnen nach, um sie zu verzehren. Von den Überlebenden kamen auch längst nicht alle durch den Winter. Aber viele Grillen erblickten doch die nächste Sommersonne und ließen dann wieder ihre Liedchen erschallen.

*

Die Brutzeit der Störche auf dem Dach des Forsthauses näherte sich ihrem Ende. Vier Wochen hatte die Störchin auf den großen Eiern gesessen, sie gewärmt, gedreht und gewendet, damit sie sich auch allesamt gleichmäßig entwickeln konnten. Nun knisterte das junge Leben bereits in den Schalen, pochte, kratzte und begehrte nach Auslaß. Das Storchenweibchen vernahm das Rumoren unter sich und schaute zuweilen nach. Aber die jungen Störchlein ließen sich Zeit mit den Sprengversuchen der Kalkhüllen. Alles braucht in der Natur seine Zeit, nichts läßt sich überstürzen, soll es nachher auch wohl geraten. Und so verstrich Stunde um Stunde, bis endlich das erste, das kräftigste Storchenkind sein kleines Gefängnis sprengte und, feucht und taumelig, in der Nestmulde lag. Die anderen Geschwister folgten bald. Unter der Mutter im warmen Gefieder ruhend, erstarkten alle drei.

Heiner war der heimliche Vorgang nicht entgangen, als er eine weggeworfene Eierschale hinter dem Haus fand, die der Altstorch beim Ausräumen verloren hatte. Als Heiner sie der Mutter zeigte, war die Geburt der jungen Langbeine freilich längst erfolgt.

Das Ereignis war für die Kinder ein Anlaß, nun täglich auf den Boden der Försterei zu steigen und mit dem Fernglas aus dem Dachfenster zu schauen. Daß junge Störche im Gegensatz zu ihren Eltern schwarze Schnäbel haben, war den Kindern neu. Und ganz besonders wunderten sie sich über den Hunger der drei Sprößlinge.

Natürlich vermochten diese in den ersten Wochen noch nicht selbst Frösche und Nattern zu fangen. Sie mußten geatzt werden. Dabei nahmen mal der Vater, mal die Mutter den Schnabel, steckten ihn in den Rachen der Kinder und versorgten sie mit vorverdautem Futterbrei aus Heuschrecken, Käfern und Fröschen, aus Libellen und Maulwurfsgrillen, aus Molchen und Kaulquappen. Winselnd und quiepend begehrten die Nestlinge immer mehr, und kaum waren die Eltern zum Horst geflogen, da segelten sie auch schon wieder davon,, um vom frühen Morgen bis in den späten Abend hinein ihre Nestlinge zu versorgen.

Nach dem zehnten Tage machten sich die Eltern die Arbeit schon etwas leichter, wie die Kinder erkennen konnten. Jetzt wurden die jungen Störche nicht mehr gestopft, sondern bekamen lediglich ihr Futter ins Nest gebracht.

Wie da die Regenwürmer zappelten, Fische bis zum Horstrand hüpften, Schnecken und Käfer umherkrochen!

Während die Jungstörche auf das Krabbelfutter guckten und sich das eine oder andere Stück davon einverleibten, schauten Vater oder Mutter Storch ihren Trabanten zu, bis sie es für richtig hielten, sie mit dem Schnabel auf das Leben auf dem Nestboden aufmerksam zu machen.

Gelang es am ersten Tage noch nicht zur vollsten Zufriedenheit, so ging es am nächsten schon besser. Der Hunger war der beste Lehrmeister.

Nun lagen die Kleinen auch nicht mehr bäuchlings im Nest, sondern hockten auf den Fersen ihrer langen Beine, bis sie es schließlich fertigkriegten, aufzustehen und umherzugehen.

Eines Nachmittags erschien der junge Lehrer des Dorfes im Forsthaus, nachdem er schon zuvor mit Herrn Steiner über die Störche gesprochen hatte. Im Dienst einer Vogelwarte wollte er die Jungvögel mit den Ringen dieser Forschungsstelle versehen.

Uwe und Heiner waren Feuer und Flamme für das Vorhaben, halfen beim Aufstellen der Leiter und wetteiferten miteinander, als es darum ging, nach dem Abflug der Altvögel die drei Nestlinge mit den Aluminiumstreifen zu versehen. Sorgfältig schrieb Uwe die darauf eingestanzten Nummern in die zugehörige Liste, und beide Jungen hörten aufmerksam zu, welche Bedeutung das Unternehmen hatte.

Wird ein beringter Vogel irgendwo gefunden oder beobachtet, so kann man anhand der Ringnummer seinen Geburtsort, sein Alter und seine Zugstraße feststellen. Mit Hilfe solcher Beobachtungsergebnisse hat man herausgefunden, daß alle Störche östlich der Elbe über den Bosporus und Abessinien nach Südafrika, die westlichen Störche dagegen über Gibraltar und die Sahara südwärts reisen.

„Das möchte ich mal aus dem Flugzeug beobachten!" meinte Uwe.

Der Förster lachte. Aber der Lehrer meinte, so unmöglich sei das gar nicht.

Dann verabschiedete er sich mit bestem Dank für das Entgegenkommen, und die Störche entwickelten sich zur Freude ihrer Herbergswirte von Tag zu Tag besser.

*

Das Gewitter war vorüber. Vereinzelt fielen noch schwere Tropfen aus dem grünen Wipfelzelt der Kirschbäume. Der Garten rings um das Forsthaus lockte zum Besuch. Die süßen Kirschen waren reif, rote, schwarze und glasighelle. Sie alle wollten gepflückt werden, ehe sie in der Nässe platzten und unansehnlich wurden.

„Uwe und Heiner!“ rief die Mutter. „Beeilt euch und erntet, was zu ernten ist. Der Winter ist lang! Da heißt es für Küche und Keller Vorräte sammeln!“

Die Jungen ließen sich nicht zweimal bitten und waren im Nu auf der Leiter im erstbesten Süßkirschenbaum. Langsam füllte sich Korb um Korb. Zwischendurch gab es natürlich viel Kurzweil hoch oben im Baumgeäst. Da vierteilte eine Spechtmeise einen Junikäfer und fraß ihn sodann. Finken begannen in der Nachmittagssonne zu schlagen, und die Amselhähne sangen Lied um Lied. Der Kuckuck meldete sich, und dann ließen sich auch die Golddrosseln hören, die Pirole.

Uwe hatte seinen Spaß an dem klangvollen Ruf, und noch größere Freude machte es ihm, ihn nachzupfeifen. Danach lauschte er, und siehe da, prompt kam die Antwort.

Heiner staunte. Der Bruder war ein Künstler besonderer Art. Er wollte es ihm gleichtun, aber sein Pfeifen endete mit einem kläglichen Quietschen. Heiner versuchte es noch mehrmals, gab es dann aber auf.

Uwe wiegte sich im Wipfelwerk des Baumes, pflückte und schmauste und machte große Augen, als es plötzlich vor ihm flügelschlagend schnurrte und ein Pärchen der Pirole kurz vor ihm im Geäst niederging, ein goldig und schwarz gefiedertes Männchen und sein grünlich gefiedertes Weibchen. Sie schauten sich nur kurz um, dann pflückten sie mit ihren Schnäbeln so viele Kirschen, wie sie packen konnten und verschwanden wieder im Wald.

Uwe blieben vor Erstaunen die Kirschen fast im Halse stecken. Schon wollte er Heiner im Nachbarbaum Bescheid sagen, als die heimlichen Kirschendiebe wieder erschienen und nach Herzenslust ernteten. Sie hatten einen guten Blick für die beste, süßeste Ware.

Als sie zum dritten Male auftauchten, waren die Jungen damit nicht mehr einverstanden. Sie scheuchten die Golddrosseln davon. Aber die waren dickfellig, verschwanden zwar aus ihrer Nähe, versuchten aber in anderen Bäumen zu ernten, und von dieser Stunde an waren die Steiners in den Kirschbäumen nie allein.

Was war da zu tun? Uwe wollte sie mit einem Katapult und Steinen vertreiben, aber der Vater verbot es.

„Schaut", sagte er zu seinen beiden Jungen, „wenn ihr euch anstrengt, holt ihr die meisten Früchte herunter. Es sind ja so viele Kirschen an den Zweigen, da kommt es auf ein paar mehr oder weniger nicht an. Es wäre doch schade, wenn einer der hübschen Vögel, die extra wegen der Kirschen aus dem Süden zu uns kommen, flügellahm oder tot in unserem Garten enden würde."

„Eigentlich bist du an allem schuld", sagte Heiner zu seinem Bruder, „denn du hast sie durch dein Pfeifen hergelockt!"

Aber davon wollte Uwe nichts wissen. „Weil du so schlecht gepfiffen hast, wollten sie sehen, wer der Stümper ist!" behauptete er wiederum.

Während er neuerlich in den Baum hinaufenterte, fiel sein Blick auf das heimlich eingeflogene Pärchen Pirole, das gar nicht weit entfernt von ihm scharfäugig durch das Laub huschte und bald hier, bald dort Raupen und Maden, Spanner und Wickler sammelte und nicht müde wurde, unter den Baumschädlingen reinen Tisch zu machen. Da war Uwe froh, daß die Pirole die Kirschen nicht umsonst verlangten und fleißig mithalfen, den Garten in Ordnung zu halten.

Von nun an gönnte er ihnen die Leckerbissen und fand es gar nicht recht, wenn sie ihm und Heiner nicht Gesellschaft leisteten. Doch sie hatten Besseres zu tun. Die jungen Pirole waren flügge geworden. Die Familie flog zu sechst über die

Getreidefelder hin, fing Fliegen und Brachkäfer, schnappte nach Heuhüpfern und Fliegen und rüstete allmählich auch zur Reise nach dem sonnigen Süden.

*

Nicht nur die Pirole liebten das Obst, auch andere Feinschmecker stellten sich gelegentlich ein. Der Häher ließ es sich im Garten wohl sein. Die Krähen hatten die Abwechslung auf ihrem Speisezettel rasch herausgefunden. Immer wenn Uwe sein Katapult auf sie in Anschlag brachte, stoben sie davon. Als er eine tote Krähe unter dem Baum gefunden und ins Gezweig gehängt hatte, fürchteten sie sich vor dem schwarzen Pendel im Geäst.

Die Wespen ließen sich dadurch aber nicht schrecken. Zu Hunderten schwärmten sie aus und nagten und tranken den süßen Kirschsaft.

Flogen die großen Goldwespen, die Hornissen, ins Wipfelwerk, so summten die kleinen Wespen dicht über dem Boden, und wer sich nicht vorsah, der bekam sofort einen schmerzhaften Stich.

Als Ulla auf diese Weise eine dicke Backe bekommen hatte, war den Kindern der Aufenthalt im Garten fast leid, bis man auf Abhilfe sann. Uwe wollte einen Kreuzzug gegen die gefährlichen Wespen starten. Zu diesem Zweck bestellte er seine Freunde Hermann und Dieter. Die fürchteten sich nicht und waren pfiffige Burschen. Als sie im Garten die Wespen sahen, erkannten sie sofort, daß es gar nichts nützte, einzelne davon totzuschlagen.

„Wir müssen ihr Nest finden und sie an Ort und Stelle vernichten!“ Also suchten die Jungen den ganzen Garten nach dem Wespennest ab, nirgends aber war etwas davon zu sehen. Schließlich zogen sie längs des Zaunes ihre Bahn, und siehe da, Hermann war der erfolgreiche Späher, der es auf dem Feldrain mitten im Rasen entdeckte. Er war aber noch gar nicht mal dicht am Erdloch, als sie ihn schon aufs Korn nahmen und wild an-

griffen. Ein Halbdutzend stürzte sich auf ihn, um ihm Respekt einzuflößen. Er wehrte sich mit Händen und Füßen, zog den Kopf ein und war flink in der Abwehr, so daß sie ihm keinen Stich beibringen konnten. Im Gegenteil, sie endeten alle unter seinen Schlägen.

Zwar war Hermann in Schweiß geraten, aber sein Mut war mächtig gestiegen, und als Dieter einen Stein auf die Erdöffnung geworfen hatte, nannte er ihn einen großen Narren.

„Eigentlich müßtest du ihn jetzt wieder fortnehmen, nachdem du die Rasselbande so richtig aufrührerisch gemacht hast!" schnauzte er ihn an. „Jetzt können wir eine Weile warten, ehe sie sich beruhigt haben oder aber du holst einen Eimer Wasser und schüttest ihn darauf!"

Dieter guckte dumm um sich. Dann kratzte er sich seine Stirn und meinte: „Ich weiß einen anderen Rat. Ich hole Petroleum und einen Lappen. An einer langen Stange befestigt und angezündet, brennt er lichterloh. Mit dieser Fackel können wir das Papiernest in der Erde zerstören."

„Endlich mal etwas Gescheites aus deinem Munde!" lachte Hermann, während Uwe in die Wohnung eilte und eine Schnur Schwefel holte.

„Damit können wir die Wespen ausräuchern!" schlug er vor. Jetzt fühlten sich die Jungen mächtig sicher, hantierten noch eine ganze Weile, bis sie alles Gerät für die Bekämpfung vorbereitet hatten, und gingen dann zum Angriff über.

Dieter führte als erster aus einiger Entfernung die brennende Stangenspitze in die Erdröhre, und viele Wespen, die sich wütend darauf stürzten, kamen in dem Feuer um.

Aber die Wespen waren gar nicht so dumm, wie die Jungen dachten. Kaum hatten die ersten Ausreißer aus dem Nest die Jungen und ganz besonders Dieter gesehen, als sie sich auch schon auf ihn stürzten und ihn ihre Stiche fühlen ließen. Schreiend rannte er davon und rieb sich die zerstochenen Körperteile.

Aber Hermann und Uwe waren es von ihm gewohnt, daß er immer schnell aufgab. Sie winkten hinter ihm her und setzten erst dann zum Angriff an. Nachdem sich die Wespen etwas beruhigt hatten, holten sie die Stange, befestigten die Schwefelschnur daran, entzündeten sie und brachten sie ganz behutsam in den Bau. Sie glimmte mit bläulicher Flamme, und der weiße beizende Rauch vernichtete viele der stechlustigen Kerfen. Es waren zwar nicht Tausende, immerhin aber noch Hunderte im Nest, und da dieses Zugänge hatte, wehrten sich die Wespen weiter. Die Jungen konnten nicht verhindern, daß auch sie gestochen wurden. Dennoch gaben sie ihren Kampf nicht auf. Der Schwefelfaden tat seine Wirkung, auch als das Erdloch zugeschüttet worden war.

Vielleicht tat er es nun sogar erst recht. Jedenfalls wurde der Flug der Wespen schwächer, und als eine Stunde vergangen war, konnten sie mit Spaten und Hacke darangehen, das Nest auszuheben.

Da wimmelte es noch immer von gelbschwarzen Kerfen, aber der brennende Petroleumlappen vernichtete sie rasch, und der Einsatz der Jungen hatte sich gelohnt.

Mit sich zufrieden, zogen sie ins Forsthaus.

Heiner, der von fern der „Feuerwehr" bei ihrer Arbeit zugeschaut hatte, machte angesichts der roten Schwellungen große Augen. Aber die Mutter holte Salmiakgeist und rieb die entzündeten Stellen ein. Dann strich sie kühlende Salbe darauf und gab jedem Jungen ein Glas Kirschsaft. Sie war ja froh, daß sie nun wieder ungestört in den Garten gehen konnte.

*

„Hättest du nicht immer die Haustür offen gelassen, hätten wir jetzt nicht den Schmutz!" herrschte Frau Steiner Uwe an, der ganz verstört im Hausflur auf den Steinfußboden starrte, wo allerlei Kalkspritzer verrieten, daß hier die Rauchschwalben gehaust hatten, obwohl sie die erste Brut gar nicht im Forsthaus aufzogen.

„Wahrscheinlich wollen sie jetzt bei uns bauen!"

„Ist das denn so schlimm?" fragte Ulla, die das Gespräch mit angehört hatte.

„Schlimm gerade nicht", erwiderte die Mutter, „wenn jemand den Schmutz beseitigt!"

„Daran soll es nicht liegen. Ich mache es", antwortete Ulla und war schon mit Schrubber und Lappen dabei, alles wegzuwischen.

Aber kaum war sie mit dem Saubermachen fertig, da zwitscherte es bereits draußen auf der Freitreppe zum Haus, und ein schnittiger Flieger sauste herein, ein Schwalberich, dichtauf von seiner Schwälbin gefolgt. Sie wäre ihm aufs Haar, nein, auf die Feder ähnlich, wenn nicht ihre zu Fäden ausgezogenen Schwanzfedern etwas kürzer gewesen wären als die des Schwalberichs.

Uwe hatte das sofort erkannt, als sich das Pärchen im Flur auf das alte Hirschgeweih setzte, das mal im Fischteich gehoben worden war. Es war ein Dreißigender.

„Ihr wollt wohl mit uns einen Mietvertrag machen?" fragte Uwe die Gabelschwänze.

„Wirz-wirz-wirz-wide-witt-züssi-zies!" plapperte das Männchen, und das Weibchen nickte dazu, als wenn es sagen wollte: „Bei euch gefällt es uns sehr gut. Wir haben uns entschlossen, die letzte Brutperiode bei euch zu bleiben!"

Dann flitzten die beiden wieder zur offenen Tür hinaus, zogen im Hof ihre Kreise und setzten sich an einer der Pfützen nieder, die der Regen hinterlassen hatte. Dort stocherten sie mit ihren kurzen Schnäbeln im Morast herum, mengten daraus einen feinen Mörtel und begannen ihn im Hausflur an die Decke zu kleben. Sie taten es behutsam. Uwe und Heiner konnten sich davon überzeugen, wenn sie durch die halboffene Küchentür guckten.

Die Schwalben bauten gemeinsam. Sie bauten an diesem Tage bis zum Abend, als die Kirchturmuhr acht schlug. Dann setzten sie sich auf die Geweihsprossen, verfolgten mit ihren Blicken das Geschehen im Haus und verhielten sich still, nachdem die Mutter einen großen Bogen Papier unter den Sitzplatz der Mieter gelegt hatte.

Am nächsten Morgen wurden die Kinder eher geweckt, als ihnen lieb war. Der Schwalberich war nämlich ein Frühaufsteher und begrüßte die Morgensonne schon zur fünften Tagesstunde mit einem Melodienreigen. Andächtig lauschten die Geschwister und waren erstaunt, als der Gesang der Vögel plötzlich aufhörte. Das hatte aber seinen Grund. Herr Steiner hatte nämlich, als er mit Heidjer zur Morgenpirsch wegging, das Flurfenster geöffnet und die beiden hinausgelassen.

Als die Kinder aufstanden und frühstückten, waren die Schwälbchen schon wieder fleißig gewesen und hatten das Nest ein gutes Stück im Bau vorangetrieben.

Eine Woche später war es fertig. Den Hauptanteil daran hatte das Weibchen. Kaum war der Bau innen tapeziert und mit Federchen ausstaffiert, da lag auch schon das erste Ei darin. Weiß, mit rotbraunen Tupfern, sah es allerliebst aus. Uwe und Heiner hatten die Gelegenheit genützt, es während der Abwesenheit der Vögel genau anzusehen.

„Fünf Eier sind jetzt drin!" sagte Uwe ein paar Tage später zu seinen Geschwistern. Ja, und dann fing das Brüten an. Im bunten Wechsel eiferten Männchen und Weibchen darin, bis am vierzehnten Tage das erste Schwälblein aus den Eierschalen schlüpfte. Einen Tag später hatten die Kinder das Vergnügen, der Fütterung hungriger Vogelkinder im eigenen Hause beizuwohnen.

Ulla mußte jetzt täglich das Papier vom Fußboden fortnehmen und gegen neues, sauberes auswechseln. Sie tat es gern. Und abends dankte ihr Vater Schwalberich mit seinem Lied ebenso wie am frühen Morgen.

*

Das Nest am Wiesenrain nahe dem wogenden Kornfeld kannten Uwe und Heiner nur zu gut; wenn sich nur irgendeine Gelegenheit dazu bot, schlüpften sie durch den Gartenzaun und waren in Kürze dort, wo die alte Rebhenne im unscheinbar erdfarbenen, gelblichgestreiften, an den Flanken rotbraun gebänderten Federkleid zwischen Wermut- und Schafgarbenstengeln auf zehn gelblichweißen Eiern brütete.

Ganz tief saß das Huhn auf der Nestmulde, so tief, daß die

Jungen es anfangs gar nicht erkennen konnten und die Henne mehrmals mit lautem „Schnurrdiburr“ davonflog.

Ganz tief zog sie dann über den Boden hin. Aber sie flog nie weit. Die Sorge um ihre Brut ließ sie bald wieder im Bogen zum Nistplatz zurückkommen. Mal fliegend, mal zu Fuß, näherte sie sich ihm, immer aufmerksam lugend, ob die Gefahr auch vorüber war.

Wenn die Jungen es auch noch so klug anstellen wollten, sie überraschten sie nie beim Zurückkommen.

„Warum rennst du denn jeden Tag dorthin?“ wollte Heiner von seinem Bruder wissen.

„Wenn wir die Küken haben, dann haben wir auch Hähne und Hühnchen und können ein ganzes Volk daraus züchten. Dann braucht der Vater im Herbst keine mehr zu schießen!“ antwortete Uwe.

„Du spinnst!“ sagte Heiner, der sich nicht für dumm verkaufen ließ, aber auch nichts dagegen hatte, wenn Uwe etwas Neues ausheckte.

Sie hatten beide keine Ahnung, wie schwer die Aufzucht von Rebhühnern im Vogelauslauf ist. Ihre Speisekarte umfaßt ja nicht nur Getreide, sondern die feinen Sämereien der Ackerunkräuter. Deshalb sind die Hühnchen auch in der Landwirtschaft so nützlich und in der Küche so begehrt.

Als Uwe und Heiner wieder einmal zum Nest gingen, machten sie verdutzte Gesichter. Es war bis auf einige Schalenreste leer. Die Hühnchen waren ausgeflogen. Uwe untersuchte die Schalen und fand, daß sie noch ganz warm waren. „Sie können erst vor ganz kurzer Zeit, und zwar heute früh, ausgeschlüpft sein!“ meinte er.

„Wenn wir sie suchen, können wir sie vielleicht noch finden!“

So schauten sie in alle Bodensenken, revierten manche Brachstelle des Geländes rings um das Nest ab und waren verblüfft, als plötzlich ein Rebhahn auf einer Bodenerhebung zu rufen begann und dicht über den Kartoffelacker hinwegstrich.

Uwe verfolgte ihn mit den Blicken, weil er sich im Benehmen der Laufhühnchen gut auskannte.

Und siehe, als er noch schaute und die Furchen hinunterjuckte, erkannte er ein unruhiges Gewimmel, ein Flimmern von Flügelchen und hastigen Beinchen, das nicht enden wollte.

„Wir haben sie! Da sind sie!" wies er Heiner mit der Rechten den Weg. Dann rannten die beiden, was das Zeug hielt, um die Rebhuhnfamilie einzuholen.

Wenn Herr Steiner die Jungen bei diesem Frevel erwischt hätte, wäre es ihnen übel ergangen. So konnten sie sich unbemerkt in der Feldmark austoben.

Der Schweiß perlte ihnen von der Stirn, als sie an der anderen Feldseite angelangt waren. Von den Rebhühnern sahen sie keine Spur. Die Erde schien sie allesamt verschluckt zu haben.

Tatsächlich war es so. Henne und Küken lagen im Nachbarschlag platt zwischen den Rüben, von dem großblättrigen Laub bedeckt, und luchsten aus blanken Äuglein auf ihre Verfolger, die atemlos umherirrten.

Die Hünhchen regten sich nicht. Das „Drücken", wie der Jäger sagt, war ihre größte Stärke. Sie hatten aber auch einen guten Verbündeten in ihrem Versteck. Das war der Rebhahn. Gar nicht weit von den Jungen entfernt, rief er immer wieder sein scharfes „Kirrjick!" in die Runde. Es sollte der Familie als Warnung dienen.

So gingen Uwe und Heiner zunächst in die Irre. Dann aber machten sie kehrt und wurden laut. Und siehe da, da purrte die Rebhenne dicht vor Heiner auf. Aber immer, wenn die Jungen sich bückten und ein Küken fangen wollten, war das olivbraun gesprenkelte Ding auch schon wieder fort.

Heiner hatte mächtiges Glück, als er endlich ein Hühnchen in den Händen hielt. Es piepste um sein Leben, es jammerte so laut, daß es der Henne wohl durch und durch ging. Sie humpelte und tat so elend, daß Heiner in der Aufregung das Küken losließ und der Henne folgte. Aber er bekam sie nicht zu fassen. Sie führte ihn kreuz und quer und ließ ihn zuweilen so nahe heran, daß er sie fast hätte greifen können. Bums stolperte er über einen Maulwurfshügel und lag am Boden. Alle Knochen taten ihm weh. Mühsam stand er auf und humpelte zurück. Es war ein längeres Wegstück, als ihm lieb war.

„Die Hühner haben uns mächtig an der Nase herumgeführt!" meinte auch Uwe, der nicht einem einzigen den Rang hatte ablaufen können.

Zu allem Überfluß kickerte der Rebhahn wieder von seinem erhöhten Stand im Felde. Am liebsten hätte Uwe ihm einen Stein nachgeworfen. Aber ärgerlich wandte er sich ab, und müde kehrten die Brüder heim. Nach dem Essen legten sie sich aufs Ohr und waren bis zum Abend nicht mehr zu sehen.

„Seid ihr etwa krank?" fragte die Mutter mit einem Blick.

„Habt ihr etwas ausgefressen?" erkundigte sich der Vater mißtrauisch. Aber beide schüttelten nur den Kopf, bis Heiner sich verplapperte und die Geschichte von der Rebhuhnjagd herauskam.

Da machte der Vater ein ernstes Gesicht. „Ihr seid mir rechte Försterbuben, rennt hinter Rebhuhnküken her! Ihr solltet euch schämen!"

*

Immer wenn Uwe zu den Fischteichen kam, suchte er die Ufer mit dem Glas nach Reihern ab, die dort den Karpfen nachstellten, Frösche fingen, Libellen jagten oder auch nur ins Wasser blickten. Einem aschgrauen Standbild gleich, übten sie sich in Geduld und größter Aufmerksamkeit.

Als Uwe mit Heiner an einem Ferientag wieder am Teich weilte und den Reihern, die in der Ferne fischten, bei ihrem Handwerk zugeschaut hatte, erwachte in ihm das Verlangen, den Abfliegenden dahin zu folgen, wo sie ihre Horste hatten.

„Die Fischreiherkolonie liegt nicht in meinem, sondern im Nachbarrevier, im Jagen 99!" hatte der Vater mal gesagt. Der Waldbezirk war in einem Fußmarsch von einer guten Stunde wohl zu erreichen, wenn man sich in der Gegend auskannte.

„Wollen wir mal dahin?" fragte Uwe den Heiner.

Der hatte nichts dagegen, und so zogen beide los, ein paar Krusten Brot in den Rocktaschen.

Sie hatten es sich so einfach vorgestellt, hinzugelangen. Aber es führte kein richtiger Weg dorthin. Sonst hätten ja auch die Reiher nicht dort gehaust. Sie, die Verhaßten, die jedem Fischer eine Plage waren, hatten nur dort noch eine Zuflucht, wo verständige Forstbeamte sie ihnen gewährten.

So lag die Reiherkolonie abseits von Weg und Steg mitten in der Kiefernheide. Auf mehr als zwanzig Meter hohen Bäumen hatten die stolzen Vögel mit dem langen gelblichen Schnabel, dem aschgrauen Federkleid und der langen Federhaube ihre Reisighorste gebaut, mehr als vierzig an der Zahl. Solange Menschen in dieser Gegend lebten, brüteten hier schon Reiher.

Je länger die Jungen unterwegs waren, desto mehr wurden ihnen die Schwierigkeiten bewußt, die sich ihnen in den Weg legten. Da gab es Zäune zu überklettern, Felder zu überqueren, wenn nicht zu umgehen, und immer war darauf zu achten, daß die Richtung innegehalten wurde, in der die Reiher mit ihren vollen Kröpfen flogen.

Mitunter zogen die Jungen Schuhe und Strümpfe aus, wenn es galt, einen Bach, eine nasse Wiese oder einen Sumpf zu durchwaten. Sie wünschten das Ende ihrer Irrfahrt herbei, weil ihnen in der Sonne die Zunge am Gaumen klebte.

„Hätte ich das vorher gewußt, daß es so lange dauert, wäre ich zu Hause geblieben!" sagte Heiner. Sobald wieder ein Reiher hoch in den Lüften seine Bahnen zog, war er munter, und schließlich waren die Brüder im Hochwald, wo die Horste lagen.

Von weitem schallte das Gekrächze, das Gequarre und das Scheppern der Nestlinge an die Ohren der Jungen, die mit hochgekrempelten Hosenbeinen durch Blaubeerkraut, Ginsterbüsche und Erikateppiche schritten, ganz vorsichtig, um sich nicht durch das unter ihren Füßen brechende Reisig zu verraten.

Aber die alten Vögel gaben gar nicht Obacht auf die Menschenzwerge unter sich. Sie waren um ihre Nestlinge besorgt.

„Achtung! Vorsicht!" rief da plötzlich Uwe seinen Bruder an; der konnte gerade noch rechtzeitig zur Seite springen, sonst wäre er aus der Höhe mit einer mächtigen Ladung Kalkspritzer bedacht worden.

Vielfach waren hier Preißel- und Blaubeergesträuch verbrannt. Die Farne welkten, und die Kiefernstämme leuchteten stellenweise ganz weiß. Heruntergefallene Knüppel bedeckten den Boden. Vertrocknete und verweste Fische, Muscheln und Eidechsen zeugten von dem Speisezettel der jungen Reiher. Uwe und Heiner setzten sich ein wenig seitab und genossen bei einem Kanten Brot das Glück dieser einsamen Stunde. Dann aber spürten sie noch eine Weile unter den Horsten, bis Uwe sich endlich bückte und nach einem Jungvogel griff, der vor gar nicht langer Zeit aus dem Horst gestürzt sein mußte.

Er wollte ihn aufheben, aber da stieß der ihm auch schon seinen spitzen Schnabel mitten auf die Stirn, daß das Blut tropfte.

„Biest!" schimpfte der Junge. Aber während er den krächzenden und wild mit den Schwingen um sich schlagenden Ästling noch hielt, schämte er sich schon seines Zorns.

„Was willst du denn mit dem Reiher anfangen?" fragte Heiner.

Uwe wußte es selbst nicht. „Mal sehen", antwortete er deshalb unschlüssig.

Diesmal kamen die beiden schneller voran als zuvor. Als sie am Fischteich im heimatlichen Revier waren, konnte Uwe nicht umhin, eine Rast einzulegen. Also setzten sie sich ans Ufer, kühlten ihre Füße im Seichtwasser und ließen es sich gut sein, während der von Uwe gefangene Reiher plötzlich Freiheitsgelüste verspürte und sich erhob.

Ehe die Jungen es recht gewahr wurden, war er schon im Wasser, stakte darin umher, geriet mehr und mehr ins Tiefe und empfand sichtliche Freude am nassen Element.

„So eine Schweinerei!" schimpfte Uwe über seine Unvorsichtigkeit. Aber Heiner lachte aus vollem Halse und war froh, daß der Schnabelheld fort war.

*

Spät war die Försterfamilie an diesem Abend ins Bett gekommen. Haukamps, die guten Bekannten aus der Nachbarschaft, hatten einen Besuch gemacht, und über angeregter Unterhaltung, über Speise und Trank war der Zeiger der Uhr allmählich auf die zwölfte Stunde gerückt.

Nun wollte jeder schlafen. Aber dazu kamen die Kinder nicht, auch die Eltern, die im Erdgeschoß schliefen, wurden aus den schönsten Träumen geweckt. Heiner hatte plötzlich über sich auf dem Dachboden ein Rumoren und unruhiges Trippeln vernommen. Erst meinte er, er irre sich. Deshalb richtete er sich in den Kissen auf und lauschte. Es hörte aber nicht auf, sondern ging noch viel schlimmer weiter. Es quiekte hell, scharrte zwischen den Dielen, schrappte und nagte.

Schließlich weckte Heiner seinen Bruder, und der wiederum machte die Eltern mobil, bis Herr Steiner, mit einer Lampe und einem Knüppel bewaffnet, in Begleitung seiner Söhne die Bodentreppe hinaufschritt und die Bescherung sah.

„Ratten!" sagte der Vater ergrimmt.

Während sie noch auf dem Boden Umschau hielten, geisterte unter dem Dach ein anderes Gespenst umher. Mit weichen Schwingenschlägen wehte es zum offenen Fenster hinaus, eine Schleiereule.

Aber sie kam in der nächsten Nacht wieder, und die unverdauten Fellteile, Knöchelchen und Schädelstücke geschlagener Ratten waren der beste Beweis für die Nützlichkeit der Eule.

Uwe wollte zusehen, wie sie unter den Ratten aufräumte, aber da sie nur in Dunkelheit auf Fang ausging, kam er um ein aufregendes Erlebnis. Herr Steiner nahm ihn an einem Nachmittag mit zu den Stallungen des Gutes. Dort warfen die Arbeiter häufig ihre Abfälle aus den Familienwohnungen fort, Gemüsewurzeln und -blätter, Brotreste und Konservendosen, alles Dinge, die Ratten lieben.

Zwar hatten sich hier nicht die auf dem Dachboden angetroffenen Hausratten, sondern die größeren Wanderratten angesiedelt. Als Allesfresser gehören sie zu der übelsten Familie der Nagetiere.

„Sie müssen mit Stumpf und Stiel ausgerottet werden", betonte der Förster, „denn sie verbreiten Krankheiten. Du mußt nur ganz still sitzen, wenn sie kommen!" sagte er zu Uwe.

Dann hockten sich die beiden im Schatten der Holundersträucher auf den Sitzstock, den jeder mit sich führte, nieder und warteten.

Aber die Ratten ließen sich Zeit, bis ein Kaninchen nach dem anderen aus den umliegenden Erdröhren kobolzte, zu den grünen Grasstauden hoppelte und von Hälmchen naschte.

Plötzlich schlichen hier und dort Ratten aus ihrem Versteck, jagten von allen Seiten die Kaninchen, packten eins und bissen es tot.

Dann gingen sie aufeinander los und rangen mit ihren scharfen Zähnen um die Beute. Auf diesen Augenblick hatte der Förster gewartet, er legte sein Kleinkalibergewehr an und schoß. Zwei Ratten stürzten zappelnd zu Boden, während die anderen entkamen.

Uwe atmete auf. Wie froh war er, als der Vater noch zwei der grauen Nager zur Strecke brachte! Dann war Ruhe auf dem Plan. Aber die Ratten waren natürlich noch längst nicht ausgerottet. Deshalb saß der Grünrock noch öfter auf sie an.

*

Natürlich sagte Heiner nicht nein, als der Gärtner ihm eine kaum flügge Dohle in die Hand drückte, die vom Gutshaus gestürzt war, ehe sie recht zu fliegen vermochte.

„Sie flatterte aber mit den Flügeln geschickt zu Boden", sagte der Alte, „und wie ich mich überzeugen konnte, hat sie keinen Schaden genommen. Du mußt sie nur gut füttern, dann wird sie dir auch Freude machen!"

Gut füttern! Das war die Losung, die den Jungen fortan beherrschte, und wo er in Mutters Küche und Speisekammer etwas ergattern konnte, was für seinen ‚Jakob' zuträglich war, holte er es herbei und stopfte es dem schwarzgrauen, graunackigen Schelm in den Schnabel.

Dann hielt der Vogel seinen Kopf mit dem seltsam blaugrauen Irisring zur Seite und lauschte. Dabei hatte er genau vernommen, was gesagt worden war. Seinen Namen hörte er gar zu gern, und bald folgte er auch dem Ruf, der an ihn erging. Jakob folgte besonders dorthin, wo er gar nicht gern gesehen wurde. Zum Beispiel in die Küche.

Kaum war er hereingerutscht oder hineingerutscht, so machte er sich sofort zu schaffen. Blinkende Geräte, Löffel, Messer, Flaschenöffner, Geldstücke konnte er nicht liegen sehen. Sofort mußte er sie mit seinem kräftigen Schnabel packen und forttragen.

Wohin schleppte er alles? Nun, es ist nicht zu sagen, wieviele Verstecke er auskundschaftete, und immer legte er die geraubten Schätze dort nieder, wo man sie bestimmt nicht gleich wiederfand.

„Du hast meine Manschettenknöpfe verlegt, Elfriede!" sagte der Förster einmal ungeduldig, als er zur Hochzeit eines Kollegen gehen wollte. Man suchte hier, man guckte dort, sie fanden sich nicht. Sie waren halt fort.

Zu aller Überraschung und Freude holte Jakob die Manschettenknöpfe am nächsten Morgen unter dem Schrank wieder hervor.

So säte Jakob täglich Zwietracht. Aber die Kinder trugen ihm keine seiner Unarten nach.

Gern hockte der Bursche auch auf den Schultern der Jungen und ließ sich füttern. Ganz verzückt tat er, wenn die Kinder ihn an der Kehle kraulten. Dann brachte er das tollste Kauderwelsch an Lauten hervor, hatte die Lacher auf seiner Seite und heimste Keks und Kuchen, Wurstbrötchen und Fleischhäppchen ein.

So wurde er ein kräftiger Vogel, der vor Gesundheit strotzte, wie sein glattes Gefieder es bezeugte. Seit er zu fliegen vermochte, durchmaß er Wohnung und Umgebung auf seinen Schwingen lieber als zu Fuß. Manch schöne Vase riß er bei seinen Landeübungen herunter, und wenn ihn Frau Steiner dann ausschalt, ließ er tieftraurig sein Köpfchen hängen. Dabei heckte er schon wieder eine neue Unart aus.

Entweder zupfte er am Brotlaib die Krumen heraus, zerbiß die Gardinen oder pickte die Erde aus den Blumentöpfen ins Zimmer hinein.

Draußen, im Freien, war er ein treuer Begleiter der Kinder,

und wenn er auch zuweilen mal in den Wipfeln der Waldbäume verschwand, er kam immer wieder, der Schatten seiner jungen Freunde.

Im Fliegen war er ein Meister. Dennoch rettete er mit seiner Kunst nicht sein Leben. Wieder hatten die Kinder ihn auf ihren Streifzügen mitgenommen. Wie gewöhnlich bummelte Jakob mal hier, mal dort. So blieb er ein Stück zurück, als die Kinder über eine weite Lichtung der Heide zogen.

Sie vermißten ihn und riefen seinen Namen, als plötzlich ein größerer Schatten seitlich von ihm aus dem Wipfelwerk in die Tiefe schoß und dicht über dem Boden flirrend unter ihm hinwegjagte, ein Habicht. Mit einem gewaltigen Aufwärtshaken war der Greif der Dohle schon nahe, packte sie blitzschnell mit vorschnellenden Fängen, und dann war es um sie geschehen. Ein dunkler Wust von Federn schwirrte im Winde und zerstreute sich . . .

Heiner, noch ganz im Bann des traurigen Augenblicks, begann zu weinen. Auch Uwe standen die Tränen in den Augen, aber es war nun einmal geschehen.

„Wer weiß, was Jakob noch alles an Dummheiten angestellt hätte!" tröstete der Vater seine Kinder.

*

Nicht immer schien die Sommersonne. Zuweilen versteckte sie sich auch hinter dichten Wolken und ließ die Bauern im Stich, die gern das Grüngemähte und auch das Getreide trocken in die Scheune gefahren hätten.

Hinnerk, dem Igel, war dann auch nicht wohl. War sein Alter daran schuld, oder lag es an seiner Abhängigkeit vom Wetter? Eines Morgens blieb er mitten auf dem Rasen in einer Bodendelle liegen.

Keine Viertelstunde später machte Heidjer, der Dackel, seinen Rundgang durch den Garten, und es dauerte nicht lange, da stieß er auf Hinnerk. Die Igelwitterung reizte den Hund zum Angriff. Kaum hatte Heidjer Hinnerks Körperdunst wieder ausgestoßen, da packte er auch schon mit heftigem Gebell zu und versuchte immer wieder, den Schläfer an der richtigen Stelle zu fassen.

„Bauw bauw!" bellte Heidjer, seine Stimme steigerte sich und nahm einen bedrohlichen Ton an.

Was wollte der Igel hier mitten auf dem Weg?

„Bauw bauw!" schäumte Heidjer voller Zorn und versuchte Hinnerk umzudrehen. Aber der war dickfellig, hatte sich zu einer von drohenden Stacheln bewehrten Kugel zusammengezogen und ließ sich reglos von der Stelle kullern, immer wieder von Heidjer vorwärtsgeschoben, gerollt und über Stock und Stein gekollert.

Eigentlich hätte dem Igel ganz schummrig im Kopf werden müssen, aber er war solche Behandlung bereits gewöhnt. Wer hatte ihm nicht alles schon übel mitgespielt, aber keiner hatte ihn überwinden können, weder der Fuchs, noch der Iltis, noch die Jungen im Dorfe. Uwe und Heiner hatten Hinnerk auch schon belästigt, als er noch unter der Hecke am Gutspark hauste. Aber davon wußten die beiden natürlich nichts mehr. Ein Jahr war darüber vergangen.

So entging beiden an diesem Sonntagmorgen der laute Krawall Heidjers im Garten nicht. Heiner schaute zum Fenster hinaus und entdeckte das Rauhbein bei einem neuen Angriff. Da war er schon mit Uwe im Garten, um den Igel zu retten. Das war gar nicht ganz einfach, denn Heidjer hatte keine Lust, sich seine Beute fortnehmen zu lassen. Giftiger als zuvor berannte er Hinnerk, hatte ihn schon am Pumpenstock in eine Pfütze geschubst, was dem Igel durchaus nicht gefiel.

Im Begriff, sich aufzurollen, koste es, was es wolle, lief er Gefahr, daß der Hund ihn bäuchlings verletzte. Uwe kannte die Gewohnheiten des Dackels. Deshalb zog er rasch seine Jacke aus und warf sie ihm über. Einen Augenblick verwirrt, ließ der Rüde von Hinnerk ab, und schon hatte Heiner das blutende Tier aufgenommen.

Hinnerk japste von der Anstrengung. Er litt an Luftmangel, aber die Jungen wußten Rat. Der Igel wanderte in eine geräumige Kiste im Keller und genoß dort alle Vorzüge des Lebens. Heuschrecken und Mistkäfer und Schmetterlingspuppen sammelten die Freunde für ihn, stellten ihm auch täglich ein Schälchen warme Milch in seinen Käfig und befreiten ihn auch von seinen Zecken, kleinen Spinnentieren, die mit Hilfe ihres Rüssels Blut aus seinem Körper saugten.

Immer hatten die Jungen Freude daran, wenn es Hinnerk schmeckte. Bald war er so zutraulich, daß er sich nicht dabei stören ließ, wenn sie zuschauten. Mit seinen nadelspitzen Zähnen zerknackte er die harten Panzer der Käfer mit Leichtigkeit. Hatte er eine Nacktschnecke einmal gepackt, so ließ er sie nicht mehr los. Als er einmal einen braunen Grasfrosch zerstückelte, wurde Heiner ganz blaß. Von diesem Tage an wollte er von Hinnerk nichts mehr wissen, und auf sein Drängen setzte Uwe den Igel wieder im Gutspark aus. Nahe dem Komposthaufen durfte er die Freiheit genießen.

Es ging schon auf den Herbst zu, als die Nebel brauten und einige Nächte mit Frost eintraten. Als Uwe und Heiner am frühen Morgen den Gärtner besuchen wollten, um sich in seinem Treibhaus umzuschauen, entdeckten sie Hinnerk, wie er sich sein Winterlager inmitten eines Laubhaufens einrichtete. Immer tiefer wühlte er sich in den lockeren Wust trockener Blätter, bis er auf dem Humusgrund gelandet war.

Als der erste Schnee fiel, hatte er sich in dem Lager eingerollt und rührte sich nicht. Da ließen sie ihn liegen, merkten sich die Stelle und wollten ihn im nächsten Frühjahr wieder besuchen.

Sie fanden ihn tatsächlich wieder, aber er rührte sich nicht. Schlaff lag er da. Sein kleines Leben hatte von dieser Welt Abschied genommen.

*

„Weidmannsheil!" wünschten sich die Jäger bei solcher Gelegenheit, also rechten Erfolg. Der Rehbock, dem die Pirsch galt, war einer der schwächsten in Herrn Steiners Revier. Er hätte längst ausgemerzt werden müssen, war aber immer den Nachstellungen entgangen.

Nach mancherlei Umwegen auf schmalen Pfaden waren Vater und Sohn schließlich an die Stelle des Waldes gekommen, wo der Rehbock seinen Stand hatte. Er hatte sich diesen heimlichen Platz mitten im Gebüsch bereits im Frühjahr gegen andere Rehböcke erkämpft und paßte nun sehr auf, daß ihm keiner seiner Artgenossen dort zu nahe kam, sonst setzte es Püffe, sonst gab es Kampf auf Leben und Tod.

Der Förster kannte die Mucken seiner Rehböcke. So hübsch sie aussahen, so teuflich konnten sie sich gebärden. Heiner und Uwe hatten es schon einmal erlebt, wie sie bis zur letzten Kraft um die Vorherrschaft rangen.

Diesen Rehbock kannte Uwe allerdings noch nicht, und so war er sehr gespannt auf ihn. Unter der mächtigen Eiche waren alle drei gegen Regen geschützt, und das Gebüsch im Rücken und an den Seiten sorgte für gute Tarnung.

Herr Steiner hatte sich seine Pfeife angebrannt, um so die Windrichtung zu prüfen. Sie war gut, denn der Rauch wehte den Baum hinauf, so daß das Wild keine Witterung bekommen konnte.

Pirole schäkerten im Wipfel des Eichenbaumes, fingen Raupen und Maden und waren recht geschäftig in der Nachmittagsstunde, die ziemlich schwül auf die Landschaft drückte.

Uwe wurde schläfrig, und auch Heidjer vergaß aufmerksam zu sein. Nur der Förster hielt die Augen offen, guckte ab und zu durchs Fernglas und zog dann wieder an seiner Pfeife. Der Rehbock ließ auf sich warten. Aber halt! Eine Ricke zog mit zwei Kitzen über die Lichtung. Hin und wieder schmauste sie von dem grünen, saftigen Klee, bis sie aufrecht innehielt und zu den drei Jagdgenossen herüberschaute. Oder hatte sie einen anderen Blickfang?

Ja, sie schaute ganz woanders hin!

Da knackte irgendwo das Geäst. Heidjer war sofort hellwach. Er kannte solche geheimnisvollen Geräusche. Meist knallte es hinterher, und zuweilen mußte er dann an der langen Lederleine suchen, ob das Wild zur Strecke gebracht werden konnte.

Aber noch war es nicht soweit. Wieder knisterte es schräg hinter den Jägern. Uwe rieb sich die Augen. Er hatte es auch

vernommen, rührte sich aber nicht, um nichts zu verderben. Rehe haben ein überaus gutes Gehör und ebenso scharfe Lichter, mit denen sie mindestens so gut zu sehen vermögen, wie die Menschen, besonders in ihrem eigenen Lebensbereich.

Und siehe da! Schon trat ein Rehbock aus dem Unterholz! Herr Steiner hatte sofort das Glas am Auge und prüfte ihn genau. War es der Gesuchte oder war es ein anderer? Ein Fehlschuß wäre verantwortungslos gewesen. Noch immer schaute Herr Steiner durchs Glas, dann setzte er ab. Es war der Bock!

Uwe sah ein untersetztes Wild mit einem schwachen Gabelgehörn, auf dem Kopf, ein Zeichen, daß der Bock kein Vorbild seiner Art darstellte. Bei einem Alter von vier Jahren mußten die Gehörnstangen bedeutend stärker sein und wenigstens sechs Sprossen statt vier tragen.

Also wartete Herr Steiner auf den günstigsten Augenblick, da er zielen konnte.

Der Rehbock hatte sich davon überzeugt, daß ringsum keine Gefahr drohte. Also begann er zu äsen. Schrittweise kam er näher, war aber immer noch nicht nahe genug heran.

Der Förster konnte seine Ungeduld kaum noch zügeln. Die schwere Luft drückte. Sie machte faul und lässig. Solche Witterung war den Spinnen recht und ganz besonders ihren Verwandten, den blutgierigen Zecken. Zu Tausenden ließen sie sich aus dem Astwerk der Eiche fallen, kaum so groß wie ein Stecknadelkopf, aber in ihrem Blutdurst unersättlich. Sie alle besaßen das Vermögen, mit ihren Sinnen die Ausdünstungen von Mensch und Tier aufzuspüren. Wo es nach Schweiß roch, gab es auch Blut zu saugen.

Also krabbelten sie hierhin und dorthin, überfielen Maus und Igel, Reh und Wildschwein und machten auch vor Heidjer und den Steiners nicht halt. An Schuhen und Strümpfen krochen sie empor, fanden die Maschen des Gewebes und suchten sich die dünnsten Hautstellen aus, in die sie ihren Rüsselbohrer setzten, um dann tüchtig zu saugen.

Davon merkten die drei zunächst nichts. Aber in der Nacht darauf wachte der Förster auf. Jucken an den verschiedensten Stellen des Körpers raubte ihm den Schlaf. Erbsengroß hatten die Zecken sich an ihm vollgesogen. Mehr als ein Dutzend der Schmarotzer zapfte sein Blut.

Herr Steiner weckte seine Frau, und gemeinsam suchten sie noch nach den Qualgeistern, als auch Uwe in die Küche kam und sein Leid zu klagen begann.

Mit Gewehröl betupft, bekamen die Zecken bald Atemnot und fielen zu Boden. Als Vater und Sohn wieder aufatmeten, kam Heidjer zur Ungezieferbekämpfung an die Reihe. Ihm hatten die Schmarotzer auch übel mitgespielt.

„Zwanzig Holzböcke!" zählte Uwe. Im ganzen waren es mehr als hundert Stück.

„Eine tolle Jagdstrecke!" lachte der Förster. Gern hätte er den Rehbock noch in diesem Jahr gestreckt. Aber die Zecken schreckten ihn doch zu sehr. Und auch Uwe wollte nichts mehr mit ihnen zu tun haben.

Heiner jedoch freute sich, daß er nicht mitgekommen war.

*

Heiner hatte am Mühlenkolk des Wiesenbaches einen heimlichen Platz gefunden, wo er gelegentlich die Angel auswarf. Angel war eigentlich zuviel gesagt. Es war nur ein gewöhnlicher Stock mit einer krummen Stecknadel und einem Regenwurm daran.

Uwe hatte ihm die Angel gemacht und behauptet, daß er damit große Fische fangen könne.

„Du mußt es nur geschickt anfangen! Vor allem mußt du still sitzen und aufmerksam auf den Schwimmkorken achten. Sobald er sich bewegt, sind Fische am Köder!"

Aber der große Bruder hatte eine viel bessere Angel als Heiner. Eine dünne Perlonschnur, im Wasser kaum sichtbar, ließ sie sich an einer Bambusstange verlängern oder verkürzen, je nachdem die damit verbundene Kurbel bewegt wurde. Ein Widerhaken war an der Schnur befestigt, alles in allem ein ausgeklügeltes Gerät, mit dem sich sehr wohl große und kleine Fische fangen ließen.

Folglich hatte Uwe auch Erfolg beim Angeln. Fing Heiner

mal einen Stichling, einen Drei- oder Sechsdorn, der ihm beim Anheben meist wieder von der Nadel rutschte, so fing Uwe schon Barsche und Rotaugen, Rotfedern und Schleien, die das sumpfige Wasser lieben. Dann rannte Heiner jedesmal zu ihm hin und bewunderte seinen Erfolg.

„Leih mir doch mal deine Angel!" bat Heiner mehrmals den Bruder, aber der winkte immer mit faulen Ausflüchten ab.

„Dafür bist du noch zu klein!" sagte er. „Solch ein Gerät ist für dich zu groß. Du kannst es nicht meistern!"

Aber Heiner glaubte ihm nicht, doch er mußte sich mit seiner Hungerpeitsche begnügen und zusehen, wie Uwe die Fische im Wiesenbach überlistete.

Eines Morgens im August jedoch holte sich Heiner die gute Angel aus dem Werkschuppen und stahl sich heimlich davon, nachdem er eine Büchse mit feisten Regenwürmern gesammelt hatte. In Eilschritten erreichte er seinen angestammten Platz am Kolk.

Die Sonne schien. Die blauen Libellen, die Schlankjungfern, gaukelten über die Ufer. Munter plapperte das Bachwasser dahin. Vor dem Kolk schimmerten die hellen Kiesel vor Heiner auf, aber im Kolk selbst dunkelte das Wasser in der Tiefe grünlich und grau. Das Wurzelwerk einer beim Hochwasser umgestürzten Weide wellte im Strom und ließ unter sich allerlei geheimnisvolle Schlupfwinkel erkennen, die einem Nichtschwimmer große Schwierigkeiten bereiten konnten.

Heiner konnte noch nicht schwimmen, aber das machte ihm nichts aus. Er kannte den Bach von Kindheit an. Jede Örtlichkeit dort war ihm wohlvertraut. So fühlte er sich auf seinem Platz durchaus wohl, machte sein Angelzeug fertig und ließ den Schwimmer treiben.

Wie lustig die rote Spindel über die Wellen tanzte und genau die Strömung anzeigte! Stille umgab Heiner, und die Fernsicht auf die Felder vor sich und die Wiesen machte ihm Freude.

Der Schwimmer mit dem Angelhaken und dem Wurm daran war an die äußerste Kantenspitze des Kolkes geraten. Heiner hob die Angel und warf den Köder wieder voraus. Diesmal schütterte er ein wenig mit der Bambusrute, wie er es beim Uwe gesehen hatte, um die Fische mit der Bewegung des Wurms noch besser anzulocken.

Aber es nützte nichts. Es biß kein Fisch!

Heiner war es gewöhnt, daß sich nichts fing! Deshalb gab er noch lange nicht auf. Vielleicht hing der Wurm zu hoch über dem Bodengrund, dachte er und verstellte die Tiefe. Dann ließ er wieder den Köder ins Wasser und beobachtete. Der bunte Schwimmer tänzelte und hüpfte und nahm plötzlich Richtung stromauf, ein Zeichen, daß sich Fische mit dem Wurm beschäftigten. Auf und ab ging jetzt der Schwimmer auf dem Wasserspiegel, bis er immer tiefer sank.

Heiner hob vorsichtig die Angel an und fühlte leichten Widerstand. Es konnte keinen Zweifel geben, daß sich ein Fisch gefangen hatte. Höher und höher kurbelte Heiner die Angelschnur und schaute erwartungsvoll zu der Stelle, wo jeden Augenblick die Beute auftauchen mußte, als plötzlich aus der Tiefe ein Schatten emporschoß, zuschnappte und mit noch größerem Schwung wieder in der Finsternis des Kolkes verschwand. Die Angelschnur purrte singend von der Kurbelrolle. Es gab einen ordentlichen Ruck nach vorn, und ehe Heiner es recht zum Bewußtsein kam, lag er im Wasser. Er japste nach Luft, schlug mit den Armen um sich und wurde von der Strömung unweigerlich gegen die Uferwand des Kolkes gedrückt . . .

In seiner Angst faßte er ins Wurzelwerk der Weide und suchte sich daran hochzuziehen. Aber die Erde gab nach, und er rutschte wieder zurück. Er schrie um Hilfe. Aber wer hörte ihn schon? Es waren ja nirgends Menschen auf dem Felde, die ihm hätten Beistand leisten können. Die Strömung drängte seinen Unterkörper in den Kolk. Er hielt sich krampfhaft an der steilen Böschung fest und strampelte mit den Beinen gegen den Wasserdruck. So tastete er sich, so gut er konnte, am Uferrand entlang, bis er die Tiefe des Kolkes überwunden hatte und im Seichtwasser gelandet war. Er atmete auf.

Gottlob, seine Füße fühlten wieder festen Grund. Er konnte aufrecht stehen und sicher aus dem Wasser steigen.

Das hätte schief gehen können! Erst jetzt wurde Heiner auch klar, warum Uwe ihm nicht hatte seine Angel geben wollen. Der Bruder hatte es gut mit ihm gemeint.

Sollte Heiner jetzt nach Hause gehen? Er dachte nicht daran, sondern suchte die Angel. Ohne sie konnte er auf keinen Fall nach Hause kommen. Was würde Uwe sagen?

Also suchte Heiner nach der Bambusrute und fand sie tatsächlich am Uferrand angetrieben. Die Schnur hatte sich verfitzt. Ein Hindernis setzte ihm erheblichen Widerstand entgegen. Es wollte und wollte nicht gelingen, sie zu bergen.

Da blieb Heiner nichts anderes übrig, als die Angelrute tief ins Erdreich zu stoßen und erst mal heimzugehen.

Über Lacher hatte er nicht zu klagen. Sie verstummten aber rasch, als er von seinem Mißgeschick erzählte.

Während Heiner sich umzog, war Uwe schon davongeeilt, um sein Angelzeug zu bergen. Von weitem sah er die Bambusrute im Boden. Behutsam löste er sie, dann zog er beharrlich an der Schnur. Aber im Wasser bremste etwas dagegen.

Doch Uwe gab nicht auf. Er trat ins Seichtwasser und landete von hier aus einen fast meterlangen Hecht.

Als Heiner den mächtigen Fisch sah, betrachtete er ihn lange. Dann trugen die Brüder den Fang heim, und keiner machte dem anderen einen Vorwurf.

Im Herbst und Winter

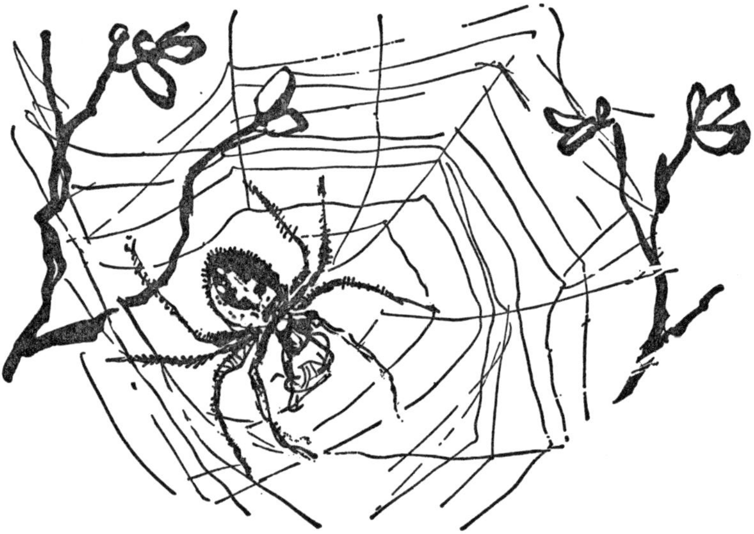

Der große Vogelzug

Feiner Nebelhauch lag nun tagsüber oft in der Luft. Er trübte die Sicht weithin und dämpfte das Sonnenlicht. Die Bienen des Gärtners spürten es besonders, daß sich die Luft veränderte. Längst waren sie nicht mehr so rege wie zuvor.

Lange verweilten die Flugbienen bei den Wächtern an der Kastenöffnung, als wollten sie sich noch etwas Mut holen, ehe sie Honig einsammelten. Eine Viertelstunde brummelten sie jetzt meist bis zu den ausgedehnten Teppichen des Heidekrautes, um dort Nektar aus den winzigen Blütentrichtern zu holen.

Heidehonig schmeckt gut, er ist nicht bloß gesund, sondern hilft auch bei Husten und Heiserkeit.

Deshalb ließ der Imker seine fleißigen Gesellen noch immer fliegen, die viele Gefahren draußen in der Heide zu bestehen hatten. Wenn es auch ringsum ungefährlich schien und wundervoll duftete — überall lauerten die Spinnen mit ihren Netzen auf Fliegen, Mücken, Libellen und Falter, wenn es die Bienen nicht waren.

Die Kinder wußten nichts davon. Aber als sie eines Morgens in der Frühe loszogen, um noch einmal späte Preißelbeeren zu sammeln, staunten sie, daß überall silberhelle Netze über die Erde gespannt waren.

Heiner zerstörte sie anfangs mit den Füßen, wenn er durch sie hindurchlief. Er dachte sich nichts dabei. Als er jedoch stärker auftrat, flüchteten die Weberinnen, und manch eine geriet auf seinen Rock. Im Nu hinterließ sie blitzende Fäden. Bis ins Gesicht flatterten sie und waren so leicht nicht zu beseitigen.

Noch ärger lernte Heiner die Spinnen bei der Beerensuche kennen, wenn er sich bücken mußte. Da schimpfte er wie ein Rohrspatz.

Je länger er mit den Geschwistern Beeren las, desto eingehender lernte er die verschiedenen Arten der Spinnen kennen. Da gab es welche, die ein schönes Netz spannen, ähnlich einem Wagenrad. Andere häuften ihre Fäden wahllos über Gras und Kraut, wieder andere hatten einen Trichter in die sandige Erde gewühlt und den Zugang ringsum mit Gespinst bezogen. Im Innern der Höhle lauerten sie dann auf Beute. Überhaupt warteten sie alle auf den Augenblick, da sie ein anderes Kerfentier überfallen konnten.

„Die reinsten Wegelagerer sind diese Spinnen!" sagte Ulla.

In der Frühstückspause versuchte Heiner den Spinnen auf die Schliche zu kommen. Uwe gesellte sich dazu, und als beide nach kurzer Zeit vor dem mächtigen Netz einer Radspinne standen, machten sie große Augen. Tautropfen blinkten und funkelten an den Fäden, aber sobald die Sonne darauf schien, trockneten sie rasch ab.

„Wo ist denn die Spinne?" wollte Heiner wissen. Uwe wußte keine Antwort darauf. Zur Klärung der Frage rührte er mit einem Grashalm vorsichtig am Netz und siehe da, am Stamme einer der beiden Birken, zwischen die das Netz gespannt war, zeigte sich etwas. In einem Rindenritz, durch Borke geschützt, hatte die Spinne ihren Lauerplatz. Ein Signalfaden führte von ihrem Sitz zur Mitte des Gewebes, der Warte.

„Hol sie doch mal hervor!" sagte Heiner, denn er selber getraute sich nicht, das erbsengroße Tier anzufassen.

„Kannst du es nicht selber tun?"

Uwe wollte die Spinne fassen. Er tat es aber nicht besonders geschickt und bekam sogleich die Quittung dafür, als er nämlich einen kleinen Stich im Daumen spürte.

„Sie hat mich tatsächlich gebissen!" rief er und beguckte die Stelle am Finger. Es war aber nichts zu sehen.

Und wo war die Spinne geblieben? Sie hatte sich rasch zu Boden fallen lassen, an einem Faden natürlich, den sie aus den Spinndrüsen am Hinterleibe zog, und wollte entwischen. Uwe setzte sie wieder ins Netz, und dort verblüffte sie mit der Kunst ihrer Kletterei. Ohne an den Fäden zu kleben, lief sie wie ein Seiltänzer zur Mitte des Rades und setzte sich dort fest.

Nun konnten die Kinder sie gut beobachten. Der rundliche Kopf, die acht Beine erregten die Aufmerksamkeit der Kinder, und ganz besonders waren sie von dem großen weißen Kreuz auf dem Rücken angetan.

Die Kreuzspinne fühlte die Belebung durch die Sonne. Ihr Arbeitstag begann. Da kam auch schon eine Wespe angebraust. Mitten in das Radnetz schoß sie hinein, zerriß es und purzelte zu Boden.

Die Kreuzspinne rührte sich kaum. Sie hatte ein feines Empfinden für die Panne. Um so aufmerksamer reagierte sie, als ein Heuhüpfer mit mächtigem Schwung ins Netz geriet. Die Fäden, die klebrigen, ließen ihn nicht mehr los. Er zappelte, um sich zu befreien, verstrickte sich immer mehr im Gespinst; dann eilte auch schon die Spinne herbei und biß mit ihren Kieferzangen in seinen Chitinpanzer. Unter der Wirkung des eingespritzten Giftes begann er zu zittern.

Die Spinne hätte ihn nun verzehren können, aber vermutlich

hatte sie noch keinen Appetit. Sie wickelte ihn in eine ganze Lage von Fäden. Dann hängte sie sich das Bündel an den Hinterfuß und schleppte es neben ihren Lauerplatz.

Uwe und Heiner wurden von Ulla zur Ordnung gerufen.

„Wenn ihr so weitermacht und nichts tut, dann kommen wir mit leeren Körben heim. Glaubt nur nicht, daß ich euch dann in Schutz nehme!" Da rissen sich die Jungen zusammen und holten nach, was sie versäumt hatten.

Aber die Kreuzspinne ging ihnen nicht aus dem Sinn.

„Ich möchte mal sehen, wie sie das Netz spinnt!" sagte Heiner.

„Ich auch!"

„Am besten wir nehmen sie mit nach Hause und setzen sie vor unserem Zimmerfenster aus. Da können wir sie beobachten, wann und so oft wir wollen!"

Heiner fand den Gedanken gut. Deshalb merkten sie sich die beiden Birken.

Um die Mittagsstunde, als es recht schwül war, verzehrten die Kinder ihr mitgebrachtes Brot, tranken Milchkakao dazu und spionierten ein bißchen ringsum, bis Ulla auf das Nest einer Wolfsspinne stieß. Das wehrhafte Insekt schlüpfte in seine Erdhöhle. Dort lauerte es auf vorüberkriechende Kerfen. Aber es kamen keine.

Das Mädchen fing einen Heuhüpfer und warf ihn vorsichtig in den Erdtrichter. Kaum war er zu Boden gefallen, als die Spinne auch schon herbeischoß und ihn mit ihren Kieferzangen bearbeitete. Im Nu hatte sie ihn zerstückelt und verzehrt.

Ulla tat das Tier leid. Da brachte Uwe schon wieder eins. Auch das sollte zur Fütterung bestimmt sein. Die Schwester wußte es mit Ausflüchten zu verhindern, und so blieb der Hüpferling unbehelligt. Die Jungen hatten sich nun in den Kopf gesetzt, die Wolfsspinne weiter zu beschäftigen. Heiner trug eine andere dieser Art herbei, und ehe es verhindert werden konnte, hatte er sie in den Trichter geworfen. Die Höhlenbesitzerin stürzte sich sofort auf die Überraschte, die wahrscheinlich von selber niemals in die Erdwohnung eingedrungen wäre. Es entwickelte sich ein stürmischer Kampf der beiden. Hin und her rangen sie um den Sieg und suchten einander mit den Kieferzangen umzubringen. Uwe wollte sie mit einem Zweig auseinanderbringen, aber er kam zu spät. Zitternd ließen die Wüteriche voneinander ab und fielen beide tot um. Ein wenig bestürzt schauten die Geschwister auf die leblosen Tiere. Der nächste Tag würde sie nur noch als Staub sehen, das war gewiß.

„Laßt uns wieder unsere Preißelbeeren sammeln!" meinte Ulla. Dann hockten sich die drei wieder am Gesträuch nieder und ließen die roten Früchte durch die Finger perlen, bis Kannen und Körbe gefüllt waren. Anschließend ging es heimwärts, nicht ohne die Kreuzspinne aufzustöbern und mitzunehmen.

Die Mutter freute sich, als sie die Fülle der Beeren sah. Sie lobte ihre Kinder, die sich nun tüchtig stärkten.

„Vergiß deine Kreuzspinne nicht!" mahnte Heiner den Bruder, und der beeilte sich, sie in seinem Schlafzimmer in die Freiheit zu entlassen. Sie zeigte zunächst jedoch gar keine Lust, sich zu bewegen. Wahrscheinlich behagte ihr die fremde Umgebung nicht.

Was war da zu tun? Eigentlich nichts. Und so ließen die Jungen die Spinne erst mal in Ruhe und gingen ihrer Wege.

Abends jedoch hatte die Spinne ihren Platz verlassen und war unter die Gardinenstange gekrochen. Am frühen Morgen saß sie wieder dort, aber quer vor dem Fenster prangte ein wunderschönes Radnetz im funkelnden Sonnenlicht.

„War die fleißig!" wunderte sich Heiner und betrachtete das Kunstwerk von allen Seiten, holte Fliegen herbei und warf sie in die Maschen. Die Spinne ließ sich nicht bitten, eilte herzu und fraß sich an der Kost satt, bis sie nicht mehr mochte, die Beute nur bündelte und auf Vorrat legte.

„Wie spinnt sie bloß ihr Netz?" fragte Uwe, und die Geschwister hätten es ebenso gern gewußt.

Um der Sache näher zu kommen, wischte Uwe das Netz am Nachmittag behutsam fort. Dann kontrollierte er in gewissen Zeitabständen die Spinne. Aber sie dachte gar nicht an Arbeit. Auch vor dem Schlafengehen hatte sie noch keinen Faden gezogen.

„Ich werde dich schon noch überraschen!" versprach Uwe, und zu mitternächtlicher Stunde hatte er tatsächlich Erfolg.

Da lief die Spinne eilfertig hin und her, zog den Rahmen zum Netz, setzte die Speichen ein und befestigte die Fangspirale daran. Als die ersten Lichtstrahlen den neuen Tag erhellten, war das Netz fertig, schöner und größer als das erste. Es blitzte und blinkte, es atmete richtig mit jedem Luftzug, der vom Fenster dagegenwehte.

Stolz betrachteten es die Kinder, und Vater und Mutter mußten es auch bewundern. Jetzt hatte die Spinne keine Not mehr. Die Jungen brachten ihr, was Spinnen gern mögen. Kugelrund wurde die Mitbewohnerin. Bald war sie so groß wie eine reife Kirsche.

Aber die Tage wurden nun immer kühler und unfreundlicher, und eines Morgens lag die Kreuzspinne tot am Boden. Heiner hatte sie zuerst entdeckt. Traurig zeigte er sie Uwe.

Die Brüder aber suchten nach neuer Zerstreuung.

*

Alle Tage machten die drei jungen Störche auf dem Dach des Forsthauses ihre Ausflüge mit den Eltern in die weiten Wiesen, an den Rand der Heide und auch an die Uferränder der Fischteiche. Kamen sie mittags wieder zum Nest, dann klapperten sie zur Begrüßung, und abends vor dem Schlafengehen taten sie es auch.

Oft schliefen sie gar nicht mehr in ihrem Reisighorst, sondern stolzierten bis zum Aufgang des Mondes auf dem Dachfirst entlang, und je stärker die Nebel über den Wiesen brauten, desto unruhiger wurden die Langbeine.

Die Kinder wunderten sich aber nicht darüber. Wer reist, ist vorher immer aufgeregt. Wie mag es in der Fremde sein? Haben wir auch alles gut genug vorbereitet? So denken die Menschen.

Die Störche auf dem Dachfirst des Forsthauses hatten nicht die Gabe, in die Zukunft zu denken. Sie sahen nur die Gegenwart, das Heute, aber aufgeregt waren sie doch. Vielleicht machte ihnen das Wetter zu schaffen. Wahrscheinlich aber wurden sie so unruhig, weil sie nicht mehr genug Futter fanden.

„Bestimmt deswegen", meinte der Vater, als Uwe nach der Unruhe fragte, „ihr wißt ja, wie es euch geht, wenn ihr nicht genug zu essen habt, oder wenn Mutter das Essen noch nicht fertig hat, wie ihr es gewohnt seid!"

Die Frösche liebten Nebel und kühlen Wind nicht, sie verkrochen sich in die Erdlöcher, falls sie nicht einen Aufenthalt im Wasser vorzogen. Die Kröten wanderten in den Keller. Sogar die Feldmäuse fühlten sich sicherer im Hause als auf dem Felde.

„Und was machen die Vögel, wenn sie tagelang kein Futter finden können?" wollte Heiner wissen.

„Dann müssen sie halt hungern!" erwiderte Vater Steiner. „Man hat festgestellt, daß Mauersegler bis zu vier Tage ohne Nahrung auskommen. Die Schwalben hocken sich zu vielen zusammen, um ihre Kräfte zu schonen und sich aneinander zu wärmen."

„Und dann kommen sie oft über den Alpen in Schneestürmen um", sagte Ulla.

„Man hat sie schon zu Hunderten in Bayern gesammelt und mit Flugzeugen nach Italien geschafft, um zu retten, was zu retten ist", ergänzte der Förster.

Die Kinder hingen ihren Gedanken nach und beobachteten alles, was mit dem Vogelzug zu tun hatte.

Als sie zu später Abendstunde am sternenklaren Himmel das laute Rufen ziehender Kraniche und besonders das der großen Brachvögel vernahmen, wurden auch sie unruhig, weil sie spürten, wie arm die Landschaft mit dem Wegzug der Vögel wurde.

Eines Tages waren die Möwen vom Fischteich auf und davon. Die Stille wurde von wenigen Teichhühnchen unterbrochen.

Fischreiher krächzten tagsüber und auch in der Nacht über das Forsthaus. „Vielleicht, ja sogar wahrscheinlich führt eine der vielen Zugstraßen über unseren Ort", meinte der Förster.

Jeden Morgen hockten die jungen Schwalben mit ihren Eltern auf den Telefondrähten, plusterten sich gegen die Kühle dick auf und segelten in großen Schwärmen über die Wiesen und Felder.

Als Uwe eines Abends zum Nest im Hausflur emporguckte, war es leer. Auch auf den Geweihsprossen des Hirsches saß kein Schwälbchen mehr. Sie waren ebenfalls gen Süden gezogen.

Auch die Störche hatten sich heimlich davongestohlen. Aber es kamen von Norden große Flüge von mehr als hundert Stück. Mit müden Schwingen ruderten sie bis in die Wiesen, um dort zu rasten und Futter zu suchen.

Einen Tag lang beobachteten Uwe und Heiner die hübschen Vögel, dann scharten diese sich wieder, zogen über dem Forsthaus eine große Spirale und entschwanden den Blicken der Kinder.

Graugänse gingen auf der Feldmark nieder, und die Jungen suchten ihnen mit List und dem Fernglas beizukommen. Aber der Dackel Heidjer, der Uwe und Heiner begleitete, konnte sich angesichts der plappernden Vogelschar nicht beherrschen. Er rannte ihnen entgegen und jagte sie hoch. Da wuchtelten sie mit ihren starken graugefiederten Schwingen und hoben sich davon.

Es lag viel Abschiedsschmerz in den Rufen der Vogelscharen. Die Jungen spürten es auf ihren Wanderungen immer wieder. Aber der Vogelzug hatte auch seine guten Seiten. Uwe und Heiner lernten nicht nur die Wildgänse kennen; auch andere Vogelarten kamen ihnen zu Gesicht. Eines Vormittags entdeckten die Jungen im Unterholz nahe dem Forsthaus Hunderte von Rotkehlchen. Manche waren so müde, daß sie schliefen.

„Wahrscheinlich kommen sie aus Finnland oder Schweden", erklärte Uwe seinem Bruder, „wo sie kaum mit Menschen Berührung hatten!"

Heiner wollte einen Vogel greifen, aber Uwe duldete es nicht. „Wir können ihn daheim doch nicht füttern, weil wir nicht genau wissen, was er gern mag!"

An einem anderen Tag wurden die Jungen Zeuge, als ein großer Flug Kraniche in der Feldmark niederging.

„Grug, grug!" waren die stolzen Vögel schon von weitem zu hören. Größer als ein Storch, ähnelten sie in ihrer schiefergrauen Farbe den Fischreihern. Aber ihre rote Kopfkappe, der schwarz und weiß gestreifte Hals und die büschelförmigen Schwanzfedern unterschieden sie von diesen. Auch fraßen sie keine Fische und keine Weichtiere, sondern nährten sich von der aufkeimenden Saat der Felder, von Käfern und Maden, die sie mit ihrem handlangen Schnabel vom Boden aufnahmen.

„Wie schnell mögen sie wohl fliegen?" wollte Uwe wissen.

Herr Steiner zuckte die Schultern. „Das hängt ganz von den Umständen ab", sagte er, „Krähen schaffen fünfzig Kilometer in der Stunde, ein Star etwa siebzig, Enten nur zwanzig. Wenn sie Rückenwind haben, kommen sie natürlich rascher voran, aber mehr als hundertfünfzig Kilometer fliegt der Storch keinesfalls, es sei denn, sie geraten in dünnere Luftschichten von mehr als viertausend Meter Höhe."

Die Jungen kamen aus dem Staunen nicht heraus. Sie wollten noch so viel erforschen, aber Regenwetter und Sturmböen machten den Aufenthalt im Freien zu keiner Freude.

Der Vogelzug hatte nun sein Ende gefunden, und überall, wohin sich die Kinder wandten, war es still.

*

Nicht alle Vögel wanderten nach Süden. Außer den Krähen und Elstern fühlten sich die Häher im Walde wohl. Die Amseln probierten an schönen Herbsttagen ihre Liedstrophen für den Frühling. Spatzen und Ammern fanden sich am Dreschschuppen ein und suchten Korn um Korn aus dem Abfallhaufen.

Auch die Rebhühner fanden sich oft dort ein, denn sie schätzten die Sämereien der Unkräuter sehr, Klatschmohn und Wegerich, Sauerampfer und Melde mochten sie gern. Aber sie liebten auch die Stille. Deshalb trauten sie sich meist nur in der Frühe oder am späten Abend in die Nähe der Häuser und Ställe von den Gärten aus.

Uwe und Heiner hatten die Hühnchen schon öfter beim Wiesenbauern beobachtet und sich an dem braunen Brustschild der Hähne gefreut, das sie wie Ritter zierte. Waren die Rebhühnchen mit ihren Jungen unterwegs, so stellte sich auch bald die Katze des Wiesenbauern ein. Grau und schwarz gefleckt, schlich sie schrittweise durch Gras und Klee am Feldrain entlang, war schon im Garten und beobachtete nun von ihrem Platz unter einem Stachelbeerbusch aus in der Abendstunde, wie sich die Hähne und Hennen des Rebhuhnvolkes an den Dreschabfällen gütlich taten. Manch ein Korn fanden sie in dem Kaff und suchten nach mehr, ohne allerdings ihre Vorsicht aufzugeben.

Uwe und Heiner, vom Spielen gekommen, beobachteten es aus der Ferne. Zu gern wären sie noch näher an die Rebhühner herangeschlichen, aber es fehlte ihnen an der nötigen Deckung. Am besten wäre es ja gewesen, sie hätten den Bauern um die Erlaubnis gebeten, von seinem Küchenfenster aus die Feldhühner zu beobachten. Aber den Wiesenbauern mochten sie nicht und die Bäuerin noch weniger. So geduldeten sie sich halt. Gar nicht weit entfernt, war ein Habicht in einen Pflaumenbaum eingeschwungen. Sein Magen war noch längst nicht gefüllt, und es hungerte ihn sehr. Aufmerksam schaute er, um noch vor Tagesende Beute zu machen. Als er die Katze durch den Garten schleichen sah, ruckte er zusammen, faßte sofort Ziel und stürzte sich zu Boden. Dicht über den Ackerschollen fing er sich wieder und jagte auf die Katze zu. Uwe und Heiner sahen ihn heranschießen, sahen ihn zustoßen, und ehe sich die Katze versah, hatten seine bekrallten Fänge zugepackt und ihr tödliche Wunden geschlagen.

Sie wollte sich wehren, aber es gelang ihr nicht. Die Jungen waren bestürzt. Sie rannten von ihrem Versteck aus hin, um dem Greif die Beute abzujagen. Aber er war schneller als sie und trug sie rasch davon.

Von den Rebhühnern war nichts mehr zu sehen. Sie waren auf ihren kurzen Beinchen ins Feld gerannt . . .

*

Spinngewebe flogen als silbrige Fäden durch die Luft. Der Altweibersommer, wie die Bauern diese Herbsttage nennen, hatte begonnen. Wenn auch die Sonne in der Mittagszeit noch Wärme ausstrahlte, war sie doch nicht mehr stark genug, um die Abkühlung abends und besonders in der Frühe zu verhindern.

Feiner Reif blinkte dann meist an Gräsern, Stein und Kraut. Der Frost machte die blauen Schlehenfrüchte dunkelblau und weich, und die Hagebutten leuchteten, als wären sie von Feuer.

Uwe und seine Geschwister nutzten ihre Ferien, so gut sie konnten. „Ihr könnt Schlehen sammeln. Ihr eßt sie doch so gern als Kompott!" sagte die Mutter einmal, ein andermal wies sie auf die Hagebutten hin, auf die reifen Früchte der Wildrosen.

Aus ihnen läßt sich eine herrliche Suppe kochen, Wein bereiten und auch ein Tee brühen, alles Dinge, die die Kinder gern mochten.

Herr Steiner hatte nun viel mit der Jagd zu tun. Besonders beschäftigten ihn in diesen Herbsttagen die Hirsche, die guten und die schlechten ganz besonders. Die letzteren mußten abgeschossen werden, damit sie sich nicht vermehrten.

Das war allerdings leichter gesagt als getan. Die Geweihten kannten alle Schlupfwinkel und Schliche besser als ihr Meister, der Förster, und manche waren ihm in der Klugheit fast über, wie sie ihre Haut am besten retteten.

Oft genug kam Herr Steiner müde und abgespannt, hungrig, mit zerrissenen Hosen und schmutzigen Stiefeln heim, wenn er wieder vergeblich bei den Hirschen gewesen war.

Dann redete er kaum, und es war nicht gut, mit ihm zu sprechen. Mitunter war er aber auch fröhlich und zu Scherz und Spiel aufgelegt. Dann hatte er einen Hirsch zur Strecke bringen können, wenn es nicht einer der Jagdgäste unter seiner Führung getan hatte.

Solch eine günstige Gelegenheit nutzte Uwe beim Mittagessen und bat, auch einmal zur Hirschbrunft mitgenommen zu werden.

„Vati, du hast es mir erst neulich versprochen!" bettelte er. Der Förster lächelte.

Schon am nächsten Tag zogen Vater und Sohn zum Schindelkamm, wo der Hochsitz nahe dem Treffpunkt des Rotwildes stand, dem Brunftplatz. Behutsam kletterten Vater und Sohn mit Heidjer im Rucksack die Sprossen der Leiter empor, die zu der hölzernen Bude führte, nicht ohne daß Herr Steiner sein Gewehr entladen hatte. Er tat das mit größter Vorsicht, um einen Unfall zu vermeiden. Den Dackel schleppte er mit, damit dieser für alle Fälle nachschauen konnte. Nicht immer bleibt ein getroffener Hirsch auf der Stelle liegen. Zuweilen zieht er mit seiner Verletzung noch tagelang durch das Revier und ist bestrebt, seinem Verfolger zu entgehen.

Uwe war noch nicht auf der Wespenkanzel gewesen. Sie hatte ihren Namen von den stechlustigen Kerfen, die sich hier vor Jahr und Tag ein Nest gebaut und den Ansitz damit unmöglich gemacht hatten. Uwe war erstaunt über die Fernsicht, die zwischen den Baumwipfeln hindurch nach allen Seiten hin offen war.

Wie würzig die Luft hier oben, zehn Meter über dem Waldboden roch! Aber wo war das Rotwild? Wo standen die Hirsche? Nirgends war etwas von ihnen zu erblicken.

Der Vater vertröstete seinen Jungen auf später, und so warteten die drei nun, sprachen kaum, schauten und dachten sich ihr Teil, als es plötzlich irgendwo hustete.

Herr Steiner gab Uwe einen Wink, und der schaute sofort mit dem Glas nach links in ein Waldstück, das aus lauter Stangen bestand. Er sah einen rotbraunen Körper und darüber zwei Geweiharme mit je mehr als zehn Enden — ein Hirsch!

Er suchte seinesgleichen, das Kahlwild, weibliche Tiere, um ihnen Gesellschaft zu leisten. Der Hirsch kam nicht so nahe, daß Herr Steiner ihn hätte schießen können, auch war er einer der Besten, die sich noch vererben sollten und eine gute Zukunft hatten.

Der gute Hirsch hatte die Nase oder den Äser, wie der Forstmann sagt, tief am Boden und untersuchte die Fährten, die dort eingedrückt waren. Ein Wild vermag sehr wohl aus dem Geruch herauszufinden, was es sucht. Auf diese Weise stieß der Hirsch auf das Rudel Kahlwild. Mit langen Hälsen und beweglichen Lauschern schaute das Halbdutzend der Tiere den Hochgeweihten an. Er mochte der einen oder anderen Hirschkuh oder einem der Hirschfräuleins wohl gefallen, wie er so wiegenden Schrittes auf sie zutrat.

Aber kaum hatte er sich bei dem Rudel eingefunden, da erkannte Uwe mit seinem Glas, daß plötzlich ein toller Wirbel um den Hirsch herum entstand. Die Hirschkühe und -kälber wichen zurück, weil ein anderer Hirsch auftauchte und sich mit tiefgesenktem Kopf auf den ersten stürzte. Man konnte gut hören, wie es krachte.

„Was nun?" fragte Uwe den Vater.

„Sie kämpfen um die Weibchen, um das Rudel. Wer gewinnt, bleibt bei den Tieren und leistet ihnen Gesellschaft!" antwortete Herr Steiner, dabei bemüht, festzustellen, welcher Art der andere Hirsch war.

„Er muß zwölf Sprossen tragen!" mutmaßte Herr Steiner und wartete. Nach einer Weile wurde es ihm aber doch zu langweilig. Behutsam holte er eine Muschel aus dem Rucksack und blies hinein. Es hörte sich an, als wenn ein Hirsch brüllte.

„Oa ohhoho!" dröhnte der Förster und schwellte mit der Hand den Ton ab, als wenn sich der Rufer drehte. Dann lauschte der Jäger und versuchte noch einmal sein Glück, um das Geschehen des Kampfes näher heranzulocken.

Aber die beiden Hirsche schienen weder zu hören, noch überhaupt etwas zu empfinden. Erst als das Leittier des Rudels zum Hochsitz hinlenkte und das Rudel ihm folgte, ließen die beiden Kämpfer voneinander ab und horchten.

Wieder röhrte der Förster einem Hirsch täuschend ähnlich. Das half! Beide Kämpfer lösten sich voneinander und eilten dem Rudel nach, um den vermeintlichen Rufer zu stellen. Ganz nahe kamen die beiden dabei dem Hochsitz, und Uwe hätte vor Staunen und Freude in die Hände klatschen mögen, weil er nun alles Wild im Glas deutlich vor Augen hatte. Ein wenig enttäuscht jedoch betrachtete Herr Steiner die beiden Hirsche.

So blieb das Wild unter sich. Die beiden Kämpfer drängelten bereits wieder und berannten sich, um dem Gegner eine schwache Stelle abzugewinnen. Mit tief gehaltenem Geweih stürmte einer auf den anderen ein. Leicht knickte der Zwölfer unter dem wuchtigen Aufprall zusammen, stand jedoch sofort wieder auf den Läufen, um seinerseits einen Angriff zu starten. Aber er kam bereits zu spät. Der andere, der im Rumpf und am Hals bedeutend stärker war, warf ihn aus der Bahn. Es war ein Glück, daß der Gestrauchelte sofort aufsprang, sonst hätte ihn der Starke bestimmt geforkelt, und wer weiß, wie es ihm dann ergangen wäre.

So aber konnte er flüchten. Das Rudel jedoch wandte sich nun dem Sieger zu, der laut seinen Baß erdröhnen ließ, damit jeder fremde Hirsch wußte, wer hier regierte.

Uwe war von dem Erlebnis sehr beeindruckt. Er hatte gar nicht gemerkt, daß die Sonne längst untergegangen war und das Mondlicht über dem Wald lag. Ihn begann zu frösteln und er war eigentlich froh, daß nun alles zu Ende war. Sein Magen knurrte, und Durst hatte er auch.

*

Champignons hatten die Kinder suchen wollen, die Pilze mit dem hellen Hut und den schokoladenbraunen Lamellen auf der Unterseite. Sie hatten schon die Kälberweide, die zur Forstnutzung gehörte, durchmessen, ohne auf einen wirklich appetitlich aussehenden Pilz zu stoßen. Der Reif der letzten Nächte hatte die vorhandenen unansehnlich und unbrauchbar gemacht.

„War also wieder nichts!" sagte Uwe.

Aber Ulla war anderer Ansicht. „Wir können doch noch einen Spaziergang durchs Osterholzer Jagen machen."

Das war eine Waldparzelle mit vielen alten Bäumen, ein halber Urwald. Und so schlenderten sie zu dritt dahin, guckten in alle Winkel und Ritzen und wurden plötzlich hellhörig, als sie wiederholtes Klopfen vernahmen.

„Da scheint jemand Holz zu stehlen!" vermutete Uwe sofort. „Kommt, wir sagen es dem Vater!"

„Vielleicht ist es auch bloß ein alte Frau aus dem Dorf, die da Holz sammelt!"

Sie schlichen auf Zehenspitzen zu der Stelle, woher das Pochen und Klopfen kam. Jeden Stamm benutzten sie als Deckung, jeden Busch und Findlingsstein, bis sie am Rande einer Lichtung eine Birke gewahrten, vor der ein mächtiger Haufen Kiefernzapfen lag. Darüber mühte sich ein großer Buntspecht in schwarzweißrot geflecktem Federkleid, die Samenkerne aus den Zapfen zu schlagen. Das war gar nicht so einfach, wenn man weder Hände noch Messer noch Gabel, ja nicht einmal einen Schraubstock besaß, in dem der Zapfen festlag.

Doch halt! Den hatte der Specht natürlich. Der Harlekin hatte den Zapfen in einen tiefen Rindenspalt des Baumes geklemmt, und zwar so, daß das spitze Ende nach oben zu liegen kam. So konnte er mit kräftigen, zielsicheren Schnabelhieben die Zapfenschuppen auseinanderspellen und die harzigen, fettreichen Samen hervorziehen.

War der Zapfen leer, warf er ihn zur Seite auf den Haufen und pflückte sich einen neuen, eine wahrhaft glückliche Lösung.

Als der Specht die Kinder sah, kickste er mit heller Stimme und flog davon. Heiner rannte zu dem Haufen Kienäpfel, griff sich einige und begann damit zu werfen. Ulla dagegen holte ihre Tasche und füllte sie bis obenan.

„Wenn's noch kälter wird, können wir damit bequem Feuer anzünden!" Schwer beladen kehrten sie heim.

„Heute haben wir soviel Champignons gefunden wie noch nie!" lachte Uwe und schüttete die Tasche mitten in der Küche aus.

Die Mutter war nicht mal enttäuscht, denn bald prasselte das erste Kienapfelfeuer im Herd.

*

Von allen Vögeln im Revier waren die Eichelhäher die aufmerksamsten, wenn es galt, die Feinde der Singvogelwelt auszukundschaften und von den Niststätten zu vertreiben. Ihr rauhes „Rrrähk!" ertrugen auf die Dauer kein Marder, kein Wiesel, kein Kauz und auch kein Habicht. Ihr Ruf verriet dem Förster oft ein Wildschwein, Meister Reineke, den Fuchs, und Grimbart, den Dachs. Es erschwerte aber auch das lautlose Anpirschen an den heimlichen Rehbock, den Markwart rechtzeitig warnte.

Verzehrten die Häher in der Brutzeit ungezählte Raupen und Maden von Baum und Strauch, so kriegten sie es leider auch fertig, Vogelnester auszurauben und selbst Jungvögel zu morden. Uwe hatte das schon einmal beobachtet. Deshalb hatte er gar kein Mitleid, als sein Vater in der Zugzeit Häher zu schießen beabsichtigte.

Golden prangten die Eichen in ihrem Laub. Am Luch stand eine große Gruppe davon, am Wiesenbach waren sie verstreut, und an den Fischteichen hatten sie ihren Platz. Die Wipfel waren reichlich mit Eichelnüssen bedeckt. Grüngolden hingen sie in den zierlichen Bechern, eine Lockspeise für alle Häher und Wildtauben. Kaum, daß die Morgensonne sich über den Waldrand erhob, rätschten die Häher schon auf ihren Schlafplätzen, ordneten ihr Gefieder und suchten dann in langer Kette die Bäume auf, um mit dem hakigen Schnabel die harten Früchte zu ernten. Manche Nuß fiel dabei zu Boden und ins Fallaub und keimte im nächsten Frühjahr. Die meisten jedoch ließen die Näscher mitgehen.

„Jgjack!" Jede Eichel war ein Genuß für den Hähermagen.

Die zimtbraunen, durch blauschwarz gestreifte Schilder gezierten Krakehler konnten nicht genug in den Kehlsack stekken.

Der Förster stand mit Uwe unter der Eiche und schaute angestrengt ins Wipfelwerk, um einen Vogel zu erlegen. Schon hatte er einen Häher schußgerecht. Ein Knall, und der Getroffene stürzte zu Boden. Nicht immer glückte jedoch der Schuß. Zu behende waren die Nußhäher, zu scharfsichtig nicht nur in die Weite, sondern auch seitwärts und nach unten.

So mußte der Förster oftmals absetzen und mit der Kleinkaliberbüchse ein neues Ziel fassen.

Aber Uwe bekam dennoch zu tun. Mehr als ein Dutzend der bunten Gesellen steckte er in Vaters Rucksack, und beide freuten sich auf die Hähersuppe, die ihnen die Mutter von dem Flugwild zuzubereiten pflegte.

*

Vorüber war der Feuerzauber der goldenen Herbsttage. Kalt fuhr der Wind über die letzten Stoppeln und riß die feuchten Nebelschleier mit sich fort, die den Waldkäuzen die Sicht auf ihren Beutefahrten raubten.

Die Kinder schliefen jetzt fester und länger als sonst, und zuweilen mußte die Mutter ein Machtwort sprechen, um sie aus den Federn zu holen.

Hatten Uwe und Ulla aber gefrühstückt, dann guckten sie wieder mit blanken Augen in die Welt, waren lustig und vergnügt und trachteten nach Abwechslung, sobald sie aus der Schule zurück waren und ihre Hausaufgaben beendet hatten.

Heiner war in der Zwischenzeit mit seiner Mutter allein, und mitunter wurde ihm die Zeit lang, wenn die Geschwister ihm am Vortag nicht noch etwas mitgebracht hatten, was seine Aufmerksamkeit fesselte.

An diesem Vormittag betrachtete er einen seltsamen Strauß, den Ulla in die Vase gestellt hatte.

„Ich kann daran nichts Schönes finden!" sagte er schließlich zu seiner Mutter, nachdem er immer wieder die großen Mooskugeln in dem stacheligen Gezweig in den Händen gehalten hatte.

Als die Geschwister aus der Schule und Herr Steiner aus dem Forst heimkehrten, fanden sie den Strauß dagegen sehr reizvoll, und Ulla wollte ihn sogar mit in die Schule nehmen, damit Lehrer Hansen darüber sprechen konnte.

„Was ist denn da so Wichtiges dran?" fragte Heiner geringschätzig. „Ich habe daran nichts Besonderes gefunden."

„Das erwarten wir ja auch gar nicht von dir!" lachte der

Vater. „Aber solch ein Gallapfel von der wilden Rose hat seine Geschichte."

Er schnitt das zottige Gebilde der Länge nach auf.

Unzählige kleine Kämmerchen entdeckten die Kinder auf einmal, und in den meisten waren weiße Maden, in einigen sogar fertige Fliegen. „Das sind die Larven der Gallwespen und schon junge Tierchen."

„Wie kommen sie denn da hinein?" wollte Heiner wissen, den die Sache jetzt interessierte.

„Die Gallwespen legten ihre Eier in die weiche Rinde des Rosenzweiges", erklärte der Vater, „und dieser Stich bewirkte, daß der Rosenstrauch sich wehrte und die Eier umwucherte. Man sammelte früher diese Gallen und legte sie sich unter das Kopfkissen, um besser schlafen zu können!" berichtete der Vater weiter.

Die Kinder suchten nun auf ihren Spaziergängen nach weiteren Gallenbildungen, die nicht nur von der Rosengallwespe, sondern auch von Mücken und Blattläusen stammten.

*

Frau Steiner hatte tagsüber mit den Kindern die Rosenbeete mit Reisig bedeckt, die Hochstämme mit Plastikhüllen gegen den Frost versehen und das Fallaub der Obstbäume und der Haselhecke zusammengeharkt und auf den Komposthaufen gebracht, damit daraus wieder fruchtbare Erde würde.

Als es Abend wurde, gaukelten eine Menge Schmetterlinge durch die feuchtkühle Luft, was recht verwunderlich schien. Uwe und Ulla fingen mehrere Falter, in der Meinung, etwas Besonderes eingeheimst zu haben. Um so enttäuschter waren sie, als sich die Gefangenen als recht nüchtern gefärbte Gaukler entpuppten. Uwe wollte sie schon töten, als Ulla den Vorschlag machte, sie bis zum Abend aufzubewahren, damit der Vater etwas über sie sagen könne.

Als Herr Steiner abends vom Holzeinschlag heimkehrte, lachte er. „Fangt ihr nun schon die schädlichen Frostspanner, um mir damit eine Freude zu machen? Aber es ist schon recht, daß ihr die Augen aufmacht und auch auf die kleinen Dinge achtgebt, die in der Natur durchaus wichtig sind!"

„Was fressen diese Falter jetzt?" wollte Ulla wissen.

„Während andere Falter jetzt schlafen oder als Puppen leben, sind die Frostspanner nun erst ausgeschlüpft, um sich zu paaren. Sie brauchen keinen Blütenstaub. Ihre Weibchen kommen sogar ohne Flügel auf die Welt. Mit ihren langen Beinen klettern sie an den Obstbäumen hoch und legen nach der Hochzeit ihre Eier an die Knospen."

„Und warum sind sie so schwarz und gelb?"

„Damit sich die Meisen vor ihnen fürchten und sie nicht fressen!" erklärte der Vater und wies auf die geflügelten Männchen, die aschgelbe Vordersegel und mattbläuliche Hinterflügel besaßen.

Am anderen Tage zeigte der Förster seinen Kindern das Verhalten dieser Falter an den Bäumen selbst, indem er Knospenäste abschnitt und auf die Eierpakete aufmerksam machte, die die Weibchen dort abgelegt hatten. „Schlüpfen an warmen Apriltagen die gelbgrünen längsgestreiften Raupen, dann fressen sie nach Herzenslust unter ihren selbstgesponnenen Schutznetzen, bis sie einen anderen Platz aufsuchen. Dabei spannen sie ihren Leib schrittweise zum neuen Ziel, weil sie nur zwei Paar Füße am Hinter- und drei Paar am Vorderleib haben."

„Warum vernichten wir den Frostspanner in unserem Garten nicht?" fragte Heiner.

„Ich habe doch Leimringe an die Bäume gelegt. Hast du sie noch nicht gesehen?"

Heiner bestätigte es, und am nächsten Morgen mußte er nachprüfen, ob schon Schmetterlinge daran hafteten. Tatsächlich hatten sich viele an dem Leim gefangen.

Erstaunt war er, als Uwe und Ulla ihn nach dem Mittagessen zum Spaziergang einluden. „Wir wollen Schmetterlinge suchen!" erklärten sie ihm. Aber er wollte es nicht glauben. Um so neugieriger war er unterwegs. Ulla steuerte zum Walde hin, wo im Frühjahr stets die ersten Zitronenfalter flogen. „Vielleicht haben wir Glück!" sagte sie. „Wenn im Frühjahr dort welche sind, müßten die Weibchen auch ihre Eier dort abgelegt haben."

Das Wetter war nicht freundlich. Die Regentage zuvor hatten den Boden tüchtig aufgeweicht. Die Kinder kamen an Birken vorüber, an deren Fuß Preißel- und Blaubeerenkraut einen weiten Teppich bildete.

„Hier waren im Sommer viele Zitronenfalter", sagte Ulla, „nun sucht mal fleißig, ob ihr etwas findet, ehe der Schnee sie zudeckt."

Uwe und Heiner ließen sich nicht bitten und stöberten alle Verstecke durch. Vergebens. Schon wollte Heiner aufgeben, als Uwe auf ein mächtiges Rindenstück wies, in dessen Schatten drei Falter schliefen. Welch ein Glück! Keine Meise hatte sie gefunden und verspeist!

Vorsichtig hob der Junge sie ans Licht, und die Geschwister betrachteten die zartflügeligen Sommerwesen. Sie waren völlig starr, als wären sie tot. Ihre Schwingen waren wie Blätter zusammengeschlossen.

„Guck doch, die zarten Beinchen!" begeisterte sich Heiner und wollte einen Falter in die Hand nehmen. Aber die Schwester riet davon ab. Sie legte die drei Schmetterlinge behutsam in eine Zigarettenschachtel. Die heranbrechende Dämmerung mahnte zur Umkehr, und so zogen die Geschwister wieder heim.

Die Zitronenfalter fanden im kühlen Bodenzimmer Unterkunft. Ab und zu schauten die Kinder nach ihnen, ob sie sich wohl regten. Aber sie taten es nicht. Der Winter hatte ja erst sein Amt angetreten. Wehe, wenn er sein Zepter herrisch hob!

Treibjagd

Der Nebelmonat machte seinem Namen Ehre. Tagelang wollte er die feuchten Schleier nicht lüften. Ja, es fiel ihm sogar ein, mit ordentlichen Regenschauern aufzuwarten. Er machte die Wiesen zu Sumpf und bedeckte die Heidewege weithin mit trüben Pfützen.

Dackel Heidjer hielt jetzt nicht viel davon, mit Herrchen auszugehen. Wenn er nicht gerade gerufen wurde, so drückte er sich in einen Winkel und verschlief die unwirtliche Zeit.

Mußte er über den Hof oder in den Garten, so schritt er auf hochgezogenen Läufen über den nassen Grund, und einmal „vergaß" er sogar sein Geschäft draußen zu verrichten.

Als Frauchen ihn am nächsten Morgen deshalb schalt, schämte er sich über alle Maßen vor sich selber und rührte den ganzen Tag kein Futter an. So gut war Heidjer erzogen!

Überrascht waren Herr Steiner und Uwe, als sie auf einem Reviergang am Fuße einer Eiche mitten im Walde auf ein Wollknäuel stießen, das sich als ein junger Hase entpuppte.

Uwe hob es auf. Während er es in Händen hielt, fragte Herr Steiner: „Ist er tot?"

„Wohl noch nicht", anwortete Uwe, der etwas Wärme zwischen seinen Fingern spürte. Er trocknete das matte Tier mit den Schößen seines Lodenmantels und steckte es in die Tasche. Mit der Rechten umspannte er den fast bewegungslosen Körper und war froh, als es schließlich heim ging.

„Was ich euch da mitgebracht habe?" sagte er zu Heiner und Ulla. Aber die kamen nicht darauf.

„Ein Tier ist es?"

„Ein Schmetterling?" tippte Heiner.

„Oder ein Käfer?" fragte Ulla.

„Alles falsch!" erwiderte der Junge. Dann zeigte er das Häschen vor, und alle bemitleideten das verlassene Ding.

„Es wird sterben!" meinte die Schwester. Aber Vater und Mutter waren anderer Meinung. So holte die Mutter noch vor dem Abendessen den Gummisauger und eine kleine Flasche vom Boden, wärmte Milch und flößte sie dem Findling ein, von allen in der Familie umstanden.

Das Häschen wollte erst nicht richtig trinken, aber schließlich gelang es der Geschicklichkeit von Frau Steiner doch, ihm einige Tropfen einzuflößen. Dann wurde das Tier in einen Pappkarton gesetzt, dessen Boden auf dem Wärmkissen ruhte.

Mehrmals noch bis zur Mitternacht bekam es zu trinken, und am nächsten Morgen, als Uwe und Heiner nachschauten, guckte es sie schon mit blanken Sehern an.

Die Jungen waren zufrieden und gaben nun die Hoffnung nicht mehr auf, daß es gelang, den kleinen Lampe am Leben zu erhalten.

Das Häschen hatte die Krisis überstanden, und fortan nahm

es nicht nur an Körpergewicht, sondern auch an Munterkeit zu, zumal seine Milch mit Haferschleim, Lebertran und Vitaminbeigaben angereichert wurde.

Jetzt hatte Heiner in den Vormittagsstunden ordentlich zu tun, um den neuen Hausbewohner zu versorgen. Wenn er etwas nicht recht wußte, so fragte er die Mutter. Sie wußte stets Rat, hatte sie doch schon oft genug Nestlinge und verwaiste Tierkinder aufgezogen.

Vorläufig war Meister Lampe, so nannten ihn die Kinder, noch recht zurückgeblieben und bedurfte größter Schonung.

„Vor allem darf er nicht an die Zugluft!" betonte der Vater. „Nässe und Wind sind für solch einen Spätling Gift!"

Deshalb bekam Lampe seinen Platz in einer geräumigen Holzkiste nahe dem Ofen in der Küche. Eine saubere Streu und eine Handvoll Heu waren die Innenausstattung. Selbstverständlich bemühte sich Heiner stets darum, daß alles in Ordnung war.

Hier konnte er das Häschen gut beobachten, wenn er sich ruhig verhielt. Und Meister Lampe war mit seinem Dasein zufrieden, wie sich nun zeigte. Anfänglich duckte er sich noch, wenn ein Schatten über ihn hinweggriff, aber allmählich gewöhnte er sich an alle Hantierungen der Familienmitglieder in seiner Nähe und verlor jegliche Scheu.

Wie niedlich es immer war, wenn er sich putzte!

Zuerst begann er damit, seine Pfoten zu lecken. Dann legte er großen Wert auf seinen Bart, auf die Tasthaare zu beiden Seiten der Lippen, mit denen er sich gut im Dunkeln zurechtzufinden vermochte. Zuletzt gedachte er der übrigen Körperteile, ohne die Löffel zu vergessen. Heiner hätte sich mitunter totlachen mögen, wenn er dem Findling zuschaute. Zu Anfang hatte er mehrmals laut gelacht, mit dem Erfolg, daß Lampe sofort erschreckt innehielt und alle Anstalten traf, aus der Kiste herauszuspringen. Was Kinder sonst nur ganz selten sehen können, das schaute Heiner hier täglich bei seinem Liebling. Schließlich hatten sich die beiden so gut aneinander gewöhnt, daß Lampe keinen Argwohn mehr schöpfte, sich zurechtrückte und die Seher zukniff, um einzuschlafen. Er dachte nicht im mindesten daran, die Augen offen zu lassen, wie dies oft behauptet wird. Wie hätte er sonst auch richtig schlafen können!

Als eines Tages durch ein Ungeschick von Uwe die Milchflasche zerbrach, war das Kopfzerbrechen groß. Der Gummisauger paßte nämlich auf die sonst noch im Haushalt vorhandenen nicht.

Aber die Mutter wußte wieder Rat. Sie schüttete warme Milch in einen Blumentopfuntersatz und holte Lampe und netzte ihm mit zwei Fingern die Lippen, so daß er unweigerlich davon schmecken mußte.

Von dem leckeren Geruch angezogen, begann er die Finger zu belecken, und je tiefer die Mutter die Milch hielt, desto mehr bemühte er sich, sie aufzuschlappen.

Bei der nächsten Mahlzeit hatte das Häschen es schon gut heraus, aus der Schale zu trinken, und so vereinfachte sich seine Ernährung. Natürlich wollte Lampe nicht immer in seiner Kiste bleiben. Einmal mußte er dringenden Geschäften nachgehen. Dazu suchte er sich stets die Ecken der Küche aus. Dort war gedämpftes Licht, und dort störte man ihn am wenigsten. Nur gut, daß der Fußboden mit Fliesen belegt war!

„Diese Art, immer dieselbe Toilette aufzusuchen, hat er ererbt!" meinte Herr Steiner. „In der Freiheit verhalten sich die Hasen genauso!"

Von Tag zu Tag mehr gekräftigt, begann Lampe auch täglich mehrere Rundgänge durch sein Küchenrevier zu unternehmen. Er hoppelte zunächst gemächlich zum Tisch, beroch, auf die Hinterläufe gestellt, die Tischbeine, die Stühle und holte sich auch Witterung vom Mülleimer und den Küchengeräten. Kurzum, er hatte für alles Aufmerksamkeit, und selbst die Markttasche, die die Mutter auf den Fußboden stellte, interessierte ihn. Hatte er alles beschnuppert, war er zufrieden, und er verschwand in der Kiste.

Niedlich sah es aus, wenn nachmittags die Sonne in die Küche schien und er sich vor ihr niederduckte, zur Seite legte und schließlich längelang die wohlige Wärme genoß.

Natürlich kannte Lampe die Kinder, und ganz besonders schloß er sich Uwe an. Wenn der ihn beim Namen rief, kam er aus seiner Kiste hervor und hoppelte zu ihm. Durch die ganze Wohnung folgte er. Aber kaum war er auf der Schwelle zu einem Zimmer, so verhielt er argwöhnisch und trat nur ganz vorsichtig ein. So groß war seine Scheu vor Neuem.

„Wie wird sich Lampe benehmen, wenn er mit Heidjer, dem Dackel, zusammenkommt?" fragten sich die Kinder, nachdem man bisher ängstlich vermieden hatte, den Hund mit dem Hasen zusammenzubringen.

Im Beisein von Herrn Steiner geschah es eines Sonntags gezwungenermaßen. Hatte man anfangs die größten Bedenken gehabt, so war man jetzt aufs höchste erstaunt, als der Hund sich gar nicht weiter um den Hasen kümmerte. Hatte er im Wald nicht oft genug mit Lampes zu tun gehabt? Für Heidjer war Lampe nichts Neues, eher ein alter Bekannter. Aber für den kleinen Lampe bedeutete der Hund schon eher etwas. Deshalb beschnupperte er ihn mit vorgestrecktem Hals und zitterndem Schnäuzchen und konnte nicht tief genug die Witterung des Dackels einziehen, bis er beruhigt war und sich in seine Kiste zurückzog. Seitdem waren Hund und Hase die friedlichsten Wesen im Haus, die man sich denken konnte.

Je mehr Lampe seinen Speisezettel von Milch auf Heu und Möhren und Krautstücke umstellte, desto mehr häuften sich auch die „Kaffeeböhnchen", und Herr Steiner mußte den Boden der Kiste mit Blech ausschlagen, damit seine Frau nicht immer über die Schmutzereien schimpfte. Herr Steiner tat das mit Geschick und mit der Freude an dem jungen Hasen, der die Kinder immer mehr beschäftigte.

Zu gern hätte sich Heiner zum Pfleger aufgeschwungen, aber davon wollte Uwe nichts wissen.

„Ich habe ihn gefunden, und darum gehört er mir! Such dir selber einen, dann kannst du ihn auch versorgen!"

Heiner war bestrebt, ein Tier ausfindig zu machen, aber es wollte ihm nicht gelingen. So blieb ihm Lampe wenigstens am Vormittag, wenn Uwe in der Schule war.

Gern versicherte sich Uwe der Hilfe Heiners bei der Futterbeschaffung. Wo noch frische Löwenzahnherzen zu finden waren, stachen die Jungen sie für das Langohr aus. Grünes Queckengras an windgeschützter Stelle an den Pfeilern der Viehhütten auf den Wiesen holten sie herbei, und Lampe bedankte sich dafür durch gesteigerte Munterkeit.

Er hatte nicht umsonst so lange Hinterläufe. Wenn er sie streckte, schoß er sogleich ein Stück auf dem Teppichboden im Wohnzimmer voran. Mit einem Satz war er auf dem Sofa, mit dem nächsten auf dem Fensterbrett, und ehe man sich versah, hatte er den blühenden Hängenelken zugesprochen und alles abgefressen, was für ihn erreichbar war.

Wenn er sich auf solche Weise satt gefressen hatte, schniegelte er sich und bügelte sein Haarkleid so glatt, daß er aussah, als wäre er beim Friseur gewesen.

Ulkig sah es auch aus, wenn er sich eine Sasse im Zimmer machte. Dann kratzte er auf dem Fußboden, als wollte er eine Sitzgrube mit den Pfoten ausheben, wie es die Hasen im Freien tun. Auf dem Fußboden aber gab es nur Schrammen, und auf dem Teppich im Zimmer flogen zuweilen sogar Wolleflöckchen auf.

Der Mutter gefiel das nicht. Aber was war zu tun?

„Wie soll das bloß weitergehen?" stöhnte sie zuweilen, wenn Lampe wieder vor Übermut Schaden angerichtet hatte. „Am besten, ihr laßt ihn ins Freie!" schlug sie vor. Aber daran war bei dem strengen Winterwetter natürlich nicht zu denken. So duldete die Mutter den kleinen Tunichtgut. Die Kinder waren froh darüber, daß sie ihren Lampe behalten durften, und sie taten alles, damit sein munteres Wesen sie noch lange erfreute. Aber Lampe wollte sich auf die Dauer doch nicht in die Ordnung des Hauses schicken. Als rechtes Nagetier hatte er das wachsende Bestreben, seine Schneidezähne überall dort anzuwenden, wo der Tischler den Hobel vergessen hatte. Bald hatten die Scheuerleisten in den Zimmern Löcher und Schrammen, die Schrankwände, schön poliert, verzierte Meister Lampe mit kühnen Figuren, Ja, er machte auch vor der elektrischen Leitung nicht halt und schnitt den

Kupferdraht durch. Der Strom fiel aus, und das Radio spielte nicht mehr.

Da machte Vater schließlich ein ernstes Gesicht. „Nun ist es aus mit der Viecherei!" erklärte er. „Meister Lampe kommt aus dem Haus!" — „Wo soll er denn hinkommen?" fragten die Kinder kleinlaut, weil sie das Schlimmste befürchteten.

Neugierig standen sie dabei, als zwei Holzhauer einen großen Drahtkäfig im Garten aufbauten, mehrere Meter lang und auch breit, so recht geeignet, einem Hasen freien Auslauf zu gewähren.

Der Maschendraht war fest genug, auch einem Fuchs das Handwerk zu wehren, und auch kleinmaschig, um Wiesel und Iltis am Eindringen zu hindern. Dort siedelte der Lampe kurz vor Weihnachten über. Seine Heukiste war eine Sasse, und an Futter fehlte es ihm nicht.

Er fror ganz gewiß nicht in seinem wolligen Balg, war stets an der frischen Luft und hatte über nichts zu klagen.

Aber eines Morgens lag er matt in einer Ecke seines Käfigs. Herr Steiner nahm ihn auf und konnte nichts Besonderes an ihm feststellen. Außerhalb des Zwingers waren freilich Fuchsspuren im Schnee zu sehen, ein Zeichen, daß Meister Reineke ihn gehetzt haben mußte.

Sogleich spannte der Förster ringsum eine undurchsichtige Wand aus Spanholz. Sie rettete Lampe das Leben, nachdem er wieder gesund gepflegt worden war. So konnten die Kinder sich freuen, als ihr Liebling an einem sonnigen Ferientag in den Garten gesetzt wurde, von wo er dann in die Freiheit entwich.

Ein paar Wochen hielt er sich noch am Forsthaus auf. Dann verschwand er in Forst und Flur . . .

*

Ein schöner Herbsttag zog über das Land. Der Reif auf Gräsern, Stein und Holz glitzerte im Sonnenlicht, blinkte und karfunkelte, daß Heiner die Augen schließen mußte.

Es zog den Jungen zu den Haselhecken. Vielleicht hatten

die Eichkatzen ihm noch einige der süßen Kerne übriggelassen. So suchte er still im Fallaub am Boden unweit des Hühnerstalles.

Weiße Italiener-Hennen und schwere Rhodeländer ergingen sich auf dem noch grünen Rasen, scharrten eifrig nach Gewürm, und ab und zu lief eine der hübschen Hennen zum Legen in den Stall.

Eine halbe Stunde später kakelte sie dann, um den anderen Erfolg zu melden, und der starke Rhodeländer, der Heiner bis zur Hüfte reichte, und auch der schmucke, buntschillernde Italiener stimmten munter in die Freude ein, der eine mit tiefer, grober, der andere mit heller, scharfer Stimme. Aus jedem Ei konnte schließlich ein Hühnchen werden und die Schar der Kratzefüße vermehren.

Daran war der Mutter jedoch nur bedingt gelegen. Fürs kommende Jahr hatte sie schon ein ganzes Dutzend junger Hennen, die bereits mit dem Eierlegen begannen. Frau Steiner ließ es aber auch am nötigen Futter nicht fehlen, und wenn sie zuviel Arbeit hatte, dann sprangen die Kinder in der Pflege mit ein.

Die gleiche Vorliebe für Geflügel hatte freilich auch das Habichtsweibchen, das auf seiner winterlichen Wanderung schon manches Huhn geraubt hatte. Morgen hier und übermorgen dort, wußte die Greifin stets abgelegene Bauernhöfe aufzusuchen und Enten und Hühner zu schlagen. Sie mochte schon gar kein anderes Getier mehr als immer nur Hausgeflügel. Es schmeckte so gut und bekam auch ihrer Gesundheit.

Bei ihrem Herumziehen war sie in den Gutspark gelangt, hatte einige Hennen gefangen und war erst durch Schrotschüsse des Verwalters vertrieben worden. Sie hatten sie nicht getroffen, und da sie sich nun nicht mehr getraute, dem Hühnerhof weiterhin ihren Besuch zu machen, war sie bei der nächsten Streife zum Forstgehöft geflogen; die Hennen dort hatten es ihr längst angetan.

So fackelte sie auch nicht lange und stieß auf eine weiße Italienerin hinunter. Die war jedoch äußerst flink und rannte schon davon, ehe das Habichtsweibchen über ihr war. So kriegte die Greifin ihr Opfer nicht fest zu packen; und während sie mit einer ihrer krallenbewehrten Hände noch einmal nachfaßte, rannten auch schon auf das laute Gejammer des Huhnes die Hähne herbei.

Ein tolles Geschrei und Gezeter erhob sich. Heiner war sofort auf dem Plan, rief die Mutter, und Frau Steiner war schnell zu Fuß und mutig im Griff. Sie erkannte sogleich, was auf ihrem Hühnerhof vorging, und ehe sich das in arge Bedrängnis geratene Habichtsweibchen versah, hatte Heiners Mutter es auch schon an den Schwingen gepackt und in einen Kasten gesteckt.

Dann kam Heiner dran. Ihm hatte der Greif mit seinen Krallenhänden durch die Hosen eine hübsche Schmarre am Oberschenkel verpaßt. Sie brannte wie Feuer und bereitete höllische Pein, als die Mutter die Wundstelle mit Jod auspinselte.

„Damit es nicht eitert!"

„Schlägst du den Habicht tot?" fragte Heiner den Vater mittags, als der sich die Hühnerdiebin ansah.

„Denkst du?" fragte Herr Steiner zurück.

„Eigentlich ist der Vogel sehr schön!" sagte Uwe, der gerade vom Schulbus nach Hause kam.

„Verdient hätte er es ja wohl!" meinte Ulla, die auch hinzutrat. Der Vater schwieg, während die Kinder das Habichtsweibchen betrachteten, das inzwischen in den großen Drahtkäfig gebracht worden war.

„Guck mal, die zitronengelben Augen! Wie sie voller Jagdlust glühen!" begeisterte sich Uwe.

„Und was für gefährliche Fänge!"

Die quergestreifte Brust wies den Habicht als ein älteres Tier aus und seine Größe bezeugte, daß es ein Weibchen war.

„Männchen sind kleiner!" ergänzte der Vater und schickte sich an, ins Haus zu gehen.

„Bekommt der Habicht nichts zu fressen?" fragte Uwe. „Oder soll er sterben?"

„Wer werden ihn wohl behalten", erwiderte der Förster, „denn ich kann ihn jetzt gut gebrauchen. Übrigens, damit ihr es wißt, die Greifvögel, zu denen Sperber, Habicht, Bussard, Adler und auch die Eulen gehören, stehen unter besonderem Schutz, weil sie mithelfen, Sperlinge, Krähen, Elstern, Dohlen, Häher und auch Eichhörnchen, die Mäuse nicht zu vergessen, kurz zu halten!"

Die Jungen waren froh, daß das Habichtsweibchen nicht getötet wurde. Es ging aber nicht in ihren Kopf, daß es hungern sollte. Und ganz unverständlich fanden sie des Vaters Erklärung über die Verwendung des Greifvogels.

Sie wollten ihn noch befragen, unterließen es aber, weil sich der Forstmeister angesagt hatte, um wichtige Dinge über Neupflanzungen von Nadelbäumen im Wald an Ort und Stelle zu besprechen.

So mußten sie sich gedulden, bis der Vater am nächsten Tag zum Drahtzwinger ging und das Habichtsweibchen mit geschossenen Hähern fütterte. Sie schauten von ferne zu und lauschten den Worten, mit denen Herr Steiner zu dem Greif sprach. Er tat das täglich zweimal, am Vormittag und am späten Nachmittag, stellte eine große flache Schale mit Wasser in den Käfig, und es dauerte kaum eine Woche, da gab das Habichtweibchen dem Förster auf seine Worte Antwort. Entweder reichte es ihm den schönen Kopf, oder es kicherte mit heller Stimme, als freuten es die freundlichen Worte.

An heißen Tagen badete die Greifin gern, sonnte sich auch, und ganz erstaunt waren die Kinder, als die Gefangene das Futter aus des Vaters Hand nahm und sich ohne Scheu von ihm im Käfig umhertragen ließ.

„Die Hauptsache ist bald geschafft!" sagte eines Tages der Förster zu seinen Kindern.

„Unsere ‚Giggi' wird bald mit uns auf die Jagd gehen!"

„Darauf bin ich aber gespannt!" antwortete Uwe und freute sich schon darauf.

Fortan bekam sie eine kurze Lederfessel an jeden Fuß, das sogenannte Geschüh, und zwei Glöckchen daran, damit der Förster immer wußte, wo sie sich im Gelände aufhielt. Die

Lederriemen waren weich gegerbt. Sie waren mit einer langen Fessel verbunden, so daß sich der Vogel auch im Freien gut bewegen konnte.

Täglich übte Herr Steiner nun mit seinem neuen Jagdgehilfen, bis er es gelernt hatte, auf Wink mit einem Hühnerflügel, dem Federspiel, zu ihm zu kommen und sich auf seine Faust zu setzen. Sie steckte zum Schutz gegen die Krallengriffe in einem derben Lederhandschuh.

Natürlich machte Giggi anfangs Fehler. Mehrmals wollte sie sich gar nicht dem Förster anschließen. Aber der belohnte jede ihrer Anstrengungen mit Fleischbrocken aus seiner Ledertasche, die jeder Jäger dieser Art, der Falkner, gefüllt bei sich trägt.

Schließlich hatte es Giggi geschafft, in Feld und Flur mitgenommen zu werden. In einiger Entfernung folgten Uwe und Heiner, während Heidjer voraus revierte und suchte.

Auf Kaninchen hatte es der Förster abgesehen, und es dauerte gar nicht lange, da hatte das Rauhbein einen solchen Flitzer aus dem Gebüsch in die Wiese gejagt. Mit ihren scharfen Augen hatte Giggi den Ausreißer sofort wahrgenommen, und kaum hatte der Förster sie in die Luft geworfen, da jagte sie auch schon hinter dem Kaninchen her und griff es mit ihren scharfen Krallen, da war es um den Hoppsassa geschehen. Die Jungen waren sprachlos, wie schnell das alles ging.

Und was sollte nun werden?

Der Förster eilte zu dem geschlagenen Karnickel, das bereits verendet war. Giggi wollte es nicht hergeben, aber als der Vater dem Habichtsweibchen ein Stück Fleisch aus der Falknertasche reichte, nahm sie es gern. Inzwischen zog er die Beute unter ihren Füßen hervor und steckte sie in den Rucksack.

So fing die Jagdgesellschaft an diesem Tage vier Kaninchen, und die Mutter hatte keine Sorge, ihre Familie satt zu kriegen.

Noch viele Male jagte der Förster mit seinem Habicht, und nicht nur Kaninchen, sondern auch Krähen und Elstern brachte Giggi zur Strecke. Immer wenn der Förster sie aus dem Zwinger oder Mauserhaus holte, freute sie sich und war sehr aufmerksam. Darüber kamen die Jungen nicht aus dem Staunen heraus.

„Unser Vater ist ein richtiger Hexenmeister!" sagten sie.

*

Zu gern hätten die Jungen auch einmal an einer großen Jagd teilgenommen, aber lange wollte der Vater davon nichts wissen. Endlich war er damit einverstanden, daß Uwe mit der Treiberwehr ging.

Dazu gehörten nicht nur Schuljungen, sondern auch erwachsene Männer wie zum Beispiel die Holzhauer unter Führung des Haumeisters, der die Aufsicht über die buntgemischte Gesellschaft ausübte.

Ihre Aufgabe war es, Hasen, Rehe und Hirsche, aber auch die Wildschweine, Meister Reineke, den Fuchs, den Jägern, die weiter entfernt am jenseitigen Rande des Waldes in ihren Verstecken warteten, vor die Flinten und Büchsen zu treiben.

Uwe war schon ganz aufgeregt, ehe es losging. Der Vater hatte ihn ermahnt, ja recht gut auf die Anweisungen des Haumeisters Arnold zu achten, nicht so weit vorzuprellen, aber auch nicht hinter den anderen zurückzubleiben.

„Sonst brechen die Wildschweine an dieser Stelle durch!" hatte er gesagt.

So stand Uwe, mit einem Spazierstock bewaffnet, zur Rechten von Arnold und links von seinem Freund Erik zum Abmarsch am Feldrain bereit. Als das Signal aus Vaters Waldhorn erschallte, setzte sich die Treiberwehr in Bewegung, während die Schützen, ein Dutzend an der Zahl, ihre Stände im Waldrevier bereits bezogen hatten.

Es dauerte nicht lange, da hatte man den diesseitigen Waldrand erreicht, stapfte durch Unterholz und Pfützen, an dicken und dünnen Stämmen vorüber und schaute voraus, um beim Sichtbarwerden des Wildes laut zu rufen, worum es sich handelte.

„Achtung!" rief plötzlich der Haumeister, als ein Fuchs vor ihm aufsprang, „Fuchs im Trieb!"

Uwe sah den Flüchtigen gerade noch als rote Welle hinter einem Grabenrand verschwinden. Dann waren nur noch die schweren Stiefeltritte der Männer zu hören. Mal gab es einen ordentlichen Bums, wenn jemand gegen einen morschen Stubben trat.

Der Sohn vom Wiesenbauern machte ein paar Witze; aber es lachten nur wenige der Treiber. Die anderen hatten damit zu tun, sich durch das dichte Brombeergestrüpp hindurchzuwinden. Hin und wieder schlug einer mit seinem Knüppel gegen einen Stamm, daß es krachte. Rehe sprangen auf, Hasen schlugen gewaltige Haken, und immer noch war kein Ende.

Der Wald war tief. Manches Reh und viele Hasen sprangen schon beizeiten aus ihren Verstecken und flüchteten in Richtung auf die Schützen. Dann knallte es einmal, noch einmal und abermals.

‚Hoffentlich hat wenigstens der Vater getroffen!' dachte Uwe, der es gern gesehen hätte, wenn der Förster Schützenkönig geworden wäre. Aber bei der Jagd kommt es viel auf das Glück an. Und das Wild mußte auch Glück haben, um ungeschoren durch das Treiben zu gelangen. Der alte Fuchs, der schon mehrmals in seinem Leben beschossen worden war, kannte sich darin aus, wie man seinen Balg in den Winter rettete. Er ließ die Treiber näherkommen, drückte sich in eine Bodendelle und ließ sich überrennen. Dann flüchtete er schnurstracks in seinen Bau und war sicher. Aber einer seiner Nachkommen blieb auf der Strecke, wie Uwe erkennen konnte, als ein Feuerstrahl zu seiner Linken aufblitzte und der Rotrock zu Boden stürzte.

„Achtung! Sauen!" rief es laut von rechts. Dann sausten schon drei, vier Borstenkittel davon, daß das Unterholz nur so prasselte. Schüsse gellten, ein Querschläger jaulte gegen einen Eichenstamm. Ein Edelmarder wurde vom Baum geschossen und fiel Uwe genau vor die Füße. Er bückte sich und nahm ihn auf.

Immer noch ging das Treiben weiter. Aber schließlich wurde weniger geschossen, ein Zeichen, daß das Wild aufgestöbert worden war und man sich den Schützen näherte.

Das Jagdhorn hallte. Die erlegten Stücke wurden von den Treibern zusammengetragen. Die Schützen berichteten über ihre Erfolge und meldeten dem Förster ihre Bedenken an, wenn sie beim Schuß schlecht abgekommen waren. Da hieß es dann nachzusuchen, damit sich das Wild nicht unnütz quälte.

Auf ging es zum nächsten Treiben, bis der Nachmittag sich trübte und das Büchsenlicht schwand. Dann wurde Strecke gelegt. Am rechten Flügel ruhten die Hirsche, das Rotwild, ihnen folgten die Rehe und die Sauen, die Hasen, Kaninchen und das Geflügel vom Fasan bis zur Schnepfe.

Im Schein brennender Fackeln und beim Klang der Waldhörner war alles sehr feierlich. Danach wurde das Wild abtransportiert, und die Erwachsenen vereinte ein ausgiebiges Mahl im Gutshaus bis zur späten Stunde. Die Jungen bekamen heiße Würstchen mit Kartoffelsalat, eine Brause und ein Fünfmarkstück.

Winteranfang

Kälter wurden die Winde von Osten und Norden. Sie brachten Schnee und Eisgekriesel. Bald war die Landschaft in ein weißes Laken gehüllt, und alles Leben in Forst und Flur schien erstorben. Das Schweigen wohnte im Wald, so schien es.

So schien es auch den Kindern, die oft stundenlang im Hause hockten und sich mit ihrem Spielzeug die Zeit vertrieben. An einem Sonntagmorgen jedoch klopfte es an ihr Schlafzimmerfenster. Es geschah so schüchtern, als poche jemand mit dünnen Fingern daran.

Uwe war schon wach. Er hörte es, war aber viel zu bequem,

um aufzustehen und nach der Ursache zu sehen. Lieber hing er seinen Träumen nach, die sich um schöne Weihnachtsgeschenke drehten. Darüber vergingen einige Minuten, als es wieder pochte, diesmal bedeutend stärker als zuvor.

Die Mutter war es nicht, auch keiner der Freunde, die sich bestimmt erst viel später meldeten, wenn dazu überhaupt ein Anlaß war.

Und es klopfte zum dritten Mal! Da war Uwe mit einem Satz aus dem Bett. Behutsam schlich er zum Fenster, um den Störenfried zu überraschen. Aber es war gar kein Mensch. Eine Menge Frostspanner, geflügelte Männchen und flügellose Weibchen hatten sich außen an die erwärmten Scheiben gesetzt, um sich dort zu erholen. Und während der Junge noch dastand und sie betrachtete, klopfte es abermals.

Ein Rotkehlchen im rostgrauen Federkleid und der wunderschön rotgefärbten Brust hatte sich im Flügelsprung einen Falter erschnappt und verspeiste ihn sogleich.

„Tzeck tzeck!" grüßte der Vogel den Jungen. „Tzeck tzeck!" sagte es und knickste so, daß Uwe gleich an Fütterung dachte. Aber darauf kam es dem Rotbrustel wohl gar nicht an. Es hatte ja Futter in Hülle und Fülle an den Frostspannern. Da erschnappte es wieder einen, und abermals einen, und noch mehr.

Dann klang plötzlich ein kleines Lied aus der Vogelkehle. Darauf fing das Winterrötlein wieder Falter. Nach dem Frühstück schien es verschwunden.

Aber Heiner, dem Uwe das Erlebnis erzählte, wollte den Wintergast gern sehen, und so suchten ihn beide im Garten. Die Jungen brauchten nicht lange Umschau zu halten. Schon nach den ersten Schritten begrüßte er sie mit hellem „Tzeck tzeck!" knickste wieder und ließ sich mit Mehlwürmern füttern. Dabei wackelte er mit seinem Schwänzchen, als wollte er „Danke" sagen.

Die Jungen freuten sich sehr darüber. Jeden Tag schauten sie nach ihrem Rotbrustlein. Bald thronte es auf einem Wacholder, mal auf dem Wipfel einer Tanne, oder es hockte auf dem Drahtzaun des Gartens nahe dem Forstgehöft.

Immer war es fröhlich, und immer brachten Uwe und Heiner ihm etwas mit. Klamme Spinnen warfen sie ihm vor. Getrocknete Holunderbeeren oder Pfaffenhütchen legten sie ihm aus. So blieb ihnen der Wintergast viele Monate treu.

*

Der Winter war mit Sturmgebraus und heftigem Donnerschlag um das alte Forsthaus gefahren. Es knackte in der alten Kastanie, und die Linden im Gutspark hatten nichts zu lachen. Mancher dürre Ast verlor knackend den Halt und stürzte mit Gepolter zu Boden.

Das Reisignest der Störche auf dem Dachfirst bekam die ganze Gewalt des Unwetters zu spüren, als dicke Wolken bergeschwer ihre weißflockige Fracht abluden.

Da standen die Hirsche in den dichten Fichtenschonungen auf, schüttelten ihre Decke, traten auf der Stelle und waren unschlüssig, was nun zu beginnen sei. Die Rehe stapften mit ihren schlanken Läufen ein Stück durch den Schnee und zogen dann stelzbeinig davon. Sie wußten nicht recht, wohin.

Die Hasen blieben in ihren Sassen, in ihren Sitzgruben, liegen. Die Schneefälle machten ihnen zunächst nichts aus. Von ihrem warmen Atem schmolz der Schnee vor ihnen, und nichts kündete von ihrer Anwesenheit. Auch die Kaninchen verhielten in ihren Erdbauten.

Als Uwe mit dem Bus zur Schule fuhr, konnte er während der Fahrt manches beobachten. Einen Tag oder auch zwei Tage hielt das Wild ohne Not aus. Aber der Winter war hartnäckig und wartete mit weiteren Schneemengen und stärkerer Kälte auf. Tagsüber schmolzen die feinen Eiskristalle an der Oberfläche der Schneedecke, abends wurden sie wieder zu sprödem Eis. Da schnitten sich Reh und Sau und Hirsch bei jedem Schritt die Fesseln wund, und bald lahmte hier und dort ein Stück Wild.

Der Förster kannte die Gefahren eines strengen Winters und linderte die Not, so gut er konnte. Mit dem Haumeister und seinen Arbeitern schaffte er täglich Heu und Eicheln,

Bucheckern und Sauerfutter an die Futterstellen, und wenn Uwe seine Schulaufgaben gemacht hatte, half er. Zu gern fuhr er mit dem Pferdegespann des Gutes im Schlitten an alle die Plätze, um Heukrippen und Schüttungen aufzufüllen. Die beiden Braunen hatten einen flotten Schritt, aber sie ließen sich von dem Jungen gut führen, so daß der Vater stets die Hände frei hatte, um alle seine Futtergaben rechtzeitig loszuwerden.

Das Wild kannte die Plätze, wo ihm Äsung gereicht wurde, und es bereitete dem Jungen stets viel Freude, zu sehen, wie beim Erscheinen des Gespanns Hirsche und Rehe samt Hasen und Sauen herzudrängten, um ja nicht zu kurz zu kommen.

Leider galt auch hierbei das Recht des Stärkeren, und mancher Geweihte, der jetzt ohne seine Kopfzier herumlief, weil er seine Waffen abgeworfen hatte, gebärdete sich gegen schwächere Artgenossen immer noch unduldsam. Der Vierundzwanzigender, der dem Zwölfer in der Brunft den Laufpaß gegeben hatte, ließ keinen an die Krippe. Er stellte sich sofort auf die Hinterläufe und trommelte wild mit den Vorderbeinen auf seinen Gegner ein, daß dem Sehen und Hören verging. War er gesättigt, so trollte er sich ein Stück und sah den anderen zu, wie es ihnen schmeckte. Um die Fütterung zu erleichtern, ließ Herr Steiner im Walde einen großen Schuppen bauen, in dem alle Vorräte schon im Sommer und Herbst gespeichert wurden. Von hier ließen sich bei Schnee und Eis die Schüttungen schneller erreichen.

Oft beobachteten dann Vater und Sohn vom Bodenfenster aus das Wild, das sich zur gewohnten Stunde einfand, weil es die Zeit gut im Kopf hatte.

Aber auch dem Wildgeflügel wurde sein Recht. Zentnerweise wurden den Rebhühnchen und Fasanen Druschabfall, Getreide und Hirse sowie minderwertige Rosinen ausgestreut, um ihren Hunger zu stillen, und gern unterzog sich Uwe dieser Hilfeleistung.

„Die Hirsche kennen mich ganz genau!" behauptete er einmal daheim beim Essen. „Der starke Zehner hat sich von mir heute sogar streicheln lassen!"

Dann saßen alle drei Kinder mit im Schlitten, und nachdem sie in den Bodenraum des Futterschuppens gestiegen waren, konnten sie die Bewohner des Waldes ziemlich von nahem betrachten.

„So viele Hirsche hast du?" wunderte sich Heiner.

Als alle Tiere sich sättigten, schlug die Abschiedsstunde.

Heiner hatte auf diesen Augenblick gewartet. „Nun streichele mal deinen Zehnerhirsch!" neckte er Uwe.

Der aber nahm die Herausforderung an und wandte sich dem Gesellen zu. Der ließ ihn wirklich kommen und hielt den Kopf hin, wie er es gewohnt war.

Unterdessen war auch Heiner herbeigeschlichen und drängte sich rasch vor, um sein Glück zu versuchen. Aber da gab ihm der Hirsch einen ordentlichen Schubs, so daß er zu Boden fiel. Da stand er beschämt auf: „Nun glaube ich es dir wirklich!"

*

„Köp köp! — Köp köp! — Zock!" schallte es aus den Kiefernwipfeln, als Herr Steiner mit Uwe im Schlitten durchs Revier fuhr.

Das waren Stimmen, die selbst der Vater, der schon weit herumgekommen war, noch nicht gehört hatte.

„Brr!" machte er. Die Braunen hielten und schnaubten, daß ihr Atem als weiße Wolke himmelwärts stieg.

Das Glas an den Augen, erkannte der Förster in den hohen Wipfeln der Nadelbäume einen Flug starengroßer Vögel, die sich um die Menschen und Pferde gar nicht kümmerten, sondern lustig flöteten und schnarrten, als mache ihnen das Winterwetter das größte Vergnügen. Es waren Kiefernkreuzschnäbel. Die Männchen mattrot, die Weibchen graugrün gefiedert. Das Seltsame an beiden war ihr gekreuzter Schnabel. Als Uwe sie betrachtete, hatte er diese Eigenschaft sofort erkannt. „Müssen sie mit solch einem komischen Schnabel nicht verhungern?" fragte er. „Sie können doch gar nichts aufpicken!"

„Gut beobachtet", erwiderte der Vater, „allerdings pickt dieser Vogel aus Skandinavien nicht, sondern er benutzt seinen Schnabel als Pinzette, mit der er die Samen unter den Zapfenschuppen hervorholt ..."

„Fang mir einen!" bettelte Uwe.

Aber der Vater wollte davon nichts wissen. „Wie stellst du dir das vor? Für solche Höhen gibt es gar kein Gerät!"

Uwe sah das ein.

„Du wirst staunen, wenn du hörst, daß diese Vögel bereits im Winter, spätestens im März, in ihrer Heimat brüten. Oft wenn noch Schnee liegt!" Uwe schaute später noch einmal in seinem Vogelbuch nach, um sich über die skandinavischen Gäste zu informieren.

Viel besser noch gefielen ihm aber die Seidenschwänze, die eines Morgens in den Fliedersträuchern mit ihrem Trillern und Zirpen seine Aufmerksamkeit erregten. Er rief sogleich die Geschwister vom Frühstückstisch herbei und zeigte ihnen die gar nicht scheuen Gäste aus Sibirien.

Mit ihrer langen Haube und der gelben Schwanzspitze, dem schwarzen Kehlfleck auf dem kastanienroten Federkleid wirkten sie ganz absonderlich, und die scharlachroten Siegellackplättchen an den Spitzen der dunklen Armschwingen gefielen den Kindern besonders.

„Srih srih!" klingelten die Seidenschwänze und ließen Uwe ziemlich nahe heran.

*

Ein altes Sprichwort besagt: Dem einen seine Eule ist des anderen Nachtigall. Es kommt ganz darauf an, wie man die Dinge im Leben sieht. Vom Schaden des einen kann der andere seinen Nutzen haben. Die Füchse in Herrn Steiners Revier lebten vom Schaden des Wildes in diesen strengen Wintertagen herrlich und in Freuden. Hier war ein Hase an einer Darmerkrankung eingegangen. Dort hatte ein altes Reh sich mit letzten Kräften an die Heuraufe geschleppt, um sich satt zu äsen. Da überfiel es der Fuchs, würgte es zu Tode, hielt ein herrliches Mahl und mästete seinen Rock.

Immer wieder stieß der Förster auf Reinekes Spuren, bis es ihm über wurde und er sich entschloß, der roten Sippe das Handwerk zu legen. Uwe durfte dabei sein, und er war Feuer und Flamme, wollte er doch auch später Forstmann werden.

Der Vater hatte es gut geplant, als er einen Luderplatz anlegte, auf dem nahe der Kanzel alles Fallwild zusammengetragen wurde, um das Raubzeug anzulocken. Hier schmausten die Rotröcke, hier ließen sich die Schwarzkittel sehen, und wenn es not tat, schlich auch Gelbkehlchen, der Marder herbei, um sich seinen Fraß zu holen. So gab es immer etwas von dieser Kanzel aus zu beobachten, und der Ansitz wurde nie langweilig.

Um die vierte Nachmittagsstunde zogen die beiden Steiners los. Heiße Ziegelsteine, eine Flasche mit warmem Kaffee sowie einen Heusack schleppten sie auf dem Rücken bis zur Leiter, trugen alles behutsam hoch und richteten sich aufs Warten ein.

„Geduld muß man beim Ansitz auf die Füchse in der Winterzeit mitbringen! flüsterte der Vater. Dann lauschten die beiden nach links und nach rechts, bis sich alle Schatten auf dem Schnee in der Dämmerung verloren. Uwe sah schon das Ende der Jagd kommen, aber der Vater dachte gar nicht daran. Er vertraute dem aufkommenden Vollmond, und er tat es mit Recht. Bald erhellte sich der Wald mit seinen dunklen Stämmen wieder, und dann ergoß sich ein feines, silbriges Licht über die Schneedecke, daß man weit sehen konnte.

Man konnte auch in der Stille jedes Trittchen hören, da trippelte, tappte auch schon etwas aus der Tiefe heran.

Uwe hielt mit dem Glas Nachschau und traute seinen Augen kaum, als er einen Fuchskopf im Bilde festhielt, der seinesgleichen suchte, so stark war er.

Der Leisetreter tat ganz vorsichtig, als er sich dem Luderplatz zuwandte von dem ihm allerlei üble Gerüche entgegenwehten, Gerüche, die ihm jedoch Parfüm bedeuteten, weil es Gutes, Freßbares war.

Aber er traute dem Braten nicht recht, beschrieb erst von links einen weiten Bogen, dann kehrte er um und suchte sich von der Rechten her Witterung zu holen. Danach erst war er zufrieden, ein herrlicher Fuchs im kostbaren Pelz, über den das Mondlicht flüssiges Silber zu gießen schien.

Immer näher kam der Rotrock. Der Förster hatte längst seinen Drilling schußbereit. Dann hob er ihn und zielte.

Ein feuriger Blitz, ein Knall, der weithin durch den Wald schallte! Auf dem herrlich schimmernden Schnee lag der Fuchs, als schlafe er. Vater und Sohn stiegen von ihrem Auslug, nahmen Meister Reineke auf und trugen ihn nach Hause ...

*

Das neue Jahr begann mit milden Tagen. Die Schneedecke wurde von Regen und Schlackerwetter zermürbt, und das Wild konnte stellenweise in Wald und Feld wieder an die Bodenäsung, an Gras und Kraut.

Förster Steiner sah es mit Befriedigung. Er konnte seine Futtervorräte schonen und hatte weniger Mühe als zuvor. Der Schein trog jedoch.

Das milde Wetter hatte große Krähenschwärme in Bewegung gebracht. Auf ihrer Rückreise in die nordische Heimat zogen sie weit über die Landschaft, schadeten der Saat, und machten, wo immer sich Gelegenheit bot, Jagd auf kranke Hasen, auf Rebhühner und Fasanen. Ihre Übergriffe brachten den Förster in Harnisch, und er schwor ihnen Tod und Teufel. Eines Tages brachte er von Reviernachbar Haukamp dessen Uhuweibchen mit, um mit ihm sein Jagdglück zu versuchen.

„Bubu“, so hieß die Dame, war ein prächtiger Nachtgreif. In einem rostbraun und gelb-schwarz gestrichelten Federkleid verschaffte sich der fast metergroße Vogel sofort bei Mensch und Tier Respekt, wenn er seine Augen unter den fingerlangen Federohren rollte und mit seinem Krummschnabel gefährlich klappte.

Uwe erschrak ordentlich beim ersten Anblick. Aber noch viel bedrohlicher als Schnabel und Augen, wirkten die teilweise im Bauchgefieder verborgenen Fänge, seine Klauen mit den fingerstarken Zehen. Die Drückballen daran und die Krallen sicherten dem Uhu auf Anhieb einen tödlichen Griff.

„Sieh dich vor, daß er dich nicht packt!" ermahnte Herr Steiner jeden seiner Jungen einzeln.

Nach dem ersten Schreck fanden beide den Auf, wie der Uhu in Jägerkreisen auch genannt wird, recht interessant, und sie zögerten nicht, ihn mit Futter zu versorgen. Wenn es Uwe vorsichtig tat, konnte nichts passieren; denn der Auf war den Umgang mit Menschen gewöhnt. Übrigens liebte es Bubu auch, am Tage in einem schattigen Winkel des Stalles, wo sie Unterkunft gefunden hatte, zu schlafen. Mit zugekniffenen Augen verhielt sie sich ganz still. Aber ihren Blicken entging trotzdem keine Bewegung und ihrem außerordentlich scharfen Gehör kein Geräusch. Manche vorwitzige Maus oder Ratte hatte Bubu schon in der Nacht gefangen, wie Uwe immer wieder feststellte.

Alle Eulen werden von den Kleinvögeln gehaßt, weil sie ihre Feinde sind, ganz besonders aber der gehörnte Uhu. Auf diesen Umstand bauen die Jäger und Förster, und auch Herr Steiner tat das. Er machte ihn sich nutzbar, als er eines Mittags mit Bubu in eine auf einer Waldlichtung aufgestellten Strohhütte zog. Es war ziemlich eng darin, aber für Uwe und Heidjer war gerade noch Platz, während Bubu draußen auf einem Pfahl hockte. Eine Lederfessel hinderte sie am Wegfliegen. Es gefiel ihr gar nicht auf der Jule, denn Bubu vermißte dort ein Versteck, in das sie sich zurückziehen und wo sie schlafen konnte. So thronte sie mutterseelenallein auf dem Pfahl und schaute sich mißmutig um, während der Förster sie aus der Strohhütte durch die Sehschlitze genau beobachtete. Bubus Gebaren kündete an, was um den Uhu vorging. Noch verhielt sie sich still, aber schon bald konnte es anders kommen, wenn die Kleinvögel ihre verhaßte Feindin gewahrten.

Die beiden Steiners warteten auf ihr Jagdglück. Eine halbe

Stunde mochte vergangen sein, als sich von der Feldmark her ein schneller Schatten näherte, sich in den Wipfeln einer hohen Kiefer setzte und verweilte.

Durchs Glas erkannte Uwe einen Turmfalken. Er beobachtete den Uhu, dann stürzte er sich mit giftigen „Giggigiggi"-Rufen aus der Höhe auf den Nachtgreif. Ganz dicht schoß er mit schneidigen Schwüngen an Bubu vorbei, und manchmal schien es Uwe und dem Vater, als wollte der kühne Flieger das Uhuweibchen von der Jule reißen. Immer wieder mußte sich Bubu auf dem Pfahl umstellen. Mehrmals stellte sie sich auf ein Bein und wehrte mit der anderen Klaue den Störenfried ab.

Bubus Augen sprühten Feuer. Sie plusterte ihr Gefieder auf und wirkte noch unheimlicher als zuvor.

„Vater, schieß doch den Turmfalken", flüsterte Uwe, der sich gar nicht über die Frechheit des Vogels beruhigen konnte, „er macht uns Bubu kaputt!"

Aber der Förster lächelte nur. „Du bist wohl nicht gescheit! Turmfalken gehören zu den besten Vertilgern von Feldmäusen und Maulwurfsgrillen. Sie stehen unter staatlichem Schutz! Wehe dem, der einen Schuß auf sie abgibt! Er wird bestraft!"

„Worauf wartest du denn noch?" wollte Uwe schließlich wissen, als das Spiel zwischen Uhu und Falke weiterging.

„Mal sehen", flüsterte der Förster und lauschte weiter.

Dann machte er ein zufriedenes Gesicht. Er hatte nämlich herausgehört, daß noch andere Uhufeinde näherkamen. Da waren sie schon, die Krähen! Rabenkrähen, schwarz im Gefieder und Saatkrähen, ihnen täuschend ähnlich, nur an der nackten Schnabelwurzel von ihnen zu unterscheiden; dann viele Nebelkrähen mit grauem Rücken und grauem Bauch. Von den Rufen des Turmfalken angelockt, witterten sie die beste Gelegenheit, ihr Lebensrecht zu behaupten. Da hatten ihre scharfen Augen auch schon den verhaßten Eulenvogel erkannt.

Wild stürzten sich die ersten Flieger auf Bubu und ließen sie ihre spitzen Schnäbel, aber auch ihre Schwingen fühlen.

„Krak krarr krarrck!" schallte ihr Kampfgeschrei über den einsamen Platz. Bubu wollte den Angriffen mit Klauenhieben begegnen, aber sie verfehlte ihr Ziel. Zu stürmisch trafen sie die Angriffe der Schwarzen, so daß ihr nichts weiter übrig blieb, als mit einem glücklichen Sturz auf den Boden der Qual zu entgehen. Dann hüpfte sie wieder auf den Pfahl, drehte den Kopf im Zorn, rollte die Augen und knappte gefährlich mit ihrem scharfen Krummschnabel, der jeder Krähe den Garaus zu bereiten vermochte.

Aber die Schreihälse nahmen das nur als Ursache zu gesteigerten Angriffen und schossen auch schon wieder von allen Seiten auf die große Horneule.

Auf diesen Augenblick hatte Herr Steiner gewartet. Jetzt sprach seine Schrotflinte zweimal ein mächtiges Wort. Im Hagel der kleinen Bleikugeln stürzten drei Krähen aus der Fahrt und fielen zu Boden. Ehe die anderen begriffen hatten, worum es ging, purzelten noch zwei Rabenvögel auf den Grund.

Jetzt stutzten die Flieger und zogen sich in die Baumwipfel zurück. Hatten sie angesichts der toten Artgenossen begriffen, was hier vorging?

Bubu fühlte sich ein wenig befreit und trat auf der Jule hin und her, nestelte am Gefieder, um sich danach eine Krähe vom Boden zu holen und zu verspeisen.

Das versetzte die Krähen neuerlich in höchste Wut, und abermals begannen sie zu krächzen und zu lamentieren, und wieder griffen sie an.

Wieder wurden sie beschossen, und schließlich blieb über ein Dutzend auf der Strecke. Der Förster war zufrieden und schaffte sie zum Luderplatz. Mochten die Füchse sich daran mästen.

Fasanen und Rebhühnchen, aber auch die Enten und Hasen hatten jetzt wieder mehr Ruhe in ihrem winterlichen Dasein vor den schwarzen und grauen Krähen.

Bei den Herren des Gebirges

Am Küchenfenster der Försterei war es wintersüber nie langweilig, und auch vom Dienstzimmer des Herrn Steiner konnten sich die Kinder oft an den futtersuchenden Vögeln erfreuen.

Bis um die neunte Vormittagsstunde meldete sich meist noch keiner der Langschläfer. Dann hockten sie für gewöhnlich noch dick gegen die Kälte aufgeplustert in ihrem Schlafversteck, in den dichten Lebensbäumen, in den Tannen und Fichten, wenn nicht gar unter den Dachziegeln wie die Hausspatzen.

Aber wenn draußen das volle Tageslicht schien, dann erschienen die ersten Körnerfresser. Finken und Sperlinge, Grünlinge und auch die hübschen Dompfaffen sprachen vor, um sich Körnchen um Körnchen aus den Futterhäuschen zu holen.

Haumeister Arnold hatte sie aus Birkenholz gebastelt, so

daß kaum Schnee hineinfiel und Hanf, Rübsamen, Fichtensaat und Ebereschenbeeren stets trocken blieben. Etliche Talgglocken lieferten den Meisen ihren Fettbedarf.

Es sah immer niedlich aus, wenn die Gefiederten sich ein Stelldichein gaben. Uwe, Heiner und Ulla hatten ihre Freude daran und sorgten sich darum, daß das Futter nie ausging.

Mitunter meldete sich auch mal ein Buntspecht und klopfte herrisch an den Kasten, als wollte er damit bekunden, daß man ihn vergessen hatte, weil die Tannenzapfen fehlten.

Am anderen Tage hatte Uwe welche besorgt. Aber da kam der Harlekin nicht. Er war der buntesten einer, doch als Uwe und Heiner vor Weihnachten mit Heidjer am Sandsteinbruch vorbei auf ebenes Brachgelände gerieten, wo im Sommer stets eine Fülle von Schmetterlingen um die blühenden Distelköpfe gaukelte, da waren beide Jungen aufs höchste erstaunt, als sie einem Trupp bunter Finken begegneten, die sich um sie gar nicht kümmerten, sondern eifrig darauf erpicht waren, die Distelköpfe ihrer Samen zu berauben.

Ein scharlachrotes Gesicht hatten diese Vögel, weiße Wangen, schwarz umrandet, und ein gelbes Farbband auf den schwarzen, weiß betupften Schwingen zeichnete sie aus.

„Stieglit pickelnit!" plapperten sie unaufhörlich ihren Namen, die hübschen Stieglitze. Plötzlich ließ der eine und der andere ein mahnendes „Aihk!" hören. Die Jungen hatten es sofort vernommen. Sie schauten hinüber, sahen ein ellenlanges Tier schlangengleich durch die dürren Stauden wippen und plötzlich in die Samenstände springen, als wollte es einen der Vögel fangen. In der Hast prallten zwei zusammen, gingen flatternd zu Boden und blieben augenblicklich liegen. Das Wiesel, es war der Angreifer, hätte sie packen können, aber die Anwesenheit der Jungen hatte es vertrieben. Da war Uwe auch schon heran und hob die beiden verunglückten Finken auf und hielt sie wohlverwahrt in seinen Händen. Sie waren sehr matt und atmeten nur ganz benommen, aber sie waren nicht verletzt, wie man sich überzeugen konnte. Eilfertig machten die Jungen kehrt und zeigten der Mutter ihren unverhofften Fund.

Dann taten sie die beiden Stieglitze in ein geräumiges Vogelbauer, gaben Distelsamen in den Futterbecher und frisches Wasser in den anderen, nachdem sie den Vogelkäfig auf das Fensterbrett in der Küche gestellt hatten.

Hocherfreut zeigten beide dem Vater ihre Pfleglinge, die sich bald wieder erholt hatten und nun munter im Käfig umhersprangen, ihren Namen nannten und dankbar von den Apfelstücken und Salatblättchen naschten, die die Mutter zwischen die Drahtstäbe gesteckt hatte. Das Weihnachtsfest durften Stigelit und Pickelnit mit Keksen und gekochtem Gelbei mitfeiern. Es wurde ihnen sogar ein Freiflug um den Christbaum vergönnt. Aber dann mußten sie wieder in ihr Bauer. Sie bettelten mit den Schnäbeln um Freiheit, aber noch war es nicht soweit.

„Es ist doch wohl selbstverständlich, daß ihr die beiden Distelfinken im Frühjahr wieder hinauslaßt!" hatte Mutter ihren Jungen ins Gewissen geredet. Sie ließen die Köpfe hängen. Der Gedanke schien ihnen Kummer zu bereiten. Aber es nützte nichts, und so wurde die ganze Familie an einem schönen Märzmorgen Zeuge, wie Uwe mit traurigen Augen das Türchen zum Vogelbauer öffnete und den Insassen die Freiheit schenkte. Sie wollten aber an diesem Tage nicht, und es bedurfte einiger Kniffe des Vaters, bis sie den Mut dazu fanden.

„Stiegelitt stiegelitt stickelnick klickeia!" plapperten und zwitscherten sie vergnügt, als sie davonflogen und ihre wellenförmige Fahrt sich langsam in der Ferne verlor.

„Stiegelitt-pickelnick!" hörten es Uwe und Heiner noch lange im Ohr . . .

*

Unter dem Rotwild, das der Förster betreute, war ein Hirsch ganz besonderer Art. „Hansi" nannten die Steiners ihn. Mit seinem wuchtigen Geweih fiel er schon von weitem auf. Er fürchtete sich auch nicht, wenn er Menschen auf seinem Wechsel begegnete, wie die Wege des Wildes in der

Jägersprache genannt werden. Wer ihm nicht aus der Bahn ging, mußte damit rechnen, daß er eine der dreizehn Sprossen zu fühlen bekam.

Hansi war vor Jahr und Tag unter Frau Steiners Pflege aufgezogen worden, und so gehörte er eigentlich zur Familie. Der Hirsch machte allerdings davon wenig Gebrauch.

Im Sommer hielt er sich lieber dort auf, wo er genug süßes Gras und Kraut äsen konnte. Aber wenn der Schnee fußhoch lag, erinnerte sich Hansi gern wieder der alten guten Beziehungen und näherte sich dann gemächlich dem Forsthaus.

Zuweilen kam er die breite Freitreppe empor und klopfte mit seinem Geweih an. Dann lauschte er oder scharrte mit einem Fuß an der Schwelle. War jemand daheim, so wurde ihm geöffnet. Dann holten die Kinder schnell einen Korb Kartoffeln aus dem Keller oder füllten einige Becher Hafer in den Futtertrog und schoben sie dem Hirsch hin, der mit Behagen davon schmauste. Gern fraß Hansi auch Apfelsinen- und Zitronenschalen. Wenn er davon etwas kriegen konnte, wurde er munterer als je zuvor.

Die Kinder konnten ihn dann streicheln und mit ihm reden; er störte sich nicht an solchen Zärtlichkeiten. Hatte er sich gesättigt, so trottete er wieder davon oder bummelte ein Stück durch den Wald, um am nächsten Tag wiederzukommen, wenn ihm nichts anderes einfiel.

Unter solcher Pflege gedieh Hansi überaus gut. Als er in die Jahre kam, daß er abgeschossen werden sollte, bekam es der Förster nicht übers Herz, ihn aufs Korn zu nehmen; er bat Haukamp zu diesem Zweck, herüberzukommen.

So ging auch Hansi, den die Spötter den „Salathirsch" nannten, eines Tages in die ewigen Jagdgründe ein ...

*

Das Weihnachtsfest war vorüber. Eine handhohe Schneedecke lag über der Landschaft, zu wenig, um zu rodeln, und auch Schlittschuh konnten die Kinder nicht laufen. Das Wetter war zu mild. Die Grippe schlich durch Dörfer und Städte, und die Ärzte hatten viel zu tun, um all die vielen Kranken zu kurieren.

Die Familie Steiner konnte sich über ihre Gesundheit nicht beklagen. Frau Steiner hatte mit Obstsäften und Tees gut vorgesorgt und wandte sie als Vorbeugung gegen Unpäßlichkeiten an. Das hatte eine gute Wirkung. So machte es Uwe und Heiner oft gar nichts aus, wenn sie auf ihren Streifzügen durch Feld und Forst nasse Füße bekamen. Mochte es nieseln oder neblig sein. die beiden hatten stets einen Grund, sich draußen zu tummeln. Seit sie am Wiesenbach verunglückte Taucher und matte Wasserhühner entdeckt hatten, zog es sie öfters dorthin.

Kilometerweit pirschten sie dann mit dem Fernglas stromauf und stromab, sahen den Fischreihern beim Beutefang zu, verfolgten die kleinen Zwergtaucher, freuten sich an den Sturzflügen der Eisvögel und waren verwundert, wenn sie in dem klaren Wasser auch mal einen Fisch sahen. Wieder waren sie unterwegs, ohne daß das diesige Wetter sie dazu verleitet hatte. Dennoch, es lag etwas in der Luft, das die beiden an den Bach gerufen haben mußte. Noch wenig unternehmungslustig setzten sie sich auf einen Stubben und schauten dem Spiel der Wellen zu.

Wie lange sie es taten, wußten sie selber nicht, aber daß es sich lohnte, erfuhren sie, als sie plötzlich lange Schatten stromauf ziehen sahen, drei, vier und mehr Stück. Kraftvoll überwanden diese den Gegendruck des Wassers. Immer hübsch von Stein zu Stein rudernd, schnellten sie voran bis sie an eine schmale Wasserrinne zwischen zwei Sandbänken kamen. Unbekümmert schossen sie hindurch, voran die stärkeren, hinter ihnen die schlanken, die Männchen der Bachforellen. Um solche handelte es sich nämlich, wie Uwe an den schwarzen und roten Flecken auf den Flanken der Fische festgestellt hatte. Sie befanden sich auf dem Hochzeitszug, wie Herr Steiner später erklärte.

Am liebsten hätte Heiner ein paar Steine auf die Fische geworfen, um den einen oder anderen zu treffen, und Uwe wünschte sich eine Angel, aber Petrus, der Schutzherr der Fischer, machte da nicht mit. Er schenkte ihnen noch rechtzeitig die Einsicht in das Leben der Forellen, und so folgten die beiden nur behutsam den Fischen.

An einer Stromenge hatten sich umgestürzte Bäume und Knüppel in die Wasserrinne geklemmt und oberhalb der Strömung das Wasser gestaut. Halbmeterhoch waren die Hindernisse gehäuft.

Gespannt warteten die Jungen, ob es den Forellen gelingen würde, hinüberzukommen. Die Fische drängten sich dicht hinter die Stauung, kreisten mehrmals in der Enge, dann schoß der erste mit mächtigem Schlag seiner Schwanzflosse aus der Tiefe empor und schnellte mit Leichtigkeit über Reiser und Balken und landete oberhalb, um sofort wieder im Wasser zu versinken.

Schon jagte auch der zweite Fisch hinüber, ein Weibchen, schwer an Laich, an Rogen, an Tausenden kleiner Forelleneier. Ein Männchen folgte, ein Milchner, wie die Fischer sagen.

Dann gingen die drei weiter, und sie beobachteten so gut sie konnten, immer darauf bedacht, die Fische nicht durch Erschütterungen des Erdbodens zu erschrecken oder durch ihre Körperschatten, gegen die Forellen sehr empfindlich sind.

Immer höher hinauf ging die Reise der Fische ins Quellgebiet des Baches. Aber wo war das? Uwe wußte es nicht, und Heiner hatte erst recht keine Ahnung davon. So weit der Bach in seinen Windungen zu erkennen war, folgten die Jungen den Fischen, dann standen sie unschlüssig da, denn die Dämmerung kündete sich schon an. Da kehrten die beiden um.

„Meine Schuhe sind naß!" sagte Heiner.

„Und meine Füße sind ganz kalt!"

„Wir wollen schneller laufen!" So nahmen beide die Beine in die Hand und rannten ein Stück. Dann gingen sie wieder im Schritt, bis sie die ersten Häuser des Dorfes sahen und schließlich zu Hause waren.

Als die Mutter beide kommen sah, schüttelte sie mit dem Kopf. Dann machte sie das Badewasser warm und steckte beide hinein. Die Wärme tat ihnen gut und verhütete wohl eine ernstliche Erkältung.

Bald schliefen sie ein und träumten von den Forellen, die sie am nächsten Morgen wieder besuchten. Eisvögel verschönten das Bild mit ihrem bunten Gefieder, und das Lied eines Goldammerhahnes im Weidenbaum klang weithin.

*

Obwohl die Mutter eine Wiederholung des Ausfluges verboten hatte, hielten sich die Jungen nicht daran. Uwe meinte, bachabwärts könnten sie getrost gehen, dort wären sie ja noch nicht gewesen. Heiner leuchtete das ohne weiteres ein. Also pirschten beide stromab und freuten sich der dicken Weidenbäume, die das Bachufer begleiteten.

Es waren uralte Bäume. Ihre Stämme hatten überall Risse und Höhlungen, so recht für kleines Getier geeignet, um sich darin zu verstecken. Igel und Ratten, Mäuse und Eulen mochten sich wohl darin einen Unterschlupf gesucht haben.

„Wir wollen mal nachsehen, vielleicht finden wir etwas im Loch!" ermunterte Uwe den Bruder, und Heiner schaute in die erste Öffnung hinein, aber ohne Erfolg.

Beim zweiten Weidenstamm flog ein Steinkäuzchen aus der Öffnung. Prr — war es im Wipfelwerk der Äste, verdrehte seinen runden Kopf mit den gelbgeringten Augen und guckte auf die Ruhestörer herab.

Die waren mit dem Erfolg gar nicht zufrieden. Am nächsten Tage mußten sie wieder zur Schule, und Uwe hätte gern noch etwas Außergewöhnliches erlebt. Also schaute er selber in einen solchen Baumkamin hinein, Dunkelheit trübte den Blick. Da faßte er mit der Rechten in die Tiefe — und zog sie erschrocken zurück. Etwas Warmes hatte er gefühlt! Ihm lief ein Schauer über den Rücken. Aber schnell hatte er sich gefaßt und griff noch einmal hinein. Diesmal wurde er gebissen, und der Schmerz ging ihm durch und durch.

Heiner sah das Gesicht seines Bruders, schaute auf die blutende Hand und wußte nicht, was er sagen sollte.

„Vielleicht war es eine Ratte!" vermutete Uwe und wischte das Blut mit dem Taschentuch ab. „Halb so gefährlich!" Er fühlte sich wieder stark, suchte einen Knüppel und fuhr mit ihn noch einmal in die Röhre. Diesmal geschah nichts. Er fühlte auch keinen Widerstand mehr. Heiner lachte. „Du wolltest mich bloß anführen! Du hast dich an einem Splitter gerissen!"

Aber Uwe beteuerte, daß ihn ein Tier verletzt habe. Er war wirklich gebissen worden. Der in dem Baumkamin schlafende Iltis hatte sich nur seiner Haut gewehrt, war aber dann sofort durch einen unterirdischen Schacht ins Freie geflüchtet.

Als die Jungen ein Stück gegangen waren, sahen sie ihn, ohne zu wissen, daß er der heimliche Angreifer gewesen war. Er pirschte jetzt am gegenüberliegenden Ufer, ohne auf sie aufmerksam geworden zu sein, nach Mäusen.

Das Wasser trennte sie voneinander, und der Wind stand gut. So konnte der Ratz, wie der Iltis auch heißt, sie nicht mit dem Geruchsinn wahrnehmen.

Zuweilen kegelte der Iltis auf und schaute in die Runde, als hätte er es auf die Hasen abgesehen. Dann knickte er wieder zusammen und stieß plötzlich mit seinem Fang in eine Bodendelle, wo er eine Maus erbeutet hatte.

Sofort blieben die Jungen stehen, ohne sich zu rücken und zu regen. Dann ging die Pirsch weiter, der Ratz drüben und die Försterjungen hüben, als wären es gute Bekannte, als stünden sie auf du und du. Der Iltis revierte vom Ufer fort ins Hinterland und setzte plötzlich mit langen, flinken Sprüngen hinter einem Zwergtaucher her, der auf der Suche nach Schnecken und Würmern einen Abstecher vom Bach unternommen hatte.

Aber dieser faustgroße Vogel war so flink, und versteckte sich so plötzlich, daß der Ratz schließlich aufgab. Er näherte sich wieder dem Bach, begann an einer sumpfigen Stelle mit seinen krallbewehrten Pfoten, den Branten, zu graben und zu kratzen und förderte aus dem Wurzelwerk einen handlangen Krebs hervor, den er geschickt ans Ufer zerrte. Dort knackte er den Panzer. Als er das Tier verzehrt hatte, trollte er weiter stromab.

Ab und zu schaute er mit seinen dunklen Sehern ins Wasser hinein. Vielleicht suchte er Forellen oder einen anderen Fisch. Schließlich holte er einen Frosch aus einem Sumpfloch und verzehrte ihn.

Heiner wurde die Sache allmählich langweilig. Er konnte ein lautes Gähnen nicht unterdrücken. Das genügte, um dem Ratz einen Schrecken zu versetzen. Mit rasenden Sprüngen flüchtete er schräg über die Wiesen und war bald verschwunden.

*

Das Telefon klingelte. Förster Steiner wurde gewünscht. Ein Freund lud ihn mit Heidjer zur Jagd ein. Heidjers große Fähigkeit im Auffinden von angeschossenem Wild war nur zu gut bekannt, als daß man auf ihn verzichtet hätte.

So fuhr Herr Steiner am nächsten Morgen mit dem Auto zu dem entfernten Ort.

Es galt, einen Hirsch zu schießen, der wegen seiner kahlen Geweihstangen als gefährlicher Mörder bekannt war, zumal er schon manchen braven Hirsch im Zweikampf zu Tode geforkelt hatte.

Tatsächlich kam der Freund auf den Hirsch zu Schuß, traf ihn aber nicht tödlich. Da war die Sorge wirklich groß. Denn welcher rechte Jäger mutet seinem Wild unnötige Schmerzen zu? Nach einer Stunde des Wartens wurde Heidjer an die lange Suchleine genommen, auf die Anschußstelle gebracht und zur Arbeit ermuntert.

„Such verwundt, Heidjer!" sprach ihn sein Herrchen immer wieder an, und der kleine Rauhhaardackel gab sich alle erdenkliche Mühe, um aus den Blut- oder Schweißspritzern, wie der Jäger sie nennt, den Aufenthalt des Hirsches ausfindig zu machen.

Das war leichter gesagt als getan; denn der Wildling war mit allen Wassern gewaschen und kannte sein Revier besser als die Verfolger. Deshalb hatte er sich durch dichte Rosenbüsche und Brombeerhecken gedrängt und viele Haken geschlagen. Mehrmals war er auch zurückgewechselt und so geriet der Hund allmählich in die Irre. Er verlor die Fährte der blutroten Tropfen, hechelte stark und wollte nach einer Stunde nicht mehr recht voran.

„Was nun?" fragte der Freund den Förster.

„Wir müssen die Suche abbrechen!" entschloß sich der, um seinen Hund nicht zu überfordern. Außerdem mahnte die Dämmerung zum Einhalt.

Herr Steiner nahm den Hund von der Leine und ging mißgestimmt zurück. Nach kurzem Aufenthalt bei seinem Gastgeber wollte er rechtzeitig daheim bei der Familie sein. Aber die Angelegenheit ging anders aus.

Kaum war Heidjer geschnallt, da drehte er sich um und jagte wieder in das Gestrüpp hinein und suchte laut kläffend. Die Männer lauschten seinem Bellen, bis es in der Ferne verhallte.

Herrn Steiner war elend zumute. Die Finsternis brach an. Sterne begannen am Himmel zu leuchten. Von Heidjer war nichts zu hören und zu sehen.

„Was soll ich jetzt tun?" fragte der Förster seinen Freund.

Der zuckte die Schultern. Er riet, zu Abend zu essen und noch einmal an die gleiche Stelle zurückzukehren. „Wir legen deinen Rucksack hierher, damit der Hund weiß, daß er hier richtig ist!"

Nach einer Stunde, als man sich gestärkt hatte, gingen die beiden Freunde wieder an die Stelle, wo der Rucksack lag. Aber der Dackel war nicht dort. Der Förster rief, so laut er konnte, er pfiff, Heidjer meldete sich nicht. Traurig verabschiedete sich der Förster mit der Zusicherung, daß sein Freund ihm sofort Bescheid geben würde, falls der Hund sich zeige.

Als der Förster seiner Frau und den Kindern die Begebenheit erzählte, ließen sie die Köpfe hängen. Die Kinder weinten um den Rüden, und in der Nacht stand Uwe auf, um an der Haustür nachzusehen, ob sich Heidjer womöglich eingefunden habe.

Der aber blieb verschwunden. Tagelang suchte der Förster mit den Jungen im bekannten Hirschrevier nach dem vierbeinigen Kumpan, aber sie fanden wohl den erlegten Hirsch, nicht jedoch ihren Freund.

Herr Steiner gab in der Tageszeitung eine Anzeige auf und setzte eine Belohnung aus. Aber alle Mühe war vergeblich. Nun war es gewiß: Der Dackel war verloren, entweder umgekommen, oder es hatte ihn jemand gestohlen.

Niemand rechnete mehr mit Heidjers Rückkehr. Und doch hatte der Hund die Familie nicht vergessen. Nachdem er auf der Wundfährte ein geraumes Stück vorwärts gesucht hatte, war er abgekommen, in die Irre gelaufen, um nach mannigfachen Umwegen wieder an den Anschuß zu gelangen. Da er sein Herrchen vermißte, der Rucksack jedoch nicht mehr dort lag, hatte er die Richtung eingeschlagen, aus der er mit dem Auto gekommen war. Wie er das zuwege bringen konnte, war sein Geheimnis.

Jedenfalls kam er acht Tage später am Forsthaus an. Durch Bellen tat er seine Ankunft kund. Heiner öffnete ihm überglücklich die Tür und Heidjer konnte vor Wiedersehensfreude gar nicht weiter bellen. Er quiente nur und erging sich dabei in den höchsten Tönen. Dann begrüßte Heidjer Frauchen. Unablässig leckte er ihre Hand und hüpfte an ihr empor, bis sie ihn in die Arme schloß.

Aber wie sah der Hund aus! Völlig mager, war er über und über verschmutzt, so daß nichts weiter übrigblieb, als ihn gründlich zu baden.

Dann machte Frauchen ein kräftiges Futter zurecht, und Heiner leistete seinem Freund Gesellschaft. Als die Geschwister und der Vater mittags heimkehrten, ahnten sie noch nichts von der Freude, die ihnen bevorstand; denn Frau Steiner hatte Heiner streng verboten, aus der Schule zu plaudern.

Dann öffneten die beiden die Zimmertür einen Spalt breit

und ließen die drei einen Blick hineintun. Da sahen sie den Schelm in seinem Körbchen in seligem Schlummer. Er schlief ganz fest.

„Weckt ihn nicht, er ist ganz erschöpft!" mahnte die Mutter; aber Ulla konnte es sich nicht verkneifen, näherzutreten. Zu allem Überfluß knarrten die Dielen unter ihren Tritten. Das genügte, daß Heidjer die Augen aufschlug, mit der Rute wackelte und mit lautem Gebell seine Freunde begrüßte.

Der Förster war gerührt, und die Kinder stritten sich darum, wer Heidjer nach Ulla im Arm halten und im Zimmer herumtragen durfte.

„Nun sag mir bloß, wie du nach Hause gefunden hast?" fragte Herr Steiner den Hund. Der aber schlug mit der Rute hin und her, als wollte er sagen: „Das war mein sechster Sinn!"

*

Förster Steiner war auf seinen Wunsch hin versetzt worden. Ein schönes Revier im Gebirge hatte er zur Verwaltung übernommen. Gemsen und Murmeltiere und Steinadler waren außer dem Rothirsch, außer Reh und Hase hier heimisch, und da auch das Forsthaus seiner Frau gefiel, war bei allen die Freude groß.

Um sein Revier rasch kennenzulernen, war der Förster fleißig unterwegs, und wenn es Uwe mit den Schularbeiten vereinbaren konnte, leistete er dem Vater oft Gesellschaft.

Als beide einmal anfangs Februar über eine große Kahlschlagfläche zogen, kam aus einem Fichtenbusch ein großer Vogel auf sie zugeflogen, so groß wie ihr Rhodeländer Hahn, und stellte sich ihnen in den Weg.

Der Förster traute seinen Augen nicht, als er einen ausgewachsenen, mehrjährigen Auerhahn erblickte, den größten Vogel aus der Sippe der wilden Hühner. Herrlich sah er in seinem blaugrünlich schillernden Federkleid aus, als er seinen Schwanz, den Stoß, zu einem prächtigen Fächer entfaltete. Die roten Hautwülste über seinen Augen leuchteten wie Himbeeren.

Kaum hatte er Uwe gesehen, da ließ er vor ihm die grauen, mit drei weißen Flecken gezierten Schwingen hängen und begann einen regelrechten Liebestanz, als wäre der Junge eine Auerhenne, eine von den scheusten Tieren des Waldes. Er knappte mit dem Schnabel. „Tack tack!" Dann wurde er weich im Ton und glöckelte. Es hörte sich an, als fiele ein Wassertropfen aus großer Höhe in eine Tonne. Dann wieder trillerte er und machte den Hauptschlag, als schnalze jemand laut mit der Zunge.

Uwe und sein Vater wußten nicht, was sie zu dem verrückten Vogel sagen sollten, der sonst von jedem Hochwildjäger nur bei Dunkelheit im Gebirge unter mancherlei Schwierigkeiten beschlichen wird. Hier nun hockte er auf dem Erdboden und zeigte sich ohne Furcht und Scheu vor dem Jungen, der ihn ohne weiteres hätte totschlagen können, wenn er es hätte tun wollen.

Uwe wußte nicht, was er zu dem drolligen Gesellen sagen sollte. Er versuchte, weiterzugehen. Aber da kam er schön an. Der Hahn wurde fuchsteufelswild und bedrängte ihn, bis er stehenblieb. Als Uwe ihm den Gefallen getan hatte, begann der Vogel bereits sein nächstes Lied und wurde nicht müde, Uwe anzusingen.

Damit nicht genug: Als Uwe sich niederhockte und ihm beide Hände entgegenhielt, sprang der Vogel darauf, drehte sich, tanzte und sang wie ein Tiroler Holzhackerbub.

Steiners hatten nicht länger Zeit. Sie wollten weiter. Der Hahn begleitete sie zu Fuß, bis sie aus seinem Revier heraus waren.

Ein paar Tage wiederholte er seine seltsame Begrüßung, und immer wenn in dieser Frühlingszeit Besucher auf die Waldblöße kamen, begann der Auerhahn, sich auf solche Weise bekanntzumachen. Als Dackel Heidjer jedoch den Steiners Gesellschaft leistete, bekam der gefiederte Sänger Respekt vor dem Rauhbein, und dabei blieb es dann auch . . .

*

Es schneite am Tag nach Silvester. Immer dichter tanzten die Flocken vom Himmel herab. Die Kinder freuten sich schon auf eine Schlittenfahrt, auf Rodeln und Schneeballschlachten. Aber daraus wurde nichts. Die Sonne schien plötzlich wieder und lockte groß und klein ins Freie, um die weiche, milde Luft zu kosten, die der Himmel bescherte.

Uwe und Heiner sahen sich die neue Jagdzeitung an, die der Postbote gebracht hatte, während der Vater in seinem Geschäftszimmer die Holzlisten aufrechnete. Aber plötzlich hielt ihn nichts mehr bei der Schreibtischarbeit. Er kam in die Wohnstube, sah seine beiden Jungen und sagte: „He, habt ihr Lust zu einer Fuchsjagd?"

„Selbstverständlich!" Dann waren sie auch schon aufgesprungen, hatten sich festes Schuhwerk und die Joppe angezogen, einen Schal um den Hals geschlungen und auch die Mütze nicht vergessen.

„Bauw bauw!" bellte sich Heidjer heiser. Auch er wollte mit.

„Selbstverständlich kommst du mit!" versicherte Uwe dem Dackel, leinte ihn an, und ab gingen die vier!

Im Tal des Steinbachs war ein gar nicht tiefer Fuchsbau, auch nicht für einen Hund gefährlich. Es fehlten die Steinkamine, die oft dazu führen, daß die Dackel wohl hinein, aber nicht mehr hinaus können.

Da war auch schon das dunkle Loch der Röhre am Berghang. Hasenhaare an der Schwelle zeigten an, daß der Bau „befahren" sein mußte. Damit nicht genug, prüfte Herr Steiner noch, ob weitere Röhren in das Innere des Berges führten. Das war nicht der Fall. Also konnte das Jagen losgehen.

Rasch machte Uwe Heidjer den Halsriemen ab, und dann war das Rauhbein im Inneren des Stollens verschwunden. Vorsichtig windete der Rüde voran, um sich zu vergewissern, wo Meister Reineke stecken könnte. Meist haben die Füchse unter der Erde ja ein verzweigtes Netz von Schächten und Kesseln.

Während Herr Steiner sich oberhalb der Ausfahrt aufstellte und die Jungen seitwärts hinter ihm, alles vermieden, was stören konnte, vernahmen sie bereits in der Tiefe ein dumpfes Bellen. Dann war es wieder still und lange war nichts zu hören. Herr Steiner lauschte angestrengt. Schließlich, als er noch immer nichts vernahm, legte er sich flach auf den Boden und versuchte zu ergründen, was Heidjer unter ihm anstellte. Das Rätsel löste sich nicht. Um die Angelegenheit vorwärts zu bringen, stampfte er mehrmals mit dem Stiefelabsatz auf den Boden. Plötzlich war weit hinten Heidjers Stimme zu hören. Ganz scharf war ihr Klang.

„Er liegt beim Fuchs vor!" urteilte Herr Steiner und stellte sich schußfertig auf. Dann wurde es wieder still. Der Dackel erschien vor der Röhre, schüttelte sich den Sand aus dem Fell und schliefte sogleich wieder ein. Wahrscheinlich wollte er sich nur überzeugen, ob seine Jagdgenossen noch anwesend waren. Womöglich wollte er auch nur einmal frische Luft schöpfen, um dann um so eifriger ans Werk zu gehen. So war es auch. Heftiger wurde sein Gebell, bis es unvermutet abflaute und ein roter Blitz aus der Röhre fuhr. Auf diesen Augenblick hatte der Förster gewartet.

Ebenso schnell war sein Schuß aus dem Gewehrlauf, und der Rotrock schlug leblos in den Sand.

Während Uwe ihn holte, kam Heidjer aus der Tiefe, schüttelte sich abermals und wollte sein Mütchen an Reineke kühlen. Aber das ließ Herr Steiner nicht zu. Auch das erlegte Wild sollte mit Achtung behandelt werden. Fröhlich über die gemachte Beute zogen die Steiners heim. Heidjer stand diesmal im Mittelpunkt des Gespräches beim Mittagessen. „Er hat sich tapfer geschlagen!" lobte der Förster den Hund und gab ihm manchen guten Happen.

*

Seit Heidjer im Bergrevier jagte, wurde er bei seiner Arbeit bergauf, bergab mitunter so müde, daß er morgens gern noch in seinem Körbchen geschlafen hätte, wenn Herrchen ihn rief. Er lief Gefahr, sich zu überanstrengen.

Deshalb sah sich der Förster nach einem noch kräftigeren Jagdgefährten um, der auch imstande war, das Wild und besonders angeschossene Hirsche zu finden und zur Strecke zu bringen.

Vorzüglich eignen sich zu solcher schwierigen Arbeit die Schweißhunde, die durch ihre empfindsame Nase befähigt sind, dem Wild auf der durch verlorene Blutstropfen entstandenen Spur zu folgen. Es gibt nicht allzuviele dieser edlen Rasse, und sie stehen daher hoch im Preis. Dennoch konnte der Förster eine Hündin erwerben.

Als der Beamte ihre Ankunft am Güterbahnhof meldete und um Abholung bat, waren die Kinder Steiner reineweg aus dem Häuschen. Alle drei wollten mit dem Vater in die Stadt fahren, und jeder bettelte darum, so daß die Entscheidung wirklich schwer war, so schwer, daß er schließlich alle drei in seinen Wagen einsteigen ließ. Da war die Freude groß. Und die Neugierde wuchs gewaltig, als man in die geräumige Transportkiste hineinschauen und nun die neue Hausgenossin begutachten konnte.

„Allerliebst!" fand Ulla den hirschbraunen Wicht, der ein Vierteljahr alt, bereits eine mehrstündige Bahnreise zurückgelegt hatte. Heiner warf ihm ein Stückchen Wurstsemmel in den Käfig. Zuerst beschnüffelte er die Krume, dann fraß er sie auf, steckte seine glänzende Nase durch die Drahtmaschen und begehrte nach mehr.

„Wenn wir zu Hause sind, füttere ich dich!" flüsterte Heiner und freute sich auf seinen neuen Spielkameraden, der schon so groß wie Heidjer war, aber natürlich etwas anders aussah.

Die kleine Gebirgsschweißhündin hatte bedeutend stärkere Knochen als das Rauhbein und verhältnismäßig lange Ohren. Ihr Rücken war stark, und sie besaß ziemlich breite und lange Keulen. Die Pfoten waren nicht übermäßig stark, hatten geschlossene, gewölbte Zehen und ihr dichtes Haar, mäßig rauh mit ein wenig Glanz, lag glatt am Körper. Hubertas dunkle Augen blickten treuherzig drein.

So konnte es nicht fehlgehen, daß Frau Steiner keine Fehler an ihr fand. Heidjer machte zuerst große Augen, aber dann erkannte er, daß er es mit einem Hundekind zu tun hatte, und noch dazu mit einer Sie. Er wedelte vergnügt mit der Rute, und seither waren die beiden Vierbeiner ein Herz und eine Seele.

Es dauerte nicht lange, da hatte sich Huberta im Forsthaus gut eingeführt. Schlief Heidjer fortan in seinem Korb in der geräumigen Küche, so hatte die Gebirgsschweißhündin ihren Aufenthalt im Dienstzimmer Herrn Steiners. Tagsüber konnte sie sich im Hause frei bewegen und besuchte Hof und Garten.

Gern drängte Huberta in Feld und Wald, und die regelmäßigen Ausflüge nachmittags stärkten ihre Glieder. Nach vier Wochen war sie sehr gewachsen und kaum noch wiederzuerkennen, so hatte ihr der Aufenthalt im Forsthaus gutgetan.

Huberta war ein ausgesprochenes Nasentier. Wo immer sie weilte, wohin sie sich auch wandte, stets hatte sie ihre Nase am Boden und prüfte ihn sorgsam. Wenn Herr Steiner oder einer der Jungen von draußen in die Wohnung traten, beschnüffelte sie sofort die Hosenbeine, um an der Witterung festzustellen, wo sie gewesen waren.

Auf Vaters Geheiß banden die Jungen von draußen zuweilen Fleischstückchen an die Leine und zogen sie über den Hof. Dann wurde Huberta auf die „Fährte" gebracht und mußte suchen. Zur Belohnung für jeden Fund bekam sie dann das am Ende der Strecke liegende Fleisch.

Wie gut sich Huberta im Gelände zurechtfand, zeigte sich

eines Tages im Februar, als die Jungen mit ihr einen größeren Streifzug unternommen hatten und plötzlich erkennen mußten, daß sie sich verlaufen hatten. Überall, wohin sie sich wendeten, kam ihnen die Örtlichkeit fremd vor. Uwe verweilte immer wieder und überlegte.

„Von dort sind wir gekommen, nicht wahr, Heiner?" fragte er seinen Bruder, aber dem standen die Tränen in den Augen. Die Beine taten ihm weh.

Wie anders war es doch im Gebirge als in der ebenen Heide!

„Ach wären wir doch bloß dort geblieben!" meinte Uwe. Aber damit war den beiden nicht geholfen.

Wer nicht verzweifelte, war Huberta. Sie schnupperte unentwegt und wartete auf einen Befehl. Aber daran dachte Uwe nicht, so sehr war er ins Suchen verstrickt.

Der Hündin jedoch kam das unnütze Herumstehen an Ort und Stelle langweilig vor, und so bellte sie die Kinder an.

„Bauw bauw!" machte sie und den Jungen wurde bewußt, daß da ja noch Kräfte vorhanden waren, die nur richtig eingesetzt werden mußten.

„Bauw bauw!" hörte es Uwe schon wieder. Endlich hatte er das Lösungswort.

„Nach Hause!" sprach er Huberta an, nachdem er die Hündin an die Leine genommen hatte, und die ließ sich nicht lumpen. Sie zog machtvoll voran, klomm über Stock und Stein, führte durch ein Stück nasser Wiese und brachte ihre Freunde in kurzer Zeit auf den rechten Weg.

Immer wieder drückte Uwe Huberta an sich, und als es zum Abendbrot ging, teilte er mit ihr redlich seine Portion, zum Erstaunen von Vater und Mutter.

Niemand war auf Huberta stolzer als der Förster selbst. Von nun an begleitete sie Herrchen regelmäßig auf seinen Reviergängen, und oft durfte sie frei vorauslaufen, um sich an die vielen Wildspuren zu gewöhnen. Es war ihm und den Jungen immer eine Freude, wenn die Hündin dabei war. Heidjer konnte getrost mit von der Partie sein, Huberta tat nie etwas, was Herrchen nicht wollte. Sie war wie Wachs in seiner Hand, wenn es um den Gehorsam ging. Sie gehorchte aufs Wort und hatte ein überaus feines Ohr für den Tonfall. Tadel und Lob konnte sie sehr wohl voneinander unterscheiden.

Wenn der Förster mit seiner Schweißhündin allein ging, genügte ihr der Flüsterton, und im Alter von einem knappen Jahr achtete sie sogar auf Winke und Zeichen. Beide waren bald ein unzertrennliches Gespann. Zwischendurch hatte Huberta bereits Fährten ausgearbeitet, die der Förster künstlich erzeugt hatte, indem er Blut vom Wild aus einer Spritzflasche auf den Boden brachte und die Hündin suchen ließ. Mitunter „faselte" sie, aber meist brachte sie ihren Herrn auf die Spur zum Ziel, wo stets eine Rotwilddecke oder gar ein Wildbret lag, um den Ernstfall darzustellen.

Zuweilen mußte Uwe die Spritzflasche bedienen, und der Vater verweilte mit der Hündin solange im Versteck, bis die Fährte gelegt war und sie suchen durften. Das waren dann immer spannende Augenblicke, wenn Huberta ihre Aufgaben löste.

Schließlich war der Zeitpunkt gekommen, da sie auf Hirschjagd mitgenommen werden konnte. Es war an einem schönen Herbsttag um die Mittagszeit, als das Telefon im Forsthaus klingelte und der Jagdnachbar mitteilte, daß er am Vortag einen Hirsch beschossen habe, ohne daß sein Hund den Geweihten finden konnte.

„Kommen Sie, bitte, mit Ihrer Huberta zur Nachsuche!"

Der Förster fuhr sofort mit Huberta los, setzte sie auf die Schweißfährte, und dann ging es am langen Riemen bergauf und bergab über Wassergräben, an Felsbrocken und Fichtenstämmen vorbei in sumpfiges Gelände, daß das Wasser in die Stiefel drang, und wieder talwärts durch Hecken und Büsche.

Mitunter war nicht mehr ein Blutströpfchen am Boden zu sehen, und doch führte sie Herrn Steiner nach gut einer Stunde an das Wild, das sich niedergesetzt hatte, um seine Wunden zu heilen.

Huberta sah sich dem Wild nahe, kündete durch wildes Bellen an, daß sie den Hirsch packen wollte, und kaum hatte der Förster sie geschnallt, also freigemacht, da war sie auch schon am Hirsch und verstellte ihm den Weg.

Ein Knall, und die Pein des Tieres hatte ein Ende. Huberta hatte bewiesen, daß sie auf der Hirschjagd unentbehrlich war, und Herrchen dankte es ihr immer wieder.

Noch viele Male mußte Huberta so helfen, Wild zur Strecke zu bringen.

*

Den Eisvogel, den hübschen Stoßtaucher im grünen Gefieder, kannten Uwe und Heiner vom Wiesenbach und von den Fischteichen der Heide nur zu gut, als daß er ihnen am Gebirgsbach besonders aufgefallen wäre.

Solch ein Wasser wie der Steinbach, der Hunderte von Stufen zurücklegen mußte, um etwas ruhiger zu werden, hatte ein ganz anderes Gepräge als der liebliche Wiesenbach im Winter, wenn er als schwarze Schlange durch die verschneiten Fluren zog.

Der Steinbach war ein munterer Bursche, der über die Felsen pfiff, daß es nur so stiebte und platschte. Meterlange Eisbärte hingen an seinen Ufern, und wenn er gar über gestrandetes Gehölz sprang, dann glühte die Sonne in Tausenden von blitzblanken Kristallen.

Dort war die Heimat des Vogels, den Uwe und Heiner noch nirgends gesehen hatten, der aber beim ersten Anblick ihre Aufmerksamkeit erregte. Dieser bräunlich, grauschwarz gefiederte Geselle mit der weißen Weste und dem schokoladenbraunen Bauch machte sich nämlich aus Tropfenfall und Gischt keinen Deut, sondern kam in pfeilschnellem Flug aus dem Dickicht daher, saß auch schon knicksend auf einem Stein und schaute mit seinen großen Augen um und um. Wo gab es Forellen, wo Käfer und Larven von Fliegen, und wo Krebschen und Wasserasseln?

„Zizizietzix! Zerb!"

Da regte sich etwas! Sofort war die Wasseramsel in die schäumende Flut gestürzt, die sie wegzureißen drohte. Aber mit ihren kurzen Flügeln ruderte sie machtvoll gegen die

Strömung an, klammerte sich mit den Füßen am steinigen Untergrund fest und schnappte mit ihrem spitzen Schnabel die Beute aus der Fahrt.

Hatten Uwe und Heiner zuerst geglaubt, der Wasserstar, so heißt der Vogel auch, wäre ertrunken, dann hatten sie sich getäuscht. Kaum hatte er die Füße vom Kiesgrund losgelassen, da trieb er auf der Oberfläche des Baches wie ein Gummiball, schnellte mit geschicktem Sprung aufs Ufer und verleibte sich sein Futter ein. Dann knickste er wieder, trippelte hierhin und dorthin und schnellte neuerlich wie ein Torpedo durch das glitzernde Naß.

„Zizizit zix zix zer!"

Die Jungen hatten ihre Freude an dem quirllebendigen Vogel. Sie wollten ihn ganz nahe sehen, aber wenn sie einen bestimmten Abstand überschritten, dann flog er davon.

So ging das Spiel eine ganze Weile, bis sie müde wurden und ihn in Ruhe ließen.

*

Viele Menschen lieben das Gebirge nicht nur im Frühling und Sommer, sondern auch in den rauhen Jahreszeiten, und oft ist der Sport der Grund hierfür. Aber nicht alle Gäste wollen sich in ihrem Urlaub anstrengen. Seilbahnen verhelfen für nur wenig Geld zu herrlichen Ausblicken.

Als eine solche neu erbaut werden sollte, ging es nicht ohne Sprengarbeiten im Fels ab. Schwere Gesteinsbrocken stürzten den Abhang hinab, daß es nur so polterte. Bei solcher Gelegenheit flog eine Geheck Dachse aus seinem Kessel. Ehe die Alte zu sich kam, hatten die Arbeiter die beiden Jungen bereits an sich genommen und im Rucksack verwahrt. Förster Steiner hörte davon, stellte die Männer zur Rede, und sie gaben ihm die Tiere. Es waren zwei allerliebste Wesen. Ihrer eisgrauen Borstenkittel und der längsgestreiften schwarzen und weißen Gesichtsmasken wegen wurden sie von Steiners Max und Moritz genannt, ihr Benehmen paßte zu dem Namen.

Beide waren noch kein Jahr alt. Ihre Größe und ihr dünner Hals bezeugten es, aber sie waren außerordentlich rege, als sie sich die kalte Oktoberluft aus dem Pelz geschüttelt und den Duft der Küche eingezogen hatten.

Ganz besonders wurde Frau Steiner von ihnen beschnüffelt. Dann suchten sie im Mülleimer nach Freßbarem, und schließlich stießen sie auf Heidjer, der sie mit „Bauw bauw!" sofort scharf annahm und ihnen den Balg gerben wollte. Zu zweit brachten sie ihn anfänglich ins Gedränge, doch als er Moritz ein paar Bisse in den Hals verabfolgt hatte, wurden beide vorsichtiger.

Es war gut, daß Uwe die Küchentür inzwischen geöffnet und den Dackel hinausbefördert hatte, sonst wäre der Zusammenstoß noch böser verlaufen.

Als Herr Steiner gar noch mit Huberta in die Küche kam, war der Höhepunkt der Streitereien erreicht, denn die Schweißhündin fürchtete sich auch vor beiden nicht. Ehe sich

Max versah, hatte sie ihn schon am Kragen und wollte ihn in den Dachshimmel befördern. Aber Herrn Steiners machtvolles Wort hieß sie parieren, und so gelang es, zwischen Hunden und Dachsen Ordnung zu schaffen.

„Und was soll nun werden?" fragte Uwe, dem nicht ganz wohl zwischen den Borstenkitteln war, hatte er doch verschiedentlich in den Jagdzeitungen gelesen, daß die Grimbarts gehörig beißen konnten.

Max und Moritz benahmen sich allerdings außerordentlich gut, beschmutzten nichts und schienen froh, daß sie der Sprengladung entgangen waren.

„Und wohin bringen wir sie?" fragte Uwe abermals.

Der Vater entschied im Hinblick auf die kalte Jahreszeit, sie in den Keller zu verfrachten. Dort war es nicht so kalt, daß sie froren, aber auch nicht warm. Der Vorschlag war gut. Und ehe die beiden noch Unfug stiften konnten, wurden sie in den Kellerraum geschafft.

Ein Lager aus Sägespänen wurde ihnen in einer flachen Kiste gerichtet, und die beiden blieben sich selbst überlassen. Nach kurzem Umgang, Uwe und Heiner beobachteten ihren Besuch vom Kellerfenster aus, bezogen sie ihre Ruhestätte und legten sich zum Schlafen zurecht.

In der Nacht verhielten sich beide ruhig, und auch am nächsten Morgen ließen sie nichts von sich hören. Wahrscheinlich zehrten sie von ihrem Fett, das sie sich in den Monaten vorher angemästet hatten. Übrigens zeigte die Quecksilbersäule im Freien minus sechs Grad, eine Temperatur, die Dachse nicht schätzen und bei der sie lieber in ihrem Erdkessel bleiben als draußen Engerlinge, Mäuse und Schnekken zu suchen, die ohnehin sehr rar zu dieser Jahreszeit sind.

Dennoch sorgten Uwe und Heiner vor, indem sie eine Schüssel mit Eicheln und Bucheckern in der Ecke des Kellers niedersetzten.

„Für alle Fälle!" meinte Heiner.

Beim nächsten Besuch zeigte sich, daß man recht getan hatte, Futter hinzustellen. Max und Moritz hatten tüchtig zugelangt und auch ihre Visitenkarten zum Dank dafür abgegeben. Außerdem hatten sie stellenweise den Putz an den Wänden und die Steinritzen auf dem Fußboden nach Mauerasseln untersucht.

Um ihnen mehr Verbindung zur Außenwelt zu vermitteln, wurde das Kellerfenster offen gelassen. Uwe und Heiner aber hielten täglich Nachschau und berichteten regelmäßig dem Vater, wenn etwas passiert war.

So herrschte im Hause bis in den späten Februar hinein Frieden. Dann wurden Max und Moritz rege. Sie spürten den Frühling in den Adern, rumorten nachts im Keller umher, und da sie verschiedentlich Mauersteine gelöst hatten, schien es ratsam, ihnen einen Auslauf zu verschaffen. Eine breite Kartoffelschütte wurde mit Sacktuch bespannt und so ans offene Fenster gerückt, daß sie ein- und ausgehen konnten, ganz wie es ihnen paßte.

Meist dämmerte es schon draußen, wenn die beiden nacheinander ihre schwarzen Nasen über die Fensterschwelle hielten, um festzustellen, ob die Luft rein sei. Aber es dauerte immer eine ganze Weile bis sie ausfuhren.

Wann sie in der Frühe wiederkamen, war schwer festzustellen, weil Steiners schliefen. Aber einige Beobachtungen waren Uwe doch gelungen. Bei Sonnenaufgang schliefen die Nachtbummler meist wieder ein. Sie hatten für gewöhnlich ihren Paß durch den Garten in die Feldmark. Dort gruben sie auch mit ihren Vorderbranten ihre Toiletten. Das war nicht gerade appetitlich, aber wie sollte man Max und Moritz beibringen, es anderswo zu tun?

Das Schicksal löste diese Frage auf seine Art. Eines Morgens im März waren die Grimbarte nicht einpassiert. Wo waren sie geblieben? Hatten sie sich verspätet?

Als der Förster kurze Zeit darauf ins Revier ging, kam ihm Uwe entgegen. Atemlos berichtete er.

Max und Moritz hatte ein Auto auf der Landstraße totgefahren! Der moderne Verkehr hatte die Dachse in bessere Gefilde geführt . . .

*

Alle Tage inspizierte der Förster die Baustellen in seinem Revier, um sich vom Fortgang der Arbeiten zu überzeugen und Übergriffe in seine Forstangelegenheiten zu verhindern. Seine Jungen begleiteten ihn öfters, denn die geplante Seilbahn wurde nicht weit vom Forsthaus errichtet. Bei solcher Besichtigung stieß Heiner in einer Felsnische auf einen Feuersalamander, der unbeholfen aus seinem Versteck geworfen worden war und in der kalten Februarluft wahrscheinlich erfroren wäre, wenn der Junge sich nicht seiner erbarmt hätte. Er packte ihn behutsam in Zeitungspapier und trug ihn nach Hause.

Die Jungen hatten reichlich Moos mitgenommen und bereiteten dem Lurch einen guten Aufenthalt in einem Terrarium. Der mit Drahtgaze bespannte Kasten war unten mit Zinkblech ausgeschlagen und oben mit einer Glasscheibe abgedeckt. Mit Geschick legten die Brüder bunte Felssteine hinein, machten ein Planschbecken zurecht und pflanzten kleine Farne in die Ecke, so daß der schiefergraue, gelbgewulstete und mit vielen Warzen versehene Lurch sich darin wohlfühlen könne. Dann setzten sie den Kasten aufs Fensterbrett in der Küche, so daß der Salamander immer zu beobachten war.

In der warmen Luft verlor er allmählich an Steife, und wenn er auch am nächsten Morgen noch nicht sehr rege war, so hatte er sich doch am gleichen Mittag bereits so weit erholt, daß er durch sein Revier krabbelte und einen ihm auf der Pinzette gereichten Regenwurm anbiß. Der Wurm entwischte ihm zwar wieder, aber täglich nahm der Lurch an Beweglichkeit zu, und wenn er auch mal in seiner kleinen Steingrotte ruhte, so war sein Anblick für die Jungen noch immer eine Freude.

Im Mai schwoll der Salamander unförmig an und legte ein Dutzend vierbeinige Larven ins Wasser. Kiemen und ein Ruderschwanz zierten sie. Da guckten die Jungen erstaunt und wußten zunächst nicht, was sie sagen sollten, zuerst dachten sie, es wären Würmer.

„Was fressen denn die Kleinen?" wollte Heiner wissen.

Niemand wußte genau Bescheid, bis Herr Steiner vorschlug, Wasserflöhe zu verfüttern und Schlamm aus den Kolken des Steinbaches zu besorgen, in dem sicherlich alle Lebewesen enthalten waren, die solch ein Getier brauchte.

Uwe und Heiner taten es und siehe da, bald wuchsen die Salamanderlarven, und als ein Vierteljahr verstrichen war, stiegen die fertigen Jungen an Land, kleiner als die Mutter, aber ihr täuschend ähnlich. Da war die Freude groß. Noch größer aber wurde sie, als die Brüder zum Steinbach gingen und die ganze Gesellschaft mitsamt dem alten Salamander an die Uferränder des Wassers trugen. Dort war es schattig und feucht. Dort gab es Futter in Fülle. Dort waren auch alle geschützt.

*

Wenn Uwe und Heiner auf der Treppe des Forsthauses standen, hatten sie einen freien Ausblick auf das Gebirge, das sich vom Hochwald von Fichten und wenigen Buchen mit seinen zerrissenen Hängen majestätisch erhob. Wie herrlich strahlte im Sonnenschein der Eismantel vom Reifkogel ins Tal herab, von geringeren Berggipfeln umgeben, als stünde da ein König mit seinen Rittern auf der Wacht!

Daran konnten sich die Jungen nicht satt sehen. Mit dem Fernstecher tasteten sie alle Zinnen und Grate der Felsen ab, um ihnen mit dem Auge recht nahe zu sein. Aber ihre Wünsche reichten weiter.

„Wir möchten einmal den Reifkogel besteigen!" sagten sie zum Vater. Der winkte lächelnd ab. „Noch seid ihr viel zu klein für solche körperliche Strapaze, und außerdem fehlt euch die Technik, den Gipfel zu besteigen und heil wieder herunterzukommen."

Einmal entdeckte Heiner einen großen Vogel über den Felsen und verfolgte ihn mit dem Glas. Vielleicht war es ein Bussard, ein Mauser, wie es ihn in der Heide überall gab. Aber ein andermal zeigte sich derselbe Wolkenstürmer in so schneller Fahrt, daß Heiner der Mund offenblieb. So etwas hatte er bisher noch nicht gesehen. Er erzählte Uwe davon, beide fragten den Vater und beschrieben ihm genau den Flieger. Herr Steiner war sicher, daß beide einen Adler meinten.

Der größte Vogel unter den Taggreifern ist der Steinadler. Der weiße, schwarz geringte Schwanz und die großen weißen Flecken an den Wurzeln der Handschwingen sind seine Zeichen.

Hat der Aar früher auch in der Ebene gelebt, so haben ihn die schießwütigen Menschen längst dort verdrängt.

Uwe und Heiner sahen auf einem Reviergang mit dem Vater den alten Horst in einem Felsenspalt. Ganz unauffällig war er aus Reisern und Ästen eingelassen und durch Wipfel einer hutzligen Fichte den Blicken entzogen. Nur wer aufmerksam hinsah, konnte den Nistplatz erkennen. Vom Adler war in diesen Tagen nichts zu sehen.

Aber das kleinere Männchen und das um einen Kopf größere Weibchen waren in ihrem Jagdrevier. Wenn sie auch getrennt die Nachtruhe verbrachten, so trafen sie sich doch täglich auf ihren ausgedehnten Jagdflügen, bei denen die Kinder sie entdeckten.

Als der Förster im Vorfrühling einmal mit Heiner Frühstückspause an der Steilwand des Scharecks machte und sie dabei die Gemsen auf den Grassimsen beobachteten, kreisten die beiden Adler über ihnen, als wollten sie sich das Wild suchen, das sie zu schlagen gedachten. Vater und Sohn vergaßen bei ihrem Anblick das Essen, so schön sahen die Flugspiele von weitem aus. Aber dann waren die beiden Adler plötzlich verschwunden.

Die Gemsen ästen an dem ersten in der Sonne gekeimten Grün, als plötzlich dicht über die Böschung der Steilwand einer der Adler in reißendem Fluge hinwegsauste und scharf an den Grassimsen vorüberstrich, um eines der Kitze mit der Flügelspitze in den Abgrund zu stoßen ...

Um ein Haar wäre das dem Greif geglückt. Die Geiß jedoch stellte sich schützend vor ihr Kind; so entging der erschrokkene Jährling dem Angriff und blieb unversehrt.

Die Murmeltiere hatten sich gerade ihre ersten Schächte